RaBaKo

PUBLISHING

Impressum

Bibliografische Information Der Deutschen Bibliothek
Die Deutsche Bibliothek verzeichnet diese Publikation in der Deutschen Nationalbibliografie. Detaillierte Bibliografische Daten sind im Internet über http://dnd.ddb.de abrufbar ISBN: 978-3-940185-04-4
Autoren: Gitta Peyn und Ralf Löffler
Ersterscheinung: 1994
Komplette Überarbeitung und umfassende Erweiterung der Hausgabe:
Ralf Löffler 2007
Lektorat: Uta Möller
Umschlaggestaltung: Nathan White
Satz: Peter Hofmann
Illustrationen: Kristina Scandurra
Lizenz des Coverfotos: RaBaKa-Publishing 2007
E-Book-Erstellung: Stefano Di Martino

Gitta Peyn & Ralf Löffler

TELEPATHIE

Die Entwicklung menschlicher Offenheit

Handbuch zum Training präkognitiver und telepathischer Fähigkeiten

PUBLISHING

Inhaltsverzeichnis

Vorwort zur ersten Auflage[1]

Lieber Leser!

Ob Sie nun bereits Bücher von uns kennen oder nicht ... eines sollten Sie wissen:

Wir schreiben unsere Bücher immer nach dem derzeitigen Stand unserer Kenntnisse und Forschungen. Insofern kommt es vor, dass wir Bücher, die wir vor sechs oder sieben Jahren geschrieben haben, heute völlig neu überdenken und bearbeiten. Meistens rührt das daher, dass wir durch unsere Ergebnisse feststellen, dass das eine oder andere Modell, das wir den Übungen, die wir beschreiben, zu Grunde legen, einfach nicht mehr passt. Wissen und Erkenntnis sind nicht statisch, beide entwickeln sich kontinuierlich, und das Maß ihrer Qualität ergibt sich aus Ausgewogenheit, Flexibilität und Funktionalität.

Für manchen von Ihnen mag es interessant oder sinnvoll sein, in die früheren Bücher hineinzuschauen, um nachvollziehen zu können, wie die jeweilige Angelegenheit sich entwickelt hat. Nun versuchen wir aber, solche Bücher entweder vom Markt zu nehmen (weil wir nichts erzählen wollen, hinter dem wir nicht stehen) oder sie nur noch unter Pseudonym zu veröffentlichen.

Dieses Buch hier ist keine Überarbeitung, sondern ein völlig neues und anderes Buch als „Telekinese und Telepathie" von Gitta Peyn, das unter ihrem Pseudonym Tordis van Boysen noch im Handel erhältlich ist.

Hinter all unseren neuen Büchern stecken jahrelange Erfahrungen und auch entsprechende Veränderungen, so dass, unserer Ansicht nach,

1 Erschienen 1994

unsere alten Konzepte höchsten noch aus der Perspektive der Frage: „Wie verändern sich die Konzepte, wenn die Menschen sich weiterentwickeln“, interessant sind. Gewissermaßen als Studienobjekte, wie man aus Fehlern lernt.

Wir bitten Sie, auch dieses Buch nicht als einen ‚Wahrheitsverkünder‘ zu betrachten, sondern als ein Forschungsprodukt. Und dafür danken wir Ihnen.

Vorwort zur zweiten Auflage[2]

Lieber Leser!

Wie das so mit jeder Art von Weiterentwicklung ist, nehmen die Erkenntnisse und Erfahrungen im Laufe der Jahre immer mehr zu. Sie werden neu strukturiert, erhalten einen neuen Horizont, neue Kontexte. Die telepathischen Fähigkeiten sind von dieser Entwicklung nicht ausgenommen, und so möchte ich Ihnen gerne ein paar zusammengefasste Erfahrungen der letzten sechs Jahre schildern, um es Ihnen zu erleichtern, mit Ihren eigenen Erfahrungen umzugehen.

Wie sich jeder leicht vorstellen kann, erhöht die Fähigkeit, Gedanken und Gefühle anderer Menschen wahrzunehmen, die Offenheit anderen gegenüber ungeheuer. Und umgekehrt ist es nicht möglich, telepathische Fähigkeiten zu entwickeln, ohne anderen gegenüber eine erhöhte Offenheitsbereitschaft zu zeigen. Wir haben in diesem Buch immer wieder auf diesen Zusammenhang hingewiesen. Insbesondere die letzten Jahre haben uns gezeigt, dass das Maß steigender Offenheit auch mit Problemen einhergeht, mit denen wir uns auseinandersetzen müssen.

Diese Probleme will ich Ihnen nun schildern, damit Sie es von vornherein leichter haben, Ihre neuen Fähigkeiten in Ihren Alltag zu integrieren.

Telepathische Fähigkeiten vergrößern den Wahrnehmungsbereich. Statt wie gewohnt zu sehen, hören, fühlen, schmecken oder riechen – Gespräche zu führen, den Geräuschen der Stadt zu lauschen – kommt

---

2 Erschienen 2000

nun hinzu, dass uns die Gefühle und Gedanken anderer transparenter werden. Sie gehen durch einen Raum und hören nicht nur die Geräusche, die von den Menschen darin verursacht werden, Sie bekommen auch – wie eine Form von Hintergrundrauschen – ihre Gefühlskompensate und ihre internen Beschäftigungsfelder mit.

Wir alle kennen das Phänomen Stress. Je lauter es in unserer Umgebung wird, mit je mehr visuellen Eindrücken wir uns auseinandersetzen müssen, desto schwerer fällt es uns, uns zu konzentrieren und unsere innere Stabilität und Ausgeglichenheit, ja unsere geistige und körperliche Gesundheit, zu erhalten. Telepathische Eindrücke steigern Stress. Je niedriger also unsere Fähigkeit ist, Stress zu verarbeiten und – was ebenso wichtig ist – ihn gezielt auf ein verarbeitbares und vernünftiges Maß zu reduzieren, desto eher werden wir unausgeglichen und emotional. Typische Reaktionen auf Stress sind – je nach charakterlicher und konditionierter Veranlagung – Rückzug oder Angriff.

Der eine tendiert mehr dazu, sich in sein geistiges Schneckenhäuschen zu verkriechen, der andere dazu, seinen Stress nach außen zu verlagern – ihn auf andere oder anderes zu übertragen. Von diesem Schema sind auch weiterentwickeltere Menschen nicht ausgenommen, wenn sie auch lernen, effektive Verarbeitungsmethoden der Psychologie, Selbsterkenntnis und Psychotherapie an sich erproben, um weder zu sehr zu Komplexitätsreduktion der einen (rückzüglichen) noch der anderen (aggressiven) Art zu neigen.

Es ist natürlich vollkommen richtig, dass jemand, der fast nur nach emotionalen Schematismen agiert und reagiert, kaum telepathische Fähigkeiten erlangen kann, doch andererseits sollten wir zugestehen, dass jeder von uns Gefühle und Emotionen hat. Es gilt also von Anfang an zu lernen, sich selbst genau zu beobachten und seine Gefühle und

Emotionen zu kontrollieren. Mir ist bekannt, dass es vielen Menschen unangenehm ist, von Gefühlen im Kontext von Kontrolle zu denken. Doch sollte man nicht vergessen, dass unkontrollierte Gefühle und Emotionen unsere Entscheidungsfähigkeit vermindern, Sachverhalte vernebeln und uns der Fähigkeit berauben, adäquat zu handeln.

Das Ganze wird umso deutlicher, je bewusster wir uns machen, wofür wir eigentlich Verantwortung übernehmen können – welche Dinge es sind, die eher in unserem Zugriffsbereich liegen als andere. Wenn Sie darüber nachdenken, wird Ihnen auffallen, dass das, worauf Sie direkten Zugriff haben, Ihre eigenen Gedanken sind. Es ist leichter – vielleicht für Sie nur ungewohnt, aber nichtsdestotrotz wahr – den eigenen Gedanken zu verändern als beispielsweise das Verhalten eines anderen Menschen, den Geldfluss oder das Wetter. Je weniger wir dazu in der Lage sind, unsere Gedanken gezielt zu denken (was durch Übung erreichbar ist), desto mehr sind wir der Willkürlichkeit unserer Konditionierungen und Prägungen ausgesetzt – desto mehr wird unsere Innenwelt zu einer uns selbst fremden Sache. Wie absurd dies eigentlich ist, wird einem bewusst, wenn man darüber nachdenkt, was einen Menschen vom Tier unterscheidet, was denn der evolutionäre Anspruch an einen Menschen ist: selbst-bewusste Weiterentwicklung oder – wie ich es gerne nenne – psychische Evolution. Das Glück eines jeden ist vom Grad seiner gedanklichen Selbstbestimmung abhängig, nicht von äußeren Faktoren!

Für Telepathen gilt dies noch viel mehr. Ein Telepath, der seine eigenen Gefühle nicht unter Kontrolle hat, wird durch die Eindrücke von außen eine Verstärkung derselben bis zur völligen Unkontrollierbarkeit erleben. Nehmen wir an, Sie sind „nicht so gut drauf". Ihre Fähigkeiten sind so weit entwickelt, dass sie durch geschlossene Türen telepathische Eindrücke von anderen Menschen empfangen können. Da dies nur am Rande Ihres Aufmerksamkeitsbereiches abläuft (so, wie Sie oft Geräusche auf ein Hintergrundrauschen reduzieren, wenn Sie mit einer Sache sehr beschäftigt sind), werden Sie schwerlich eine Innen-Außen-Zuordnung vornehmen können. Hat nun der Mensch hinter der geschlossenen Tür ebenfalls nicht gerade die beste Laune, wird dies zu einer Verstärkung Ihrer eigenen Gefühle führen.

Ich denke, an diesem kleinen Beispiel wird deutlich, wie wichtig es ist, in jeder Situation die freie Wahl zu haben. Die Fähigkeit zu besitzen, vernünftig zu entscheiden, welche Gefühle und Emotionen ich haben will. Wenn es mir durch tiefes Durchatmen und stete Selbstbeobachtung gelingt, nur förderliche Gefühle und Emotionen zu formen, werden mich die negativen Emotionen und Gedanken anderer zwar immer noch tangieren, doch ich kann sie so auch leichter ausgrenzen, da sie mir als „Anderes" bewusst werden. Das Ganze wird noch deutlicher, wenn wir uns bewusst machen, dass mehr als 80% alles Gedachten normaler Menschen emotional gefärbt ist, und dass – vor allem in unserem Kulturkreis bei den meisten Menschen – negative Gedanken und Gefühle potenziell überwiegen. Die wenigsten Menschen verfügen über eine Kontrolle ihrer Gedanken. Kaum jemand weiß – und setzt um – dass unsere Welt durch Gedanken erschaffen wird und dass Gedanken das Realste und Basalste in unserem Universum sind.

Über die Wichtigkeit der Kontrolle unserer Gedanken, ihrer Schärfung, Präzisierung und Strukturierung zu schreiben, wäre Thema genug für ein ganzes Buch. Ich gehe hier einfach einmal davon aus, dass Sie als interessierter Leser schon genug darüber wissen, um sich klar zu machen, dass die Auseinandersetzung hiermit Voraussetzung für jegliche Entwicklungsarbeit ist – ob nun einfach sachlich oder auch religiös oder mystisch. Wenn wir Verantwortung für etwas tragen und tragen können, dann für das Was und Wie wir denken. Für den Telepathen gilt dies noch umso mehr. Für die meisten Menschen aber ist ihre eigene Psyche eine Art Ding an sich, etwas, worauf sie keinen Einfluss haben, was schlicht unkontrolliert abläuft. Und genau das ist eins der großen Probleme eines angehenden Telepathen.

Je mehr ich mich in den letzten Jahren entwickelt habe, je mehr meine Fähigkeiten anwuchsen, mit umso mehr (qualitativ und auch quantitativ) schwierigen Situationen wurde ich konfrontiert, die ich irgendwie bewältigen musste.[3] Es gab Phasen, in welchen Meditationen eine so große Offenheit allgemeinen Gedanken gegenüber bewirkten, dass es mir fast unmöglich war, einkaufen zu gehen, ohne einen (zwar vorübergehenden aber dennoch etwas unangenehmen) Zustand von Verwirrung zu erzeugen. Jeder Landbewohner (ich meine, wer auf dem Lande und nicht in der Stadt wohnt) kennt das schon in einem gewissen Maße hinsichtlich seiner normalen Sinne, wenn er einmal in eine Großstadt fährt, um dort zum Beispiel Weihnachtsgeschenke einzukaufen. Diese Unmenge an Sinneseindrücken. Dieser Krach und Gestank, diese vielen Bilder. Und all die Menschen mit ihren Verspannungen, die vielen Gesichter, der komplexe Ausdruck von Mode. Das Ganze ist im ersten Moment so ungewohnt, dass wir einfach dastehen

3 Das ist ganz normal! Je komplexer der menschliche Geist wird, desto mehr nimmt er wahr, desto größer wird seine Wahrnehmungsfähigkeit des Auch-anders-möglich-Seins. Man blendet weniger aus und reduziert Probleme seltener auf gewohnte Muster. Der Verantwortungsbereich wächst und wächst, bis ein Meister der Weiterentwicklung sich schließlich bemüht, Verantwortung für das ganze Universum in seinem Zustandekommen und So-Sein zu übernehmen. Dies ist insofern logisch, als ein Weiterentwickler davon ausgeht, dass es die Art und Weise, wie er denkt, ist, welche schöpferisch auf die Art und Weise, wie er das Universum erlebt, Einfluss nimmt.

und für einen kurzen Moment paralysiert nach Methoden suchen, die Vielfalt der Eindrücke auf ein verarbeitbares Maß zu reduzieren.

Wir sollten nun nicht davon ausgehen, dass der Stadtbewohner komplexer denken kann und mehr Sinneseindrücke zu verarbeiten vermag als der Dorfbewohner. Es ist vielmehr so, dass der Stadtbewohner gelernt hat, überflüssige oder überschüssige Komplexität zu reduzieren. Und das gewiss nicht immer auf eine gesunde Art, wenn wir mal die Gleichgültigkeit bestimmten Phänomenen wie Armut, Gewalt und Umweltverschmutzung gegenüber betrachten, die wir in der Stadt viel häufiger sehen können als auf dem Lande.

Es gibt nur verhältnismäßig wenige vernünftige Ansätze dafür, Stress zu verarbeiten. Meiner Erfahrung nach ist der beste die Kombination, die wir in diesem Buch beschrieben haben, nämlich eine kontinuierliche und zielorientierte Mischung aus Intelligenzsteigerung, Offenheitstraining und Meditation.

Ohne Intelligenzsteigerung wird die Meditation zusammen mit Offenheitstraining nur dazu führen, dass wir mehr fühlen. Und wenn jemand nicht darauf achtet, Strukturierungsmöglichkeiten für Gedanken und Gefühle zu verwenden, wird er nie scharf zwischen „meine Gedanken/deine Gedanken" trennen können – es bleibt bei Versuch und Irrtum.

Man muss einfach lernen – und das geht nicht ohne Selbstbeobachtung – wie viel Stress man tatsächlich noch verarbeiten kann, und dann muss man lernen, die Stressverarbeitungsfähigkeit zu erhöhen. Es ist ein stetiger Drahtseilakt zwischen Komplexitätsverarbeitungserhöhung und zielorientierter Komplexitätsreduktion. Ein Zuviel des einen wird uns verwirren, ein Zuviel des anderen führt zu Verdummung. Und es ist kein Ende in Sicht, dieser Prozess wird uns unser ganzes Leben lang begleiten. Doch wenn wir auf Ausgewogenheit achten, werden unsere Fähigkeiten im Lauf der Jahre immer mehr zunehmen.

Ich höre immer wieder von Menschen, die auf den Einmal-Kick warten. Die sich wünschen, man könne ihnen soundsolange etwas beibringen, und dann wären sie erleuchtet und ein Meister in mystischen oder magischen Fähigkeiten. Ich kann Ihnen versichern: So funktioniert die Sache nicht. Zeigen Sie mir einen „wahren Erleuchteten"[4], und ich zeige Ihnen einen Scharlatan, der gelernt hat, mit didaktischen Sprüchen seine Komplexitätsreduktion zu vertuschen. Sicher werden wir immer besser, aber Perfektion liegt im Göttlichen und nicht im Menschlichen. Also ist es besser, wenn Sie sich gleich darauf einstellen, einen Lebensweg gen unendlich zu beschreiten, im Verlaufe dessen Sie Ihre Fähigkeiten steigern und dennoch Zeit Ihres Lebens Schüler Ihres Lebens sind.

Ich kann unmöglich angeben, welcher Weg für alle der richtige ist, aber ich kann ein paar Leitkriterien angeben, die es Ihnen leichter machen werden, Ihre telepathischen – und auch anderen magischen – Fähigkeiten zielorientierter zu entwickeln.

Da ist zunächst eine Reduktion von Umweltkomplexität zu empfehlen: Wohnen Sie möglichst nicht in einer großen Stadt. Möglichst! Je mehr Ihre Fähigkeiten ansteigen, desto mehr „bekommen Sie mit". Die Großstadt mit all ihrem Krach, den vielen Menschen und deren

4 Das bedeutet nicht, dass es keine Menschen gibt, die wir als erleuchtet ansehen können, doch zeigt sich dies weniger in mystischen oder magischen Fähigkeiten, sondern in einer Charakterfestigkeit, die durch Güte, Verständnis, Liebe und auch Stärke geprägt ist.

Gedanken wird Sie dazu motivieren – was auch notwendig ist, um darin zu überleben – auszugrenzen. Dies tun Sie automatisch, und es wird sehr, sehr schwer, so Offenheit zu steigern, ohne ‚überzuschnappen'. Bitte beachten Sie, dass ich hier nicht von Weltflucht oder Ausstieg spreche. Ich empfehle nur, eine wohl gewählte Reduktion von Sinneseindrücken vorzunehmen, um es Ihrer Psyche zu erleichtern, Einzelphänomene zu beobachten. Wenn Sie wieder an Geräusche denken, werden Sie verstehen, was ich meine. In einer Großstadt Einzelgeräusche zu lokalisieren, genau hinzuhören, ist bei weitem schwerer als in einem Dorf. Sie werden dies leicht verstehen, wenn Sie sich einmal vorstellen, um wie viel lauter ein Geräusch des nachts ist. Das hat zum einen etwas damit zu tun, dass die Menge der Geräusche geringer ist, zum anderen aber auch damit, dass auch Ihre anderen Sinne mit weniger Eindrücken konfrontiert werden. Es ist dunkel, Sie sehen weniger, die Gerüche nehmen ab und Sie können auch mehr schmecken. Zärtlichkeiten im Dunkeln sind deutlicher als im Hellen, weshalb wir in der Liebe auch die Augen schließen.[5]

Telepathie ist gewissermaßen ein weiterer Sinn.[6] Und je mehr dieser Sinn entwickelt wird, je diffiziler er wird, desto mehr ‚kontaminiert' er auch die anderen Sinne und umgekehrt. In der Großstadt legt sich

5 Um zu verdeutlichen, weshalb ich es funktional und nicht reduzierend meine: Einem Hobbyastronomen kann man auch nur raten, aufs Land zu ziehen, die Light-polution ist in der Stadt viel zu hoch, um eine auch nur einigermaßen vernünftige Sternbeobachtung hinzubekommen.

6 Wenn auch mehr derart, dass er emergent zu unseren ‚normalen' Sinnen ist. Sehen ist sehen, Hören ist hören, aber Telepathie umfasst und übersteigt die gewohnten Sinne auf eine komplexe Art und Weise, die Sehen, Hören, Fühlen – manchmal sogar Riechen und Schmecken – umfasst.

ein Nebel von Eindrücken über unsere Sinne und wir grenzen und klammern automatisch aus, um nicht verrückt zu werden. Ein leckeres Gericht duftet in einer Küche auf dem Lande deutlicher und feiner als in der von tausenden von Düften (und Gestänken) gesättigten Luft der Großstadt. Unsere kleine Psyche ist schlicht überfordert, und es wird uns nur schwerlich gelingen, unsere Komplexitätsverarbeitungsfähigkeit in einer solchen Umgebung vernünftig zu steigern.

Für den Großstädter mag mein Rat, aufs Land zu ziehen, schwer anmuten. Man muss sehr viel verändern, auch viel aufgeben. Letztlich aber ist es nur eine Frage vernünftiger Einsicht. Entweder will ich mich weiterentwickeln und meine psychischen Fähigkeiten steigern oder aber andere Interessen wiegen doch schwerer, wie zum Beispiel Geldverdienen oder anderes.[7]

Das nächste, was ich Ihnen vorschlagen will, ist vielleicht noch schwerer: Die Auswahl der richtigen Menschen, mit denen ich umgehen, von denen ich lernen, mit denen ich mich entwickeln will.

Jeder Gedanke, den wir denken, wird mit einer bestimmten Intensität gedacht. Den meisten Menschen ist die Art und Weise, wie sie denken, wie ihre Gedanken zustande kommen, intransparent. Da fühlt man und denkt man mehr oder weniger quer Beet. Mit je mehr Gefühlen ein Mensch unkontrollierter Weise ‚konfrontiert' ist, desto intensiver werden dieselben oft. Für einen Telepathen kann es sehr unangenehm werden, sich mit jemandem zu unterhalten, der extrem stark und unangenehm fühlt. Es ist durchaus manchmal mit einem körperlichen Angriff zu vergleichen. Es schmerzt! Wer noch nicht

---

7 Natürlich ist dies immer eine Frage des Maßes! Ich beziehe mich hier auf diejenigen, für die Weiterentwicklung die höchste Präferenz hat.

gelernt hat, seine Gefühle und auch die damit verbundenen körperlichen Prozesse zu kontrollieren und zielorientiert Barrieren aufzubauen, kann da die fürchterlichsten Sachen erleben.

Mir widerfuhr es einmal, als ich mich in einer instabilen Phase[8] befand, dass ich mich mit einer Frau unterhielt, die ihre Gedanken nicht im Geringsten orientieren konnte und die sehr, sehr intensiv fühlte. Sie erinnerte sich an einen Streit mit einer Frau von früher und prozessierte sämtliche Aggressionen neu und nach. Mein Herz fing an zu klopfen, meine Hände wurden feucht, ich konnte keine klaren Gedanken mehr denken und ... wurde selbst aggressiv. Sie hätte mich genauso gut schlagen können – möglicherweise wäre das sogar einfacher zu verarbeiten gewesen, da ein Schlag nicht so komplex und intensiv ist wie das Gefühls-Gedanken-Konglomerat dieser Situation. Ich brauchte eine halbe Stunde, um meine körperlichen und geistigen Prozesse wieder in den Griff zu bekommen.[9]

Natürlich ist es wichtig, anderen gegenüber offen zu sein, doch wir müssen auch berücksichtigen, dass Offenheit in manchen Situationen auch schädlich sein kann, vor allem dann, wenn wir nicht dazu in der

---

8 Umweltprobleme, wie Umzug, Umstrukturierung der Arbeit und Tod eines nahen Verwandten, die alles in allem zusammengenommen zu erhöhter Beschäftigung mit Umwelt führten und einen leichten zeitlichen Rückgang der Weiterentwicklungsarbeit bedingten.

9 Aggressionen sind stets unmoralisch, da psychisch destruktiv. Es spielt also keine Rolle, was genau eine Aggression verursacht – der Weiterentwickler wird danach streben, keinerlei Aggressionen zu formen. Natürlich ist keiner von uns perfekt, und es kann vorkommen, dass wir auch nach längerer Zeit der Weiterentwicklung noch unkontrolliert Aggressionen formen, doch wir sollten niemals hingehen und sie entschuldigen oder begründen, sondern sie vielmehr als unmoralisch kennzeichnen und unsere Gedanken restrukturieren.

Lage sind, die eindringenden Phänomene auch zu verarbeiten und in vernünftige und verständnisvolle Verhaltensweisen umzusetzen. Ich schlage gewiss nicht vor, Menschen zu meiden, aber ich schlage vor, bei der Auswahl der Gesprächspartner vernünftig vorzugehen. Gedanken sind – in gewisser Weise – durchaus materiell, für einen Telepathen sind sie so real wie das Gefühl einer harten Tischplatte. Sie können sich vorstellen, wie unangenehm das werden kann, wenn wir uns mit Menschen konfrontieren, die einfach hemmungslos emotional sind. Eine wahre Flut von Eindrücken überschwemmt das Bewusstsein (ich drücke mich hier bewusst fremdreferenziell aus, um zu verdeutlichen, was geschehen kann) und ganz automatisch schalten wir unvernünftige Abwehrmechanismen[10] an, um damit fertig zu werden. Sie erkennen auch hieran wieder, wie ungeheuer wichtig es ist, unsere Komplexitätsverarbeitungsfähigkeit zu steigern. Je weniger wir verarbeiten können, desto eher wird uns die Flut bewusst-los machen.

Es gibt nun sicher viele Kontakte, die sich einfach nicht vermeiden lassen, wie Gespräche bei der Bank oder mit unserem Vermieter, dem Schornsteinfeger und so weiter. Glücklicherweise handelt es sich bei solchen Kontakten selten um welche, die uns, so wir bewusst bleiben, aus der Bahn werfen können. Doch eine gewisse Menge von problematischen Eindrücken bleibt, und diese muss verarbeitet werden. Je öfter und je intensiver wir nun aber in Kontakt mit unkontrollierten Menschen treten, desto mehr beeinflussen wir uns dadurch selbst. Das Ergebnis ist eine Überflutung, die uns unserer Selbstkontrolle berau-

10 Jede Form automatischer Reaktion auf gedanklicher Ebene ist riskant, da unbewusst und zu Resonanz und Redundanz tendierend.

ben kann, was zu automatischen Gefühlen, Stimmungsschwankungen und Reduktion unserer telepathischen Fähigkeiten führen wird.[11]

Sie sehen, auch hier haben wir wieder einen Drahtseilakt zu bewältigen. Wir wollen uns nicht zurückziehen, nicht zu geistig verarmten Einsiedlern werden, andererseits wollen wir aber auch nicht dumm werden durch zuviel schädliche Eindrücke. Achten Sie also darauf, mit wem Sie wie sprechen, und reduzieren Sie unwichtige oder schädliche Gespräche und Kontakte auf ein Minimum. Suchen Sie Kontakt zu Menschen, die so ähnlich denken wie Sie, mit denen Sie anregende und intelligenzsteigernde Gespräche führen können. Menschen, die eher zu Ausgeglichenheit, Freude und Rationalität neigen. Ihre Weiterentwicklung wird Sie immer wieder in Situationen führen, in denen Sie instabil, durcheinander, verwirrt und auch manchmal leicht verängstigt sind. Gerade in diesen Situationen sollten Sie Menschen meiden, die solche Gefühle verstärken.

Ein weiterer Aspekt ist der des „Neuen Gedanken“. Es ist schon erstaunlich, wie viele Menschen fast immer dasselbe denken und fühlen – und auch kommunizieren! Diese Redundanz ist für diese Menschen

---

11 Hinzu kommt, dass die meisten Menschen auf der Ebene von Schuldattributionen kommunizieren. Es gilt seltener Probleme zu lösen, als zu bekräftigen, dass man selbst nicht der Schuldige ist. Für einen Weiterentwickler, der ja für sich die Verantwortung übernimmt, bedeutet dies, dass er letztlich immer der Schuldige ist, und Gedanken an Schuld unterscheiden sich von Gedanken an Verantwortung durch Handlungsunfähigkeit. So ist der Weiterentwickler in Gesprächen mit ‚Normalmenschen‘ stets (auf eine gewisse Weise) der ‚Verlierer‘ und kann in den Statusriegen der Gesellschaft sehr leicht weit unten landen, denn er neigt dazu nachzugeben und den Konsens zu suchen. Evolutionär betrachtet aber wäre dies disfunktional, und auch dieser Gesichtspunkt erhärtet unsere Position des gezielten und kontrollierten Rückzugs und der Reduktion von Gesprächen mit dem Normalen auf ein Minimum der Sachlichkeit und Höflichkeit und Notwendigkeit.

notwendig, um ihnen ihre Ich-Identifikation und ihre Rollenvorstellung zu erhalten. Für einen Weiterentwickler aber ist das eher hinderlich. Je öfter ein Gedanke, ein Gefühl gedacht wird, desto mehr Stabilität erhält er/es, bis letztlich ein automatischer Selbstaufruf in bestimmten Situationen auftritt. Wer aber stets dasselbe denkt, kann unmöglich noch über seinen Horizont hinausschauen. Alles Fremde wirkt auf die Psyche bedrohlich und muss eliminiert werden. Wenn Sie nun oft mit Menschen zusammen sind, die sich so verhalten, werden Sie auch stets mit dem Gleichen konfrontiert, was dazu führt, dass Sie eben stets dieses Gleiche nachvollziehen, nachdenken, telepathieren. Das ruft in Ihnen denselben Effekt wie bei der entsprechenden Person hervor, und Sie werden zunehmend verdummen! Letztlich wird das Ihre Entwicklung hemmen, und das Schlimme daran ist, dass Sie das gar nicht bemerken werden, denn alles kommt Ihnen gut, richtig und sicher vor.

Besser ist es, vorrangig Kontakt zu kreativen und ansprechbaren Menschen zu suchen. Einen emotionalen Menschen kann man meist nicht verändern – dafür sind ja auch die Therapeuten und Psychiater da – ja, jeder Versuch, dies zu tun, wird diese Menschen eher bedrohen als ihnen helfen.[12] Und Sie können wohl kaum Ihre emotionale Schwiegermutter darum bitten, ein wenig „leiser zu fühlen", da Sie dadurch ins Schwitzen geraten ... Prüfen Sie Ihre Freunde und Bekannten auf

12 Es können sogar Situationen auftreten, in denen allein die Tatsache, dass Sie sich weiterentwickeln, von Mitmenschen als Bedrohung angesehen wird. Sie kennen sicher das Phänomen der Andersartigkeit ... Der normale Mensch interpretiert oft alles Andersartige als Kritik an seiner Person – vor allem dann, wenn das Andersartige effektiver ist und insofern tatsächlich als Kritik interpretiert werden kann. Nur kritisiert der Normale normalerweise ganze Personen, der Weiterentwickler stets nur Verhaltensweisen, aber das kann der Normale oft nicht verstehen – wie auch, er macht es ja selbst so.

deren Fähigkeit hin, Kritik zu verarbeiten und ihre eigenen Gefühle zu kontrollieren. Ihre telepathischen Fähigkeiten werden Ihnen dabei behilflich sein. Bedenken Sie, dass ein böser Gedanke in Bezug auf Sie genau so deutlich ‚gehört' werden kann wie ein böses Wort, dass aber der Gedanke von Ihnen selbst internal reproduziert wird, er geht Ihnen näher als das böse Wort.

Also benötigen Sie zum einen die Fähigkeit einer guten und rationalen Selbsteinschätzung, zum anderen brauchen Sie Kontakt zu gutwilligen Menschen, die nicht niederen, verborgenen Absichten und Instinkten folgen. Wenn sich Ihre telepathischen Fähigkeiten nach den Anleitungen dieses Buches entwickeln, werden Sie höchstwahrscheinlich von ganz allein dazu tendieren, manche Menschen zu meiden und andere öfter aufzusuchen. Passen Sie aber bitte unbedingt darauf auf, ob es sich bei Ihnen einfach nur um eine irrationale Idiosynkrasie der betreffenden Person gegenüber oder ob es sich tatsächlich um einen vernünftigen Versuch der Reduktion von schädlichen Sinneseindrükken handelt. Sie müssen sehr ehrlich mit sich selbst sein!

Wenn Sie ehrlich und offen bleiben, sich immer wieder selbst überprüfen und nicht zulassen, dass Ihre Gefühle Ihre Entscheidungen beeinträchtigen, werden Sie gewiss das Richtige tun und die richtigen Entscheidungen fällen. Sie werden lernen, wem gegenüber Sie besser geistige Barrieren errichten, um an Ihrem Geiste keinen Schaden zu nehmen, und wem gegenüber Sie offen bleiben. Dazu ist noch weiter zu sagen, dass das Sprichwort „Freunde können uns mehr verletzen als Feinde" für den Telepathen natürlich noch viel mehr gilt! Einem Freund gegenüber sind wir noch offener als jemandem gegenüber, der uns nicht so wichtig ist oder den wir einfach wegen seiner Weiterentwicklungsinkompatibilität ablehnen. Jetzt sind Gespräche angesagt!

Sich vor einem Freund zurückzuziehen, ihm gegenüber Barrieren aufzubauen, schadet uns selbst sehr. Wenn wir offen bleiben und das direkte Gespräch suchen, werden wir bestimmt bald erkennen, ob es sich tatsächlich um einen Freund handelt oder ob wir die Entwicklungsmöglichkeiten dieser Person selbst bereits überschritten haben und nun neue Wege suchen müssen. Dies kann und wird oft vorkommen! Je mehr wir uns entwickeln, desto weniger Freunde werden wir leider haben. Das liegt daran, dass Weiterentwicklung einfach keine gesellschaftliche Konvention ist, ja solcher oft sogar zuwider läuft. So mögen wir uns mit einer Person noch vor zwei Jahren gut verstanden haben und stellen heute fest, dass wir entwicklungsmäßig nicht mehr kompatibel sind.[13]

Man muss bereit sein, seinen Freundeskreis zielorientiert auszuwählen, ja manchmal gar – auch wenn das nicht gerade die beste Variante ist – die Einsamkeit vorzuziehen. Es liegt ganz einfach in der Natur der Sache. Mit Kaffeekränzchen-Omas kann man keine telepathische Beziehung pflegen, genauso wenig mit denjenigen, die den Streit suchen, dauernd über Sex quatschen und nachdenken oder schlicht nur auf Anpassung und Geld aus sind.

Als Telepath werden Sie mit den Abgründen der menschlichen Seele konfrontiert werden. Mit denen der anderen, aber auch mit Ihren eigenen! Da die Menschen ihre Gedanken meist nicht kontrollieren (können), werden Ihnen die unheimlichsten Sachen begegnen. Sie werden

---

13 Dies ist eine zugegebenermaßen traurige Feststellung. Sie liegt in der Natur der menschlichen Entwicklung insgesamt begründet, welche zeitlich betrachtet doch noch ziemlich kurz ist. Die Gesellschaft befindet sich noch immer in der Phase, in der die Bedürfnisse des Körpers befriedigt werden müssen. Erst wenn dies global erreicht ist, werden die Bedürfnisse des Geistes in den Vordergrund rücken.

angelächelt, während Ihr Gegenüber eine Welle von Abneigungs- und Ablehnungsgefühlen ausschwemmt. Wenn Sie Therapeut sind, wird Ihnen natürlich Ihre telepathische Begabung sehr viel nützen. Sie werden Lügen und Verschleierungen erkennen und so sehr viel konkreter diagnostizieren können. Doch im ‚Normalleben' ist es bestimmt vernünftig, beengende, redundante und negative Gedankenkontakte zu minimieren.

Ich will es noch einmal betonen, weil es so wichtig ist: Sie sollen nicht die Menschen meiden. Komplexitätsreduktion ohne eine Entwicklungsperspektive wird Entwicklung hemmen. Aber es ist angebracht, eine sorgfältige Auswahl zu treffen. Suchen Sie das Gespräch mit Gleichgesinnten, wo Ihre Offenheit sinnvoll weil anschlussfähig ist. Als Telepath sind Sie 100mal offener und auch empfindsamer dem anderen gegenüber. In diesem Buch geht es viel um Offenheit und ich nehme kein Wort davon zurück. Aber die letzten Jahre haben mir gezeigt, dass man ebenso darauf achten sollte, das Was, worauf sich die Offenheit bezieht, zu selegieren!

Zurück zu dem Beispiel mit jener oben bereits erwähnten Frau, welche mich ziemlich aus dem Konzept brachte. Ich habe – umständehalber – immer noch regelmäßigen Kontakt zu ihr, und ich habe gelernt, ihr gegenüber meinen Grad an Offenheit zu reduzieren. Manchmal stelle ich mir hilfreich vor, eine Art Glasblase um mich herum aufgebaut zu haben, die einen Großteil ihrer emotionalen Intensitäten filtert. So kann ich zu ihr offen und freundlich in einem verarbeitbarem Rahmen bleiben, ohne mich ihr gegenüber ablehnend zu verhalten oder selbst emotional zu werden. Ein telepathischer Kontakt zu ihr ist absolut sinnlos, da sie nicht dazu in der Lage ist, diesen als Akt der Kommunikation zu begreifen.[14]

Ganz im Gegensatz dazu der Gefährte meines Lebens. Dessen Gefühle und Gedanken sind mir meist so nah wie meine eigenen. Wo auch immer er sich aufhält, kann ich mit an Sicherheit grenzender Wahrscheinlichkeit seinen gegenwärtigen geistigen Zustand benennen und bewerten – und umgekehrt er auch meinen. Natürlich gibt es in jeder menschlichen Beziehung Krisensituationen, verursacht durch Umweltprobleme und psychische Instabilitäten. Jemandem gegenüber nun Offenheit zu reduzieren, der des gleichen Geistes Kind ist, wäre unsinnig, dumm und beschränkend. Da er den gleichen Entwicklungsstand hat (im Rahmen seiner eigenen psychischen Dispositionen natürlich) sind Gespräche und emotionale telepathische Angleichung ausreichend, um wieder auf ein Level zu kommen, das beide Seiten gleichermaßen weiterbringen kann. Würde ich mich hier zurückziehen, würde ich unserer telepathischen Übereinstimmung Schaden zufügen. Genauso natürlich, wenn ich auf seine Gefühle aggressiv reagierte.

Und jetzt stellen Sie sich einmal vor, was passieren würde, wenn ich mich nicht in emotionaler Ausgeglichenheit und rationaler Situations-Bewertung geübt hätte: Wir würden uns streiten und verfremden nur durch die Unterschiedlichkeit unserer Gedanken! Wie viele Missverständnisse, was für ein heilloses Chaos würde dadurch verursacht?

So, und nun zurück zur Reduktion von Umweltkomplexität. Es ist ein stetes Lavieren zwischen Offenheit und Barrierenaufbau. Dem einen gegenüber öffnen Sie sich, da Sie voneinander lernen und sich

---

14 Sie erkennen, dass es sich hierbei nicht unbedingt um eine moralische Verhaltensweise handelt. Es wäre sicher wünschenswerter, die Offenheit beizubehalten, aber es ist einfach nicht praktisch, und manchmal muss man in solchen Fällen Abstriche machen, um die eigene Existenz nicht zu bedrohen.

miteinander weiterentwickeln können, dem anderen gegenüber verschließen Sie sich eher ein wenig, um nicht von seinen störenden Gedanken überschwemmt zu werden. Wann weiß man nun, wann man was zu tun hat?

Das ist eine Sache der Erfahrung und des Lernens. Im Laufe der Jahre werden Sie funktionale Automatismen entwickeln. Sie werden sich eben noch mit Ihrem Strebenspartner oder gutem Freund offen unterhalten haben können und im nächsten Moment, wenn es an der Tür klingelt, den Schornsteinfeger auf Distanz halten können. Einzige Voraussetzung ist stete Wachsamkeit und die Fähigkeit, den situationsbedingten Kontext bewusst zu setzen.

Was das schon wieder sein soll? Sie werden die Gespräche mit offenen Personen in Umgebungen verlegen – sie intensiv suchen – die ruhig und ungestört sind. Ein telepathischer reiner Kontakt in einem Restaurant ist so gut wie unmöglich. Ein gemeinsames Miteinander vor einem Film im Kino ist unwahrscheinlicher als daheim vor dem Videorekorder. Ganz automatisch werden Sie einen emotional lauten und unbewussten Menschen nicht mehr in Ihre privaten Gemächer lassen, um nicht die geistige Atmosphäre zu verschmutzen.[15] Aber denken Sie immer an das Wort ‚Drahtseilakt'. Reduzieren Sie nicht zu viel und nicht zu wenig.

Auch hängt es sehr davon ab, wie Sie konditioniert sind. Der eine geht mehr auf Menschen zu, ist ihnen gegenüber durch seine Erziehung offener. Der andere wartet lieber ein wenig ab. Für den Ersten ist es sicher sinnvoller, anfangs ein wenig zu viel zu reduzieren, um nicht

15 Bitte, betrachten Sie dies als Metapher. Scientismus – egal welcher Art – ist mit Streben nicht vereinbar, wie Sie auf den weiteren Seiten auch erkennen werden.

von den Gedanken und Anpassungsanforderungen der anderen überschwemmt zu werden. Für den anderen kann es sinnvoller sein, sich anfänglich mehr in Offenheit zu üben, das direkte Gespräch und den offenen Austausch von sich aus öfter zu suchen als gewöhnlich. Ich kann pauschal sagen, dass in den ersten fünf Jahren der Entwicklung höchstwahrscheinlich keine sinnvollen Abgrenzungs- und Erweiterungsmechanismen entstehen werden. Dafür ist psychische Entwicklung viel zu komplex, sie bedarf einer stetigen Selbstüberwachung, einer rationalen Kontrolle.

Es ist besser, anfangs davon auszugehen, dass man aufgrund erlernter Abwehrmechanismen überreduziert. So vermeiden Sie, dass persönliche erlernte Idiosynkrasien Ihre Urteilsfähigkeit trüben. Solange Sie noch automatischen Stimmungsschwankungen unterworfen sind, solange können Sie nur schwerlich vernünftige Urteile fällen. Es braucht lange Zeit und viel Mut, sich weiterzuentwickeln. Wenn man sich allein überlegt, was wir alles aufgeben müssen, um weiterzukommen – manche so genannte Freunde, entwicklungshemmende Aktivitäten wie Stimuli-Junk und überflüssige Gespräche – da wird einem schon klar, dass telepathische Fähigkeiten nicht vom Himmel fallen können. Wer zu unkontrollierten Emotionen neigt, kann unmöglich über den Tellerrand seiner Psyche schauen.

Aber, Sie können daran auch erkennen, was Sie gewinnen werden, wenn Sie den Weg der Weiterentwicklung beschreiten. Sie können an Menschen vorbeigehen und sofort ihre psychische Disposition einschätzen. Sie können mit Menschen sprechen und sie viel, viel besser verstehen, da Ihnen ein weiteres Interpretationsmedium zur Verfügung steht. Sie können Ihr eigenes Ego als Interpretationsgefängnis begreifen und lernen, darüber hinauszuwachsen. Wenn Sie den Drahtseilakt berücksichtigen, wird aus Ihnen ein Mensch, der sein gesamtes Potenzial nutzen kann. So können Sie auch lernen, ethisch zu handeln, denn Ihre Wünsche, Triebe und Bedürfnisse werden Ihre Entscheidungen nicht mehr beeinflussen oder beeinträchtigen.

An dieser Stelle ist es noch angemessen, ein wenig darüber zu sagen, was genau Sie eigentlich wahrnehmen können, wenn Sie Ihre psychischen Sinne entwickeln. Es gibt da so diesen Standardtest Unwissender, die einen fragen, was sie gerade denken. Sie werden feststellen, dass diese Frage niemals eindeutig beantwortet werden kann. Gedanken sind meist nicht einfach sondern komplex (außer bei den wenigen Strebenden, die durch jahrelange Arbeit klar und eindeutig denken können). Die Gedanken sind von Gefühlen durchsetzt. Je mehr sich Ihre telepathischen Fähigkeiten entwickeln, desto mehr werden Sie mitbekommen können. Wird Ihnen eine solche Frage gestellt, werden Sie nach einigen Jahren Arbeit ein Mischmasch von Gefühlen und Gedanken ‚erahnen', das sich um den zentralen Gedanken (wie zum Beispiel ein rotes Nilpferd) herumrankt. Möglich, dass es Ihnen gelingt, das rote Nilpferd zu erkennen, viel wahrscheinlicher aber ist, dass Sie – sozusagen – der entsprechenden Person direkt ins Herz schauen. Sie werden eine Art Schema der Standard-Psyche Ihres Gegenübers telepathieren, mit dem Sie mit an Sicherheit grenzender Wahrscheinlichkeit richtig liegen. Dennoch werden Sie höchstwahrscheinlich in mehr als 50% dieser Tests durchfallen. Aber, das liegt nicht an Ihnen![16]

---

16 Vielmehr ist es so, dass nur diejenigen, die lange Jahre in der Meditation Erfahrung gesammelt haben, überhaupt dazu in der Lage sind, etwas längere Zeit auch nur an ein rotes Nilpferd zu denken. Die meisten Menschen sind die meiste Zeit auf ein Standardschema von Gefühlen reduziert. Dies zu erkennen, dafür braucht man eigentlich nicht einmal telepathische Fähigkeiten.

Ich persönlich halte gar nichts von diesen Tests. Dies nicht deshalb, weil ich ihnen aus dem Wege gehen will, sondern aus zweierlei anderer Hinsicht: Zum einen sind sie aus oben genanntem Grund schlicht unzuverlässig, zum anderen wird eigentlich schon durch die Frage deutlich, welch Geistes Kind der Frager ist! Er will in den meisten Fällen das Gegenteil beweisen! Und da kann man noch so gut sein, irgendwie gelingt es solchen Leuten doch, Sie als Scharlatan zu entlarven. Mal abgesehen davon, was wollen Sie machen, wenn Sie den Geist des anderen im Grundschema begriffen haben? Wollen Sie ihm dies mitteilen? Das wird höchstwahrscheinlich in einem Statusgeplänkel ausarten, das Ihrer Psyche mehr als schadet, denn Sie haben sich auf einen niederen Trieb eingelassen.

Es gibt genügend andere Möglichkeiten, die eigenen Fähigkeiten zu prüfen, in diesem Buch sind die wichtigsten aufgeführt. Also gehen Sie besser Statusprüfungen aus dem Weg, indem Sie sagen, dass Sie so etwas nicht können. Damit schneiden Sie das Spiel ab und geben Ihrem Gegenüber genau das, was er eh haben wollte: Den Beweis, dass Telepathie nicht funktioniert, oder zumindest bei Ihnen nicht funktioniert.

Überhaupt ist es unklug, mit seinen Fähigkeiten hausieren zu gehen, schon gar nicht bei Leuten „aus dem eigenen Dorfe". Schon Jesus Christus hat erkannt, dass man überall ein Heiliger sein kann, nur nicht unter denen, die einen von Kindesbeinen an kennen oder zu kennen glauben. Es bringt bei weitem mehr, mit denjenigen zusammenzuarbeiten, die die Bereitschaft zeigen, selbst die Richtigkeit oder Unrichtigkeit der Erfahrungen am eigenen Leibe zu prüfen. Nichts ist wertvoller als eine persönliche Erfahrung, alles andere ist nur Buchwissen oder Sozialgeräusch und führt zu nichts.

In all den Jahren, in denen ich mich mit Bewusstseinserweiterung (manchmal ein besseres und eindeutigeres Wort als ‚Weiterentwicklung‘) beschäftigt habe, wurde mir immer klarer, wie neuartig solche Konzepte für den Menschen sind. Gewiss, es gab schon immer Menschen, die sich auf einem gehobeneren und moralisch anspruchsvolleren Level mit Ethik, Religion und den anderen charakterlich förderlichen Themen beschäftigt haben, doch es waren – im Kontext der Massen – immer nur sehr, sehr wenige Menschen. Und – leider – wurden diese Menschen auch fast immer verfolgt und starben einsam oder frustriert und erschöpft.

Vielleicht ist dieses Neue Äon das erste in der Geschichte der Menschheit, in dem Bewusstseinserweiterung zunehmend auch für den Normalmenschen transparenter werden wird, was sicherlich nicht zuletzt am steigenden Bildungsstand und an den modernen Informationsverbreitungsmethoden liegt. Aber selbst angesichts solcher Möglichkeiten stehen wir dennoch nur am Anfang und damit immer noch den Schwierigkeiten gesellschaftlicher Akzeptanz und dem althergebrachten Habitus der Reduktion von Wissen auf ein Minimum der persönlichen Verarbeitbarkeit direkt gegenüber.

Als Bewusstseinserweiterer stehen Sie vor vielen, vielen Problemen. Einige davon habe ich hier bereits aufgezeigt, doch das ist nur die Spitze des Eisbergs – wie Sie selbst feststellen werden, wenn Sie einmal mit der Arbeit begonnen haben.

Die alten Religionen sind als einzelne nicht mehr hinreichend, um die Formen moderner Entwicklung aufnehmen zu können. Selbst der so offen erscheinende Buddhismus (die einzige Religion, von der ich derzeit sagen könnte, sie würde einen auch nur annähernd vergleichbaren Anspruch an uns stellen, wie ich mit meinen hier beschriebenen Konzepten) tut sich schwer, moderne Einsichten wie z.B. die der Kontingenz von Erfahrung und die der gedanklicher

Konstruktion unseres Universums zu integrieren, ohne sie zu beschneiden.

Wir müssen im Grunde genommen vollkommen neu anfangen, ohne dabei allerdings die bisherigen Erkenntnisse außer Acht zu lassen. Das führt dazu, dass die Art und Weise, wie ein Bewusstseinserweiterer lebt, oftmals kontrovers zum ‚normalen' Leben der ‚normalen' Menschen scheint. Konzepte wie gesicherte Arbeit, Familie, soziale Anpassung an eine Rollenfunktion, finanzielle Sicherheit und viele andere stehen der Weiterentwicklung oftmals entgegen – und umgekehrt. Als Bewusstseinserweiterer steht man also gewissermaßen immer noch allein da, mit allen damit verbundenen Risiken und auch Erwartungsenttäuschungen.

Die schwierigste Aufgabe aber, die es zu bewältigen gilt, ist die des (persönlichen) Glücks. „Existenz ist reine Freude", das ist für mich der zentrale Satz, den es zu realisieren gilt – ganz im Gegensatz zu der Behauptung Existenz sei Leid, die auf dem Grundstein so vieler Glaubensbekenntnisse eingemeißelt steht. Ich bin zu der Überzeugung gelangt, dass ich nur dann glücklich sein kann, wenn ich es auch bin. Das klingt trivial, ja plump, aber wenn Sie einmal darüber nachdenken, wird Ihnen bewusst, dass Glück niemals von außen kommen kann, sondern dass es sich um eine Lebenseinstellung handelt: zu versuchen, das Leben als ein Experiment an sich selbst, ja gewissermaßen als ein Spiel zu betrachten. Ich bin der Hauptakteur und das Universum ist die Bühne, auf welcher ich mein Leben aufführe. Um dies tun zu können, muss ich nicht nur die Bühne ästhetisch und komplex gestalten, ich muss auch mein Leben ästhetisch und komplex aufführen.

Telepathie kann nun verstanden werden als eine Fähigkeit, die weiter dazu beiträgt, mehr zu begreifen, einen noch tieferen Zugang zu allem

Phänomenologischen zu bekommen. Wenn Sie regelmäßig meditieren und parallel dazu Ihre Gesundheit erhalten und Ihre Komplexität/Intelligenz steigern, wird sich nicht nur die Quantität, sondern auch die Qualität all Ihrer Sinneseindrücke steigern. Das Universum (inklusive Ihrer eigenen Psyche) erhält gewissermaßen eine höhere Farbigkeit, die nun auch Sie selbst tiefer durchdringt, so dass, wenn Sie sich verändern, auch das Universum sich verändert.

Ich kann nur Ausblicke geben, Ihnen nur zeigen, wo es hingehen kann, den Weg müssen Sie selbst beschreiten. Aber verlieren Sie niemals den Mut, hören Sie niemals auf zu kämpfen, aktiv zu gestalten und Ihr Wissen zu vermehren. Das allein ist schon viel, viel wert.

Telepathie, Hellsehen[17], Präkognition[18] sind nicht die einzigen ‚magischen' Fähigkeiten, die Sie durch kontinuierliches Streben erlangen können. Es gibt noch viel, viel mehr. Wir haben uns aber in diesem Buch auf diese drei beschränkt, und ich finde, für den Anfang sind sie schon einiges. Wenn Sie sich aber dafür interessieren, was sonst noch so möglich sein könnte, wenn Sie Ausblicke auf die Zukunft brauchen: Wie wäre es mit der Fähigkeit, das Wetter zu beeinflussen, astrale Welten selbst zu erschaffen und zu bereisen, gezielt zu träumen, ein Leben in Übereinstimmung mit Ihren Erwartungen zu führen und last but not least unsterblich zu sein? Möglich ist nicht das, was uns ein scheinbar deterministisches Universum erlaubt, denn so etwas gibt es nicht (außer, man glaubt daran). Möglich ist, was wir erwarten und was wir tun und bereit sind zu tun.

---

17 Die Fähigkeit, entfernte Gegenstände und entferntes augenblickliches Geschehen ohne Zuhilfenahme externer Mittel (Fernseher, Radio, Mitteilung durch andere etc.) wahrzunehmen. (Auch ‚Clairvoyance', ‚Klarsehen' genannt.)

18 Die Fähigkeit, die Zukunft vorherzusagen (vorherzubestimmen).

So mancher mag verzagen, wenn er liest, was er alles aufgeben muss oder sollte, um ein für psychische Evolution adäquates Leben zu führen, und es gibt bestimmt viele Menschen, die nicht bereit sind, dies zu tun. So manchem mag es sogar an den Fähigkeiten (kognitiv, intelligenzmäßig) mangeln, ein solches weiterentwickeltes Leben zu führen – auch dies konnte ich schon beobachten. Doch für denjenigen, der dazu in der Lage ist, einem Ausblick zu folgen, kann ich nur noch einmal sagen: Der Lohn! Der Lohn!

Was sind schon 3-5 Stunden täglicher Arbeit (und das halte ich für das Minimum) im Vergleich zu den Resultaten? Zu den höheren Freiheitsgraden? Und auch zu mehr Spaß und Glück? Ich denke, als denkende Wesen tragen wir eine gewisse Verantwortung für unsere Fähigkeit zu denken. Unsere Intelligenz ist nicht begrenzt, sondern ausbaufähig und steigerbar, und die Möglichkeit, dies zu tun, kommt einer Aufforderung, dies zu tun, gleich. Warum sollten wir unseren Stimmungen unterliegen, wenn wir die Fähigkeit besitzen, sie zu verändern? Warum sollten wir uns auf unsere normalen Sinne beschränken, wenn wir die Fähigkeit besitzen, sie zu erweitern?

Ich hoffe, ich konnte Sie genug motivieren!

Abschließend möchte ich noch vor einer Sache warnen: Trauen Sie niemals einem Guru ungeprüft, auch mir nicht.[19] Es gibt sehr, sehr viele Gruppierungen in der Esoterik, und leider handelt es sich bei den meisten um Glaubens-Gruppierungen, die auf eine bestimmte Ideologie

---

19 Ich verwende dies Wort in seiner nicht-belasteten Form: Lehrer (gu-ru: jener, welcher Licht ins Dunkel bringt)! Mir ist bewusst, dass das Wort ‚Guru' sozial negativ belastet ist, aber ich gehe davon aus, dass Sie über derartigen Idiosynkrasien stehen.

oder einen bestimmten Guru hin ausgerichtet sind. Wahre Weiterentwicklung hat auch etwas damit zu tun, dass man sich selbst und den Guru oder die Gruppe, der man sich anschließt, kontinuierlich auf die Möglichkeit weiterer Weiterentwicklung hin überprüft. Tun Sie dies stets! Auch ist es angemessen, immer darauf zu achten, dass man sein Wissen erweitert. Sich einer esoterischen Gruppierung anzuschließen, die sich neuen Konzepten gegenüber abschließt, heißt auch sich selbst abzuschließen. Die Menschheit als Ganzes entwickelt sich weiter und wir sollten ihr gegenüber offen bleiben. Wenn Sie sich also einer Gruppe anschließen möchten, dann wählen Sie in Ruhe aus und stellen Sie sich folgende Fragen:

1. Ist die Gruppe auf einen Guru hin orientiert? (dann ist es meist besser, es zu lassen)
2. Ist die Gruppe an einer Ideologie orientiert? (dann gilt es zu prüfen, ob die Ideologie bestimmte Erkenntnisse ausschließt – wenn ja, dann sollten wir weitersuchen)
3. Hängt die Gruppe eventuell überkommenen Werten an?
4. Berücksichtigt die Gruppe Überprüfungsmöglichkeiten der Fähigkeiten und Phänomene, wie sie in diesem Buch angezeigt werden?
5. Wird von Ihnen vielleicht verlangt, (an) etwas zu glauben?

Fertigen Sie eine Liste dessen an, was Sie binnen der nächsten fünf und zehn Jahre erreichen wollen (und wünschen) und prüfen Sie dann die Gruppe daraufhin, ob es in ihr überhaupt jemanden gibt, der solche Ergebnisse erreichte. Das wird nicht in allen Punkten immer möglich sein – ich zum Beispiel mache mich nicht gern zum Hampelmann-Guru, indem ich den Leuten Tricks vorführe, was ich so alles Tolles kann – aber in ruhigen Gesprächen mit der rechten Offenheit kann man zumindest herausfinden, ob die Konzepte der Weiterentwicklungsgruppe logisch stimmig sind. Wenn Sie offen bleiben und sich nicht rhetorisch einwickeln lassen, werden Sie gewiss schnell herausfinden, ob Sie einem Scharlatan und Angeber gegenüber sitzen oder nicht. Fragen Sie, fragen Sie, fragen Sie. Wenn Sie viel fragen und stimmige Antworten bekommen, okay. Antworten aber wie „Das kannst du jetzt noch nicht verstehen!" oder ähnlichen Anspielungen auf Ihre geistige Unterlegenheit können Sie getrost als Anhaltspunkt für die geistige Unfähigkeit Ihres Gesprächspartners auffassen. Alles kann erklärt werden, wenn man sich nur ausreichend Mühe gibt. Hinterwelten (wie der hohe Guru oder die mystische und immer unverständliche Ideologie) sind was für Sklaven und Hörige.

Kein wirklicher Meister der Weiterentwicklung (was für ein Wort, aber mir fällt einfach nichts Besseres ein, und ich meine es im Kontext von Auszubildender, Geselle, Meister) wird Ihnen jemals Antworten verweigern oder auf Unverständlichkeiten rekurrieren. Und, auch ein schärferes Wort muss mal gesagt werden, er wird Sie auch nicht einfach nur erleuchtet angrinsen ...

Andererseits ist es natürlich sehr, sehr nützlich, wenn Sie sich einer geeigneten Gruppe anschließen können, und sei es auch nur so, dass Sie in losem Briefkontakt bleiben, um Fragen zu klären. Weiterentwicklung ist nun mal Erfahrungssache, und allein kommt man da oft nicht so weit. Aus den Erfahrungen anderer können Sie oft ebenso viel lernen wie aus Ihren eigenen. Natürlich aber müssen Sie dazu auch bereit sein. Was übrigens ein weiteres gutes Kriterium für eine adäquate Gruppe ist: Kein Meister der Weiterentwicklung wird Schüler akzeptieren, die nicht bereit sind zu lernen. Und so erkennt man oft auch inadäquate Gruppen an der Menge der reinen Wortakrobaten, die sich darin austoben ...

Danke nun allen, die durch ihre anregende Kritik zur Weiterentwicklung dieses Buches beigetragen haben, und einen recht herzlichen Dank auch Ihnen, unserem treuen Leser, für Ihr Vertrauen, bei einem so seelisch tiefgehenden Thema wie diesem unser Buch ausgewählt zu haben!

Gitta Peyn

Neupublikation

RaBaKa-Publishing hat sich entschieden, „Thelepathie – Die Entwicklung Menschlicher Offenheit" in vollständiger Überarbeitung neu herauszugeben.

Das Buch legt vor allem Wert darauf, die Erlernbarkeit von Telepathie zu betonen. Begleitaspekte wie Empathie[20], Verbindungen mit Tieren, Channeling[21] und andere werden nicht deshalb außen vor gelassen, weil sie nicht möglich sind, sondern weil sie anderer Überprüfungskriterien bedürfen. Natürlich halten wir es nicht für unmöglich, empathische Verbindungen mit Tieren aufzunehmen, doch dieses Buch soll sich darauf beschränken, wie Telepathie erlernt und überprüft werden kann.

Das ist auch der Grund dafür, weshalb wir die tendenziell wissenschaftliche Sprache und den damit verbundene Anspruch in dieser Neubearbeitung weiterhin beibehalten. Natürlich gehört zum Phänomenbereich Telepathie ein großes Spektrum an Gefühlen, und man benötigt und erfährt Offenheit wie auch Intensität, doch wer sicher gehen will, dass es sich tatsächlich um Telepathie handelt, kommt um Prüfkriterien nicht herum.

---

20 Empathie: Die Fähigkeit, sich in jemand anderen hineinzufühlen. Empathie ist einerseits Teil der Telepathie, andererseits wird darunter aber auch die Fähigkeit verstanden, die nonverbalen Verhaltensweisen (Stimmlage, Tonfall, Gesichtsausdruck, Körpersprache, Körpergeruch, Kleiderwahl etc.) des Gegenübers so zu lesen, dass sich ein adäquates Bild ergibt.

21 Channeling: Von „Channel" (Kanal). Channeln: Die Fähigkeit der Kommunikation mit nicht inkarnierten (verkörperlichten) Wesenheiten (Entitäten).

Das Buch soll nicht den Eindruck erwecken, dies und nur dies sei Telepathie, sondern es soll als Leitfaden des Lernens und der Prüfung dienen und es all jenen, die denken über telepathische Fähigkeiten zu verfügen, und all jenen, die sich dafür interessieren, wie diese erlernbar sind, erleichtern zu konkreten Ergebnissen zu kommen.

Wir bitten deshalb um Verständnis, wenn eher emotionale Aspekte oder spirituelle Hintergründe hier nicht zur Sprache kommen.

Hinsichtlich einiger Aspekte der Telepathie ist es zwecks Erweiterung der Beobachtungs- und Überprüfungsmöglichkeiten erforderlich, Vergleichsmodelle heranzuziehen – dies, um Verwechslungen vorzubeugen – denn häufig lässt sich ein ((scheinbar) telepathisches) Phänomen mit einem anderen herkömmlicheren Modell ebenfalls erklären. Wenn ein Phänomen eines der Intuition, sozialer Anpassung oder der Telepathie sein kann, dann ist es sinnvoller, ein herkömmliches Modell zur Erklärung heranzuziehen als das Phänomen ‚Telepathie' zu nennen. Es geht dabei nicht darum, telepathische Phänomene zu leugnen, sondern einfach darum, Perspektiven zu gewinnen, mit Hilfe derer das Phänomen möglichst anschlussfähig und effektiv gehandhabt werden kann. Zwar ist der Mensch Schöpfer seines Universums, doch, will er begreifen, was das überhaupt bedeutet, muss er sich von idiosynkratischen Präferenzen lösen und feste wie auch lockere, intuitive wie auch empirische Modelle verwenden.

Uns ist bewusst, dass Menschen mit telepathischen Fähigkeiten irgendwann auch lernen müssen, ihren Fähigkeiten zu vertrauen. Doch, um dies tatsächlich tun zu können, braucht es einen recht wissenschaftlichen Geist, denn wir sind Menschen mit Herz, Hand und auch Kopf, und der Zweifler in uns lässt sich nur ausschalten, wenn wir systematisch vorgehen.

So manchem Leser mag hier der Aspekt des Vertrauens in die eigenen Fähigkeiten fehlen, auch mag er den Eindruck haben, das Ganze sei zu sachlich. Wir bitten einfach zu bedenken, dass uns die außerordentlichen Fähigkeiten des Menschen sehr am Herzen liegen, und wenn wir wollen, dass diese allgemeine Anerkennung finden, ist wissenschaftlichere Sprache und Methode das Medium mit den bequemeren, schnelleren, verzweigteren, anschlussfähigeren und weitreichenderen Transportmöglichkeiten.

Gitta Peyn und Ralf Löffler im Februar 2007

1. Einleitung

„Wie Schiffer sind wir,
die ihr Schiff auf offener See
umbauen müssen,
ohne es jemals in einem Dock
zerlegen und aus besten Bestandteilen
neu errichten zu können."

Otto Neurath

1.1. Wie wir zur Telepathie gelangten

Als wir uns trafen, waren wir Menschen wie alle anderen auch. Doch wenn wir auch die gleiche Sozialisation mitmachten, beide aus mittelständischen Familien stammten und beide glaubten, dass die Welt auf die eine oder andere Art beschaffen sei, hatten wir uns doch eine fast kindliche Neugierde an den Phänomenen erhalten. Wir wollten WISSEN.

Wissen, wie menschliches Denken funktioniert und wo seine Grenzen sind.

Wissen, was überhaupt alles erkannt werden kann.

Wissen, ob es nicht noch mehr als das gibt, wovon uns die Menschen in unserer Umgebung immer so fest sagten, DASS ES EBEN SO SEI.

Und so machten wir uns auf die Suche.

Wie fast alle, die solche Fragen stellen, durchforsteten und erforschten wir zunächst den Bereich Esoterik. Wir trainierten die Meditation, Entspannungstechniken, erforschten das weite Feld der Magie, doch mussten irgendwann ernüchtert feststellen, dass die Modelle, die uns angeboten wurden, nicht funktionierten.

Ach, wie einfach und toll klangen die Bücher über Astralreisen, Wunsch- und Sympathiemagie, und wie frustrierend war es, immer wieder feststellen zu müssen: So einfach geht's dann doch nicht.[22]

22 Dabei ging es uns vor allem immer um die Fragen: 1. Wie können diese Phänomene wiederholt und prüfbar zustande gebracht werden? 2. Wie kann dies jeder erlernen? 3. Welche Modelle zur Erklärung und Anwendung sind nötig?

Was also tun?

Was tun, wenn das Ziel darin besteht, sein Bewusstsein zu erweitern und dabei auch prüfbare Ergebnisse zu erzielen?

Wo lag der Fehler?

Wir überlegten also zum zigtausendsten Male: „Wo sollen wir anfangen, wenn wir neue Erfahrungen machen wollen, wenn wir weiterkommen wollen, wenn unser Ziel Bewusstseinserweiterung sein soll?“

Dort angelangt, wurde es uns klar:

Wir wollten weiter – weiter als bisherige menschliche Erkenntnis gekommen war.

Was also lag näher, als den Status Quo festzulegen? Zunächst festzuhalten, zu welchen Erkenntnissen die Menschheit bislang gelangt war?

Wir erweiterten also unsere Kenntnisse aus Schul- und Studienzeit, aus unseren Forschungen der Esoterik um die Erkenntnisse möglichst vieler und vielfältiger anderer Wissensgebiete.

Wir lasen und erprobten psychologische Themen aller Art, wie zum Beispiel die Transaktionsanalyse, das Neurolinguistische Programmieren, Transpersonale Psychologie, Jung, Freud, Adler und vieles andere mehr. Wir erkundeten die bisherigen Erkenntnisse der Biologie, der Physik, der Metaphysik, der Kosmologie, der Soziologie, der Philosophie – alles, was uns unter die Finger kam, suchten wir, unter dem Aspekt ‚Erkenntnis‘ zu analysieren und zu verwenden.

Sehr schnell ging uns auf, dass das, was wir in der Schule lernten, was ‚man‘ uns immer weismachen wollte, so einfach gar nicht funktioniert. Tatsächlich stellten wir fest, dass bislang nicht gesagt werden kann, wie menschliche Erkenntnis überhaupt funktioniert.

Wieder ein Loch?

Wieder ein Moment, in dem wir uns resigniert zurücklehnten und sagen mussten: „Wir wissen es nicht?“

Nein! Wir hatten den Ansatz gefunden.

Wenn bis heute nicht klar ist, wie Erkenntnis funktioniert, so kann doch zumindest gesagt werden, dass Erkenntnis irgendwie zustande kommt. Und es kann gesagt werden, dass wir nicht sagen können, wo die Grenzen menschlicher Erkenntnisfähigkeit liegen.

Wir können einfach nicht behaupten, dass das, wovon uns die Mystiker berichten, nicht möglich ist. Allerdings können wir sagen, dass einige Erklärungsmodelle, die uns so angeboten werden, wie zum Beispiel das der so genannten Schwingungen oder das der so genannten Energie oder das von den kosmischen Strahlen, die uns beeinflussen, nicht passen. Dennoch haben wir selbst am eigenen Leibe mehrfach, und auch gezielt, Erfahrungen wie beispielsweise Telepathie gemacht. Und es sind sehr schöne Erfahrungen, die das Leben bereichern, uns füreinander öffnen, uns vertrauensvoller und auch selbst-bewusster machen, so dass wir darauf hinarbeiteten, sie vernünftig erklärbar und anschlussfähig an unsere gewohnten Erfahrungen zu machen. Also gingen wir zunächst von einem aus:

Wir müssen prüfen.

Wir fertigten eine Liste von so genannten „außersinnlichen Fähigkeiten“[23] an und fragten uns, inwiefern das Erforschen und Zugänglichmachen dieser Fähigkeiten uns und die Menschheit weiterbringen kann.[24]

23 Dies in Anführungszeichen, da es sich unserer Ansicht nach nicht um außersinnliche Fähigkeiten handelt, sondern um äußerst sinnliche und sehr kreatürliche, und wir denken, dass jeder Mensch in dem einen oder anderen Ausmaß über diese Fähigkeiten verfügt. Sie sind nur etwas – zivilisatorisch – verschüttet.

In dieser Liste tauchte – neben Präkognition, Hellsehen, Astralreisen, Channeling usw. – auch die Telepathie auf.

Nun war es so, dass wir bemerkt hatten, dass Weiterentwicklung und Bewusstseinserweiterung, wenn man auf sich allein gestellt ist, ungeheuer schwer sind. Wir brauchten andere, um unsere Erfahrungen auszutauschen, um neue Anregungen zu bekommen, um über uns selbst hinauszuwachsen. Denn zum einen regt jeder neue Gesprächspartner uns zu neuen Konzepten an, zum anderen ist es gut, wenn ungewöhnliche Fähigkeiten wie Telepathie durch mehrere geprüft werden (inklusive des dahinter stehenden Modells), damit die Ergebnisse sicher und zuverlässig werden. Wenn einer allein meint, telepathische Fähigkeiten zu haben, und er niemanden findet, der sie mit ihm gemeinsam überprüft, kann er diesen Fähigkeiten schwerlich trauen. Sie finden – sozusagen – nur in seinem Universum und nicht in einem von mehreren Personen gemeinsam geformten Universum statt.

Durch intensives Meditationstraining (über Jahre hinweg täglich ca. 3 Stunden) bemerkten wir, dass wir eine neue Sprachform entwickeln mussten, um auch seltsamere Phänomene beschreiben zu können.

Und: Wir stellten fest, dass all diese ‚seltsamen' Phänomene sich parallel zur Meditation fast wie von selbst einstellten.[25]

24 Eine wichtige Frage, um überhaupt festsetzen zu können, wo wir anfangen sollten.

25 Meditationen erweitern das Bewusstsein und stabilisieren es dann wieder in diesem erweiterten Zustand. Wir sind heute (2007) fest davon überzeugt, dass die Meditation tatsächlich eines der tragenden Elemente bei der Entwicklung der so genannten ASW (AußerSinnlicheWahrnehmung) ist. Andere Methoden, wie okkulte Techniken, intuitive Entwicklung etc., sind zu erratisch, um saubere Ergebnisse vorhersagen zu können. Die konzentrierte Meditation hingegen bringt definitiv bei jedem Probanden, der sie regelmäßig und diszipliniert durchführt, binnen drei Jahren eine erhebliche Zunahme und Verbesserung der ASW mit sich. Dies kann jeder an sich selbst überprüfen.

Doch die Meditation führt man allein durch, und die Ergebnisse, die dabei auftreten, müssen noch gründlicher überprüft werden als andere Ergebnisse. Man braucht Menschen, die ähnlich arbeiten, muss ihnen die eigenen Meditationsergebnisse berichten und diese mit den ihren vergleichen, wenn man verhindern möchte, in Halluzinationen abzudriften.

Da also bestimmte Meditations-Nebeneffekte telepathischer Art sind, was lag da näher, als sich parallel zur Meditation mit der Telepathie zu beschäftigen.

Noch einmal:

Wir suchten, unser Bewusstsein zu erweitern. Neues kennen zu lernen, neue Erfahrungen und neue Erkenntnisse zu sammeln. Wir meditierten und bemerkten, dass einige Erfahrungen sich fast von selbst einstellten. Wir brauchten den Austausch mit anderen, und wir brauchten Kommunikation. Insofern war es nur sinnvoll, das Phänomen der Telepathie zu erforschen, da es uns als sehr eng mit der Kommunikation verwandt schien. Einerseits bietet die Telepathie die Möglichkeit, noch mehr Nähe zu anderen Menschen zu schaffen, noch mehr Offenheit zu erlangen, andererseits ist sie eine wunderbare Methode, die Tiefe und Bewusstheit und Konzentrationsfähigkeit einer Meditation zu überprüfen.

Und so begannen wir dieses besondere Phänomen menschlicher Erkenntnis genauer unter die Lupe zu nehmen.

Wir stellten Theorien auf, was Telepathie sein könnte und wie sie funktioniert. Immer wieder mussten wir unsere Ansätze revidieren. So gingen wir noch bis 1988 von einem Sender-Empfänger-Modell aus, mussten aber zur Kenntnis nehmen, dass dies nicht mit den gängigen Modellen der Wissenschaft übereinstimmt. Da wir jedoch immer anschlussfähig bleiben wollten, legten wir dies Modell ad acta. Auch meinten wir eine ganze Zeit lang, dass Konzentration die Hauptsache dabei sei, und wir erzielten auch keine schlechten Ergebnisse damit. Doch im Laufe der Übungen, die wir machten, stellten wir fest, dass Konzentration alleine nicht ausreicht. Es war eine Sysiphus-Arbeit. Kaum meinten wir: „Ja, so funktioniert's", da war's auch wieder vorbei. Kaum dachten wir, ein vernünftiges Modell zur Hand zu haben, nach dem auch andere Telepathie erlernen können, kamen Versuchspersonen zu uns, bei denen es eben nicht funktionierte.

Auch hier gingen wir dann als Forscher an die Arbeit: Wir schrieben alles auf, notierten jede auch noch so kleine Kleinigkeit. Was nicht funktionierte, strichen wir nicht gleich weg, sondern behielten es im Auge. Unser Modell wurde kleiner und kleiner, doch die innere Schärfe nahm immer zu. Wir nahmen Abstand von Ideen wie Übertragung durch Schwingungen oder Energien, ja sogar vom Alter-Ego-Modell der Kommunikation.[26] Auch das alte Modell von: „Wenn man etwas wirklich will, dann klappt es auch", konnte nicht übertragen werden.

Am Ende schien es fast so, als würde Telepathie nur dann funktionieren, wenn sie durchgeführt wird wie ein Spiel, so wie bei Kindern, die ihren Bauklotzturm nicht bauen, damit er fertig ist, sondern weil das Bauen soviel Freude macht.

Dies ist einer der schönsten Nebeneffekte von Telepathie – Sie werden fröhlicher, teilweise richtig albern, kindlicher. Durch die Meditation lernen Sie, sich zu entspannen und zu konzentrieren. Doch

26 Dies vor allem deshalb, weil dergleichen Modelle einfach zu unscharf sind, um überprüfbare Ergebnisse zu liefern. Ist das Modell unscharf, dann ist es auch das Ergebnis, und hinzu kommt, dass die Art des Modells die Natur der Ergebnisse mitbestimmt.

durch die Telepathie lernen Sie, wieder Vertrauen zu sich selbst und zu anderen zu bekommen, Sie werden sicherer aber nicht verbohrter. Es ist unheimlich lustig, mit ein paar Leuten zusammen ein Meditationswochenende zu machen und begleitend ein paar Telepathie-Übungen durchzuführen. Es macht Freude zuzusehen, wie jeder Einzelne immer lockerer wird, seinen Verspannungspanzer abbaut und letztlich von Herzen lacht, ohne dafür einen besonderen Grund zu haben – außer vielleicht den, am Leben zu sein und dieses wunderbare Leben mit anderen wirklich teilen zu können.

Letztendlich blieb das übrig, wovon wir in diesem Buch berichten. Wir möchten nicht, dass Sie, lieber Leser, uns einfach nur glauben. Probieren Sie es selbst aus. Wir denken, wenn Sie den Ansätzen und Bedingungen dieses Buches folgen, werden Sie erfolgreich sein. Wenn nicht, ist es auch nicht so schlimm. Nicht jeder neigt zur Mathematik oder zur Musik. Nicht jeder kann mit Schreinern oder mit Betriebswirtschaft etwas anfangen. Wenngleich Sie uns vermutlich zustimmen, wenn wir sagen, dass es jeder – der eine besser als der andere – erlernen kann. Wir behaupten, dass Sie Telepathie lernen können. Wir behaupten, dass Sie, wenn Sie die Übungen und auch die Begleitübungen dieses Buches durchführen, telepathische Ergebnisse erzielen werden.[27]

Diese Erfahrung wird Ihr Leben verändern und bereichern. Dinge, die Sie bisher nicht für möglich erachtet haben, werden in Ihren Alltag Einzug halten. Und neben den telepathischen Fähigkeiten sind da bestimmt auch noch die wachsende Entspannung und die Konzentra-

27 Es gibt nur einen Weg, diese Behauptung zu widerlegen oder zu beweisen: die Praxis! Das ist der Sinn jeder Studie, dass sie empirisch geprüft werden sollte, und es ist der Sinn aller Forschung, überprüfbare Ergebnisse hervorzubringen.

tionsfähigkeit sowie ein höheres Wissen zu nennen, was allein schon ausreichen würde, um das Leben vieler Menschen auf diesem Planeten zum Positiven hin zu verändern.

Geben Sie Telepathie eine Chance, doch machen Sie sie nicht zu etwas Besonderem. Genau das führt zu den Vorbehalten, die die Menschen telepathischen und anderen ungewöhnlichen Fähigkeiten gegenüber haben. Das ist es, worum wir Sie bitten. Wenn Sie meinen, telepathische oder ähnliche Fähigkeiten zu haben, bleiben Sie „auf dem Teppich". Wenn wir erreichen wollen, dass wir selbst uns, und deshalb andere Menschen sich, weiterentwickeln, dann dürfen wir uns nicht in ein mystisches Mäntelchen hüllen und wirre Modelle hervorbringen.

Es ist viel glaubwürdiger, wenn man sagt: „Möglicherweise funktioniert es, ich muss es ausprobieren und überprüfen", als wenn man sagt: „Natürlich funktioniert es, und jeder kann es."[28] Denn nicht jeder macht telepathische Erfahrungen, und was ich nicht erfahren habe, das ist für mich auch nicht wirklich. Wer noch nie Samadhi, eine hohe Stufe der Konzentration, erlangt hat, kann sich einfach nicht vorstellen, dass es so etwas geben sollte, denn um es sich wirklich vorstellen zu können, muss er es schon einmal erlebt haben. Wer noch nie erlebt hat, dass man von 10 Karten, die ein anderer imaginiert, 7 richtig nennen kann, für den gehört diese Erfahrung nicht zu seinem Erfahrungsschatz. Und wenn auch viele glauben, dass das möglich ist, so können sie es sich dennoch nicht vorstellen. Deshalb noch einmal: Glauben Sie uns nicht!

---

28 Plus, dass esoterische Modelle häufig leider auch instabile Menschen anziehen, die sich selbst in diesen Modellen bestätigen wollen. Insofern ist ein eher wissenschaftliches Herangehen auch hier von Nutzen: Wer sich darauf einzulassen vermag, verfügt bereits über einen einigermaßen integren Geist und benötigt zur Selbststablisierung nicht irgendwelche ominösen Kräfte.

Wenn Sie Telepathie für möglich halten, probieren Sie es aus. Wenn es dann nicht klappt oder nur rudimentär klappt, verfallen Sie nicht auf seltsame Erklärungsmodelle, wie ‚Energien' oder ‚Schwingungen'. Ein Weitspringer, der die 6 m erreichen will, wird nicht leugnen, dass es möglich ist, auch wenn er bislang nur 5 m weit sprang. Wenn er aber dann sagt, es lag an den anderen oder am Wetter, wenn er beginnt, seinen Misserfolg auf andere/s zu projizieren, dann wird er es sehr, sehr schwer haben, die 6 m zu erreichen.

Auf jeden Fall sollten Sie erwarten, dass Sie, wenn Sie die Übungen dieses Buches durchführen, ein schöneres Leben als bis hierher führen können. Sie können lernen, Ihren Lebenspartner besser zu verstehen, so dass auch er Sie besser verstehen kann. Sie werden sich viel, viel weniger streiten und auch weniger eigene Probleme haben. Viele Dinge, die Ihnen bis heute wichtig und schwer vorkamen, finden Sie plötzlich leicht. Führen Sie zusätzlich die Meditationsübungen durch, lernen Sie auch, aus sich selbst heraus, ohne auf einen Anlass angewiesen zu sein, glücklich und zufrieden zu sein. Dadurch, dass Sie andere mit Ihren telepathischen Fähigkeiten besser verstehen, lernen Sie auch zu begreifen, dass Ihre Sorgen und Nöte häufig auch die Sorgen und Nöte anderer sind, und Sie lernen zu teilen.

Durch die Offenheit, die Sie erlangen, werden Menschen offener auf Sie zugehen – auch solche Menschen, die nicht die Telepathie erlernt haben oder erlernen möchten – weil jeder schnell merkt, dass Sie ein ehrlicher und aufgeschlossener Mensch sind. Und da Sie sich nicht mehr verstecken müssen, machen Ihnen auch Ihre Fehler nichts mehr aus, sondern Sie können Sie mit Freude als Anlass verwenden, sich zu verändern und zu verbessern.

Und das ist am Ende die Idee persönlicher Integrität, dass wir stolz auf das sein können, was wir sind, und auf das, wer wir sind, und dass wir es nicht nötig haben, uns mit Dingen zu brüsten. Ein Empath oder Telepath zweifelt nicht an seinen Fähigkeiten. Ist er außerdem integer, hat er auch keine Probleme damit, sie im Einzelnen zu überprüfen und herauszufinden, wie genau sie funktionieren. Es bereichert seinen Charakter nur, es nimmt ihm nichts.

Viel, viel Erfolg und viel Spaß!

Gitta Peyn & Ralf Löffler

1.2. Unsere Einstellung zur Telepathie

Wir halten Telepathie für EIN spezielles Phänomen menschlicher Erkenntnisfähigkeit. Im Laufe der Jahre machten wir damit so unsere Erfahrungen, und natürlich waren diese Erfahrungen nicht immer positiv.

Das heißt aber bestimmt nicht, dass sie immer schlecht waren. Im Gegenteil – die guten Erfahrungen überwiegen (Warum sonst sollten wir weiter daran arbeiten?). Aber wir denken, dass es wichtig ist, Sie auch über die etwas weniger guten Dinge zu informieren, damit Sie sich darauf vorbereiten können. Das, was in diesem Buch als unangenehm bewertet und beschrieben wird, tritt jedoch bestimmt nicht auf, wenn Sie unsere Ratschläge in Bezug auf Offenheit, Ehrlichkeit und vor allem Prüfung berücksichtigen. Tun Sie das, werden Sie erfolgreich sein und sich über die tollen neuen Erfahrungen freuen können.

Tatsächlich tritt das Unangenehme nur auf, wenn man anfängt tagzuträumen, wenn man vom zielorientierten Lernen abweicht. Wer auf dem rechten Pfad bleibt, der gelangt glücklich ans Ziel. Stellen Sie sich nur vor, Sie seien mit jemandem so eng vertraut und telepathisch geschult, dass Sie beide gleichzeitig glücklich und lustig sein und einander telepathisch darüber informieren können – eine herrliche Sache, wenn man's kann! Oder Sie brauchen eine neue Idee für Ihre Arbeit, setzen sich mit Ihrem Partner in eine Meditation, beide konzentrieren sich, formulieren die Suche nach der Idee als Meditationsziel und erschaffen dann gemeinsam auf telepathischem Wege die Lösung – fast so wie in einem kreativen Brainstorming, doch diesmal mit der Möglichkeit, nicht nur mit Worten, sondern auch mit Bildern, Gefühlen, Geschmäckern und Gerüchen zu ‚reden' …

Wir haben so etwas häufiger erlebt – alleine und mit anderen zusammen – so häufig, dass es nicht mehr für Zufall gehalten werden kann. Im Laufe der Übung werden Sie ebenfalls dahin kommen und es selbst erleben, und dann wird es für Sie erst richtig interessant.

Wir wünschen uns eine Welt, in der mehr Menschen hieran forschen und ihre Ergebnisse darüber austauschen, dann wird sicher noch mehr darüber erkannt, wie Telepathie geformt werden kann. Außerdem gilt bei jeder Art von Tätigkeit immer die Regel: Je mehr Menschen sie durchführen und anerkennen, desto besser klappt's.

1.2.1. Moralische Aspekte

Wie jeder andere Mensch handeln wir nicht immer moralisch einwandfrei. Oftmals machen wir uns von anderen ein unvorteilhaftes Bild, ja neigen gar manchmal zum Tratschen oder Klatschen. Auch haben wir Bedürfnisse, die gar häufig unserem Strebensziel nach mehr Erkenntnis zuwiderlaufen. Wir haben Hunger und Durst, brauchen ein Obdach, menschliche Kontakte, so dass es oftmals vorkommt, dass wir – anstatt eine telepathische Übung oder eine Meditation durchzuführen – lieber in eine Kneipe gehen oder vor dem Fernseher hocken. Einige unserer Bedürfnisse können wir kaum abschalten – wir brauchen Nahrung etc. Doch einige andere der Bedürfnisse sind hinderlich, wenn man in seinem Streben fortschreiten möchte.

Da ist zum Beispiel das Bedürfnis nach mehr Geld. Oder nach Anerkennung. Oder nach Ruhm. Oder nach Macht. Oder nach ‚Sozialgeräuschen' (Tratsch ...). Wir haben diese Bedürfnisse fast alle in der einen oder anderen Form. Und sie werden uns beim Erlernen von Telepathie hinderlich. Zum Beispiel hindert es einen an korrekten Ergebnissen, wenn man insgeheim die Telepathie nur erlernen möchte, um vor anderen damit zu prahlen, was man so alles kann. Das Dumme ist, dass sich diese Bedürfnisse wunderbar hinter schein-rationalen Argumenten verbergen können, so dass man gar nicht merkt, dass man sie hat ... Nichtsdestotrotz sind sie vorhanden und haben schon so manchen dazu verführt, telepathische Ergebnisse ‚vorzulegen', die so gar nicht aufgetreten sind.

Es ist wie mit dem Wissenschaftler, dem es um Ruhm für eine gute Entdeckung geht, er wird irgendwann an einen Punkt gelangen – so seine Experimente zu lange dauern - wo er sich selbst, seine Ergebnisse und andere betrügt, nur um endlich den Erfolg zu erhaschen, von dem er immer träumte.

„Wer Wahrsagen lernen will, möchte doch nur wissen, wo der Schatz versteckt ist", lässt Frank Herbert im Wüstenplaneten eine Bene Gesserit sagen.

„Aber nein, so ist das doch bei uns nicht, wir wollen streben, sind Forscher ..." so dachten wir.

Au weia!!!

Fehlgedacht. Immer wieder schlugen die kleinen Hoffnungen zu. „Vielleicht kann ich ja mit Präkognition die Lottozahlen vorhersagen" oder „Ich könnte rauskriegen, was Der oder Die gerade von mir denkt" – so oder so ‚überkam' es uns immer wieder. Es war ein Kreuz. Schwer loszuwerden, solche lästigen Programme ...

„Was denn", wird der eine oder andere nun denken, „das wäre doch auch ganz nett." Man stelle sich nur vor, man könne wissen, was dieser oder jener gerade denkt ...

Und wissen Sie, was?

Es klappt nur kurzfristig. Man hat vielleicht ein- oder zweimal damit Erfolg, und dann ist's Essig. Und es klappt nur dann, wenn das Ziel nicht Macht oder Bedürfnisbefriedigung ist. Und damit haben wir ein Paradox, denn – so ganz tief drinnen – möchten wir die Gedanken anderer lesen, um uns so eine besondere Rolle in dieser Gesellschaft zu erobern. So ganz tief drinnen möchten wir Präkognition können, um damit Geld zu machen. Und genau dies behindert uns dann in unseren telepathischen oder präkognitiven Erfolgen.

Erklärung:

Gedanken tendieren zur Wiederholung. Denken wir einmal an Geld, so denken wir wieder daran. Und wieder und wieder und wieder, bis wir nicht mehr vernünftig an anderen Dingen arbeiten können. Denken wir einmal an Anerkennung, so beginnen wir bald, immerzu auf der Lauer zu liegen, wie „wir wohl ankommen". Das behindert uns dann darin, noch offen genug für den anderen zu sein, um wirklich telepathisch erfolgreich zu sein.

Es ist ein Teufelskreis.

Doch wie kommt man daraus?

„Ist doch ganz einfach", sagen Sie, „man darf eben solche Bedürfnisse nicht haben."

Sagen Sie so?

Na, und wie oft kommt es vor, dass Sie über jemand anderen nicht ganz so gut reden. Wie häufig fragen Sie sich, ob nicht ein Wunder geschehen und Ihnen viel Geld bringen könnte.

Denken Sie einmal ehrlich darüber nach, es sieht Sie ja jetzt keiner.

In wie vielen Situationen meinen Sie, dass eine andere Person Sie verletzt habe, und kompensieren dies, indem Sie über andere herziehen?

In wie vielen Situationen machen Sie Ihren eigenen Geldmangel zu etwas Positivem, indem Sie über „die da oben" schlecht reden oder denken? Oder wie häufig kommt es vor, dass Sie Geldmangel als etwas Positives ansehen wollen, obwohl sie eigentlich mehr Geld zur Verfügung haben möchten, und Ihren Mangel als Vorteil beschreiben, weil Sie ja ‚trotzdem' ein glücklicher Mensch sind?

Seien Sie ehrlich mit sich ... und gestehen Sie sich diese kleinen und ganz normalen Schwächen ein.[29]

Gerade für Telepathie ist das sehr wichtig. Ein Mensch, der Telepathie erlernt, wird gleichzeitig offener für die Welt um sich herum. Nun heißt Offenheit immer, mit mehr Eindrücken konfrontiert zu werden, was dann wiederum dazu führt, dass man sich mehr abkapselt. Dieses Abkapseln findet nun gerade dort statt, wo wir unsere kleinen Macken beobachten. Hat man aber erst einmal dicht gemacht, wird es umso schwerer, mit TP[30] Erfolg zu haben.

Es hilft, sich mit Ethik und Moral zu beschäftigen. Solange die kleinen Macken noch zuschlagen, kann man sich mit ethischen Grundsätzen eine Brücke zur Offenheit bauen. Letztlich wird diese Offenheit dann dazu führen, dass wir die ethischen Grundsätze völlig übernommen haben und mit ihnen im Einklang leben. Mit anderen Worten ist Ethik

29 Ehrlichkeit ist unserer Erfahrung nach basal für Telepathie. Je weniger man sich Sorgen um sich selbst machen, Dinge verdrängen und verbergen muss, desto leiser werden die inneren Stimmen und desto besser kann man zwischen eigenen Gedanken und denen anderer unterscheiden.

30 Wir verwenden ‚TP' als Abkürzung für ‚Telepathie'.

kein Ziel, kein Zweck, sondern ein Mittel, um Stück für Stück eine ‚gesunde' Einstellung zu sich selbst und seiner Umwelt zu erlangen. Für einen Telepathen ist Ethik integraler Bestandteil all seiner Handlungen, denn er möchte sich weiterentwickeln, und dies mit anderen. Außerdem braucht er andere, um sich weiterentwickeln zu können!

So kann es zum Beispiel hilfreich sein, darüber nachzudenken, wie es wäre, wenn jemand unsere Gedanken lesen könnte, ohne dass wir davon wüssten.

Keine angenehme Situation, oder? Prinzipiell ist zwar jeder dafür, zum anderen offen und ehrlich zu sein, aber so manche Gedanken würden wir doch lieber für uns behalten.

Auch hat vermutlich jeder von uns auf die eine oder andere Art ein wenig Angst vor Manipulation. Sollten wir denn neue Fähigkeiten dafür einsetzen, andere zu manipulieren?

Es sei vorerst einmal dahingestellt, ob es möglich ist, die Gedanken anderer zu lesen, wenn sie es nicht wollen. Es sei auch einmal dahingestellt, ob es möglich ist, einen anderen gegen seinen Willen zu manipulieren.

Wir können einfach festhalten, dass es nicht okay ist, dies zu tun. Es ist unfair dem anderen gegenüber. Es ist so, als würden wir über einen anderen schlecht reden oder ein Gespräch belauschen. Wir wissen, dass wir etwas Falsches tun, und das Ergebnis ist, dass wir uns verstekken müssen.

Ein Mensch, der die Gedanken eines anderen lesen möchte, um Macht über ihn zu bekommen, muss sich dem anderen gegenüber verschließen. Nun wird er nicht zugeben, was seine eigenen Motive sind. Er wird diese Motive auch vor sich selbst verstecken und so immer unehrlicher sich selbst und anderen gegenüber. Das Ergebnis ist Stagnation.

Ein Mensch, der die Gedanken anderer lesen möchte, um mit dieser außergewöhnlichen Fähigkeit eine bestimmte Rolle einnehmen zu können, wird sich früher oder später weigern, seine Fähigkeiten noch zu überprüfen. Er hüllt sich in ein mystisches Mäntelchen, seine Modelle und Ideen werden immer abstruser. Auch kapselt er sich von den anderen ab und lebt letztlich nur noch in Halluzinationen.

Ein Mensch aber, der sagen kann „Ich bin ein Individuum und Du bist ein Individuum", „Ich bin zu mir selbst ehrlich, und deshalb kannst auch Du zu mir ehrlich sein", der sich nicht hinter wirren Modellen und Unglaubwürdigkeiten versteckt, der offen seine Fehler zeigt und bereit ist, sie zu ändern, der wird es mit TP und all den anderen Dingen viel leichter haben.

Sicher, dieser Weg ist schmerzhafter, doch nicht so schmerzhaft, wie sich ein Leben lang verstecken zu müssen. Und dies ist es, was uns die Gesellschaft beigebracht hat.

Ehrlichkeit und Offenheit sind also zwei moralische Grundsätze, die sich jeder, der solche Formen von Erkenntnis wie Telepathie erlernen möchte, zu Eigen machen sollte.

Sie sollten natürlich auch hinsichtlich Telepathie (und dergleichen Phänomene) selbst beherzigt werden – deshalb heißen sie Grundsätze bzw. Prinzipien. Immer wieder denken Menschen, sie hätten telepathische Fähigkeiten und würden deshalb gesellschaftlich abgelehnt. Um nun weiteres Ablehnungsverhalten zu vermeiden, greifen sie zu merkwürdigen Modellen und beschreiben immer eigenartigere und dramatischere ‚Erfahrungen'. Es ist nicht untypisch, dass ein Mensch mit telepathischen Fähigkeiten Phänomene beschreibt, die mit hoher Intensität belastet sind. Selbstmord, Mord, Unfälle, Brände und Katastrophen kennzeichnen solche Erfahrungsberichte.

Warum? Wenn ich für eine Fähigkeit nicht anerkannt werde, suche ich immer dramatischer inszenierte Belege für diese Fähigkeit? Dies ist nicht nötig und macht einen außerdem zu einer Art gesellschaftlichem Monster. Anerkennung werden Sie hierfür nicht bekommen, höchstens mehr Schweigen, da sich niemand mehr traut, Ihnen zu widersprechen, wenn Sie von solch fürchterlichen Erlebnissen berichten. Es wird Ihnen leichter fallen, diese soziale Problematik zu begreifen, wenn Sie an solche Menschen denken, die andauernd von irgendwelchen schrecklichen Dingen erzählen, die sie erlebt oder gehört oder im Fernsehen entdeckt haben. Gesündere, ausgeglichene Menschen meiden solche Leute instinktiv; sie spüren, dass dahinter ein ganz anderes Bedürfnis steckt, nämlich das Bedürfnis nach einem schrecklichen Leben, für das man auch noch Anerkennung bekommt. Leiden als Anerkennungsdruck – sozusagen. Und da so was jeden runterzieht, steht man am Ende allein da oder hat als Gesprächspartner nur noch Menschen, die mit einem darum wetteifern, wessen Leben die schlimmere Hölle ist.

Wieder andere verstecken sich hinter ihren Fähigkeiten. Sie gehen durch den Wald, sehen einen Stein und sagen, dieser Stein habe starke Schwingungen oder ähnliches. So muten sie arg esoterisch an und suchen Gleichgesinnte, die auch so etwas erleben. Nun ist das mit den Schwingungen so eine Sache, und wir denken, dass es sinnvoller ist, einfach zu sagen: „Dieser Stein hier gefällt mir."

Wenn Sie Anerkennungsprobleme haben, dann stehen Sie dazu. Suchen Sie sich Gleichgesinnte, die ebenso wie Sie an diesem Phänomen der Telepathie oder auch an der Präkognition oder dem Hellsehen oder an meditativen Ergebnissen forschen wollen. Meiden Sie jede Form von Mystifizierung. Stehen Sie zu Ihren Erfolgen ebenso wie zu Ihren Misserfolgen.

Die Anerkennungsprobleme, die heute noch bestehen mögen, ergeben sich im Laufe der Zeit. Je mehr Erfahrungen Sie mit Telepathie machen, desto besser lernen Sie, dass die anderen Menschen um Sie herum das gleiche Problem mit mangelnder Anerkennung haben und, wie auch Sie bislang, selbst dazu beitrugen, dass sie Ihr Maß an verdienter Aufmerksamkeit nicht erhielten.

Machen Sie sich diese Einstellung zu Eigen und Sie werden mehr Offenheit zeigen können und auch mehr Offenheit bekommen.

1.2.2. Der Nutzen von Telepathie

Wenn Sie sich nun mit moralischen Grundsätzen beschäftigt haben und einmal darüber nachdenken, was allein geschehen wird, wenn mehr Menschen auch nur die zwei genannten akzeptieren, dann wird Ihnen schnell aufgehen, was TP uns allen bringen kann.

Wir werden nicht mehr halluzinieren, was der andere denkt oder meint. Wir werden uns nicht mehr streiten, da wir offen für den anderen sind und dessen Verwirrung nachvollziehen können.

Umgekehrt begegnen wir mehr Offenheit und Ehrlichkeit uns selbst gegenüber, da die Menschen in unserer Umgebung merken, dass sie uns trauen können, denn wir akzeptieren sie so, wie sie sind, und das ist heute – leider – sehr selten. Uns geschieht es immer wieder, dass uns Menschen anrufen und sagen: „Du, dass Du mich einfach so akzeptiert hast, obwohl ich doch soviel Mist erzählt habe, fand ich toll." Und wir antworten dann: „Der Mist ist nicht wichtig, sondern Du."

Wir lernen, dass jeder von uns ein Individuum ist. Einzig in seiner Art und deshalb auch für uns von hohem Wert. Es wird nicht mehr nötig sein, sich hinter Mode zu verstecken, „etwas aus sich zu machen". Wir brauchen keine ‚Meinungen' mehr, um uns mit ihnen anderen gegenüber darzustellen. Ideen und Gedankengut müssen nicht mehr auf Einzelpersonen attribuiert werden, ‚meins' und ‚deins' werden neue Perspektiven bekommen.

Marion Zimmer Bradley hat sich in ihrer Darkover-Serie intensiv mit dem Zusammenleben von Telepathen beschäftigt, und sie scheint es sehr inhaltlich getan zu haben, denn vieles von dem, was sie schreibt, kann auf einen wirklichen Telepathen-Haushalt hier in unserer Welt übertragen werden. Lesen Sie einmal ihr Buch „Der verbotene Turm" und Sie werden verstehen, was wir hier meinen.

Da ist zunächst die Offenheit der Menschen füreinander zu nennen. Das Verständnis für den anderen, da man dessen Verwirrungen, Gefühle und Gedanken besser nachvollziehen kann.

Dann sind da neue menschliche Werte, wie zum Beispiel hinsichtlich der Perspektive ‚Leiden'. Ein Telepath wird sehr genau darüber nachdenken, ob er mit einem anderen mit-leidet, denn sein Mit-Leiden kann das Leiden des anderen verstärken. Er wird sich nicht vor dem anderen verstecken, da er erlebt, erfahren hat, dass der andere ihm viel besser helfen kann, wenn er ehrlich und offen ist.

Ein Telepath denkt auch über Liebe ganz anders. Er reduziert den anderen nicht auf sein äußeres Erscheinungsbild, seine Kleidung, seine gesellschaftliche Anerkennung oder sein Geld, sondern er erfährt den anderen als ein Individuum mit ganz besonderen Stärken und auch ganz besonderen Schwächen. Liebe bedeutet für den Telepathen die Worte in die Tat umzusetzen, die uns bereits aus der Bibel geläufig sind: „Liebe deinen Nächsten wie dich selbst." Und das erfordert, sich selbst lieben zu lernen. Es heißt auch, erkennen zu können, dass, wenn wir nach Schwächen im anderen suchen, wir unsere eigenen verstecken möchten.

Auch wird ein Telepath lernen, die volle Verantwortung für alles zu übernehmen, was er denkt, tut und erlebt. Er lernt, darüber nachzudenken, dass er seine Gedanken und Gefühle selbst macht – und dass einige Gedanken und Gefühle einfach nicht moralisch sind.

Wir haben es oft erlebt, wie der eine schlechte Gefühle hatte und der andere sie dann reproduzierte[31]. Nun denken ja viele, dass es wichtig sei, seine Gefühle auszudrücken. Doch für einen Telepathen bekommt dies eine neue Dimension. Er wird sich dessen bewusst, dass er mit seinen Gedanken seine Welt formt, und dass er mit negativen Gefühlen wie Angst, Wut, Trauer, Hass und Neid andere Telepathen dazu anregt, ebensolche Gefühle zu erzeugen. Also lernt er, seine Gedanken und Gefühle zunächst zu erforschen und sie dann bewusst zu formen.

Und es folgt noch etwas, von dem wir denken, dass es diese Gesellschaft zu neuen Werten und effektiverer Interaktion bringen kann:

Freude, ja fast kindliche Freude.

Wenn wir gelernt haben, die Verantwortung für unsere Gedanken zu übernehmen, lernen wir als nächstes, unsere Gedanken bewusst zu formen: Wir bestimmen, was wir denken – nicht die Umwelt, nicht die anderen, nicht irgendwelche Situationen. So können wir aus uns selbst heraus fröhlich und freudig sein, was das Weiterstreben erleichtert und

31 In Telepathengemeinschaften kann es sogar vorkommen, dass schlechte Laune wie ein Schwarzer Peter vom einen an den anderen weitergegeben wird – immer die Reihe herum, ganz ohne Ende. Ein starker Telepath kann dem mit guter Laune entgegenwirken – vorausgesetzt, er ist ausgeglichen genug, sich gegen die empathischen Widerstände des augenblicklichen Schwarzer-Peter-Trägers durchzusetzen.

es uns in einer Gemeinschaft ermöglicht, besser und reibungsloser zusammen zu arbeiten.

1.3. Was wir durch Telepathie gelernt haben

Wir haben gelernt, den anderen zu achten. Ihn nicht abzulehnen, ihm offen gegenüber zu stehen.

Wir waren Menschen wie jedermann. Wir zogen uns auf eine bestimmte Art und Weise an, um damit eine bestimmte Rolle auszudrükken. Wir lasen Bücher, teilweise auch um dafür anerkannt zu werden. Wir hatten Anschauungen darüber, wie die Welt ist, und diskutierten und stritten mit anderen darüber.

Ja, wir stritten auch miteinander.

Wie jeder von uns bemühten wir uns, unsere Fehler vor anderen zu verstecken.

Wie jeder von uns wollten wir auf eine bestimmte Art und Weise sein.

Wie jeder von uns wollten wir für das, was wir darstellten, anerkannt werden.

Und wie jeder von uns waren wir über die mangelnde Anerkennung, die wir bekamen, frustriert.

Was wir aus der TP gelernt haben, ist keine Vorurteile zu haben. Anderen gegenüber offen zu sein, sie für das zu akzeptieren, was sie sind und geleistet haben. Wir haben gelernt, dass Streit das Ergebnis von Unoffenheit ist. Und wir haben gelernt, uns nicht mehr zu verstecken, uns nicht einzuigeln, nicht mittels einer bestimmten Weltanschauung, noch mittels bestimmter Kleidung und auch nicht mittels bestimmter persönlicher Errungenschaften. Wenn ein Mensch andere Anschauungen hat als wir, sehen wir doch darin keinen Grund, ihn als Person abzulehnen?[32] Er hat seine Erfahrungen gemacht, gute und schlechte, und diese Erfahrungen haben ihn zu dem gemacht, was er heute ist, oder wie er sich heute darstellt. Wenn wir einen anderen verstehen wollen, dann wird es wichtig, diese Erfahrungen nachvollziehen zu können, denn nur so werden wir verstehen, was seine Anschauung wirklich bedeutet. Dabei hilft die Telepathie!

Wir haben gelernt, dass der andere nicht dadurch besonders ist, dass er dies und jenes kann, sondern einfach dadurch, dass er auf eine ganz bestimmte persönliche Art und Weise denkt und sich entwickelt. Wir beurteilen die Menschen nicht mehr nach ihrer Kleidung, nach ihrem Geld-oder-nicht-Geld, nach ihrer politischen Meinung oder gesellschaftlichen Anschauung, sondern nur noch danach, wie sie versuchen, sich unter ihrem Deckmantel der Konditionierung zu entwickeln. Wie jeder Einzelne, eingezwängt durch Normen und Verhaltensmuster, sich bemüht, etwas Besonderes zu sein und für sein Da-Sein anerkannt zu werden.

Und natürlich haben wir auch gelernt, uns selbst gegenüber ein gesundes Misstrauen zu entwickeln, oder um es positiver zu formulieren: Wir haben Methoden gefunden, uns selbst gegenüber ein möglichst hohes Maß an Selbstehrlichkeit zu gewährleisten.

---

32 Dies ist nicht gleichbedeutend damit, alles was er macht oder sagt für richtig zu halten! Es gibt einen wesentlichen und wichtigen Unterschied zwischen dem Ablehnen eines Einzelverhaltens oder einer radikalen Weltanschauung und der Ablehnung einer Person als Ganzes!

1.4. Was Telepathie der Menschheit bringen kann

Nun, jeder, der bis hierhin gelesen hat, wird sich selbst seinen Reim darauf machen.

Kriege? Streit? Tratsch und Klatsch? Territorialdenken? Machtdenken? Versteck-Spielen? Raub? Mord und Totschlag? Boshaftigkeiten aller Art?

In einer telepathischen Gesellschaft undenkbar. Jeder, auch wenn er als potenziell ‚böse' angesehen wird, wird Verständnis und Offenheit für sein Verhalten begegnen. Stellen Sie sich nur einmal vor, was geschehen wäre, wenn wir den Irakern mit Verständnis begegnet wären, anstatt sie zu Bösewichtern zu erklären. Immerhin waren wir nicht ganz unbeteiligt daran, dass es ihnen plötzlich schlechter ging. Denken Sie nur mal an die Phase Khomeini – plötzlich waren die Iraker die ‚Guten' und erhielten mehr Unterstützung. Dann wurde die Unterstützung wieder weniger und das Volk musste hungern. War der Irak einmal gut und dann böse?[33] Sind nicht solche Konzepte das Ergebnis von Abgrenzung? Ich brauche einige Menschen, die ich als gut, und andere, die ich als schlecht bezeichnen kann, damit ich noch weiß, wer ich bin ...

Und wenn wir uns unsere Geschichte nur genau genug ansehen, stellen wir fest, dass Banditentum nicht entsteht, weil gewisse Menschen eben ‚böse' sind, vielmehr handelt es sich um ein gesellschaftliches Produkt, an dessen Zustandekommen JEDER! beteiligt ist.[34]

In einer telepathischen Gesellschaft wäre es nie soweit gekommen, wie in der Irak-Krise. Erfahrene Psychologen, Soziologen und Telepa-

33 Diese Anregungen zum Nachdenken über das Thema ‚Irak' wurden 1993 verfasst.

then würden Hand in Hand arbeiten und von Regierenden als kompetente Berater insbesondere in Krisenzeiten akzeptiert. Jeder von ihnen würde zeigen, wie viel die so genannten ‚Guten' dazu beitragen, dass die ‚Bösen' böse werden. Und die ‚Bösen' hätten eine Chance, verstanden zu werden, so dass sie einen klaren Kopf bekommen und vernünftiger handeln könnten.

Wenn wir mehr Wert auf Zuhören und Verstehen denn auf die Durchsetzung von „Ich habe Recht ..." legten,[35] würden wir uns im Kleinen

34 Die Bereitschaft zur Kriminalität ist nur in sehr wenigen Fällen das Ergebnis einer Persönlichkeitsstörung per se. Sie ist vielmehr das Ergebnis dessen, dass die meisten Menschen denken, dass sie einfach nicht genug bekommen (Anerkennung, Geld etc.). Das erklärt die kleinen Schurkereien des Lebens sehr viel besser: Kriminalität ist eine Gesellschaftsstörung, die sich bei den meisten Menschen genau dann zeigt, wenn sie sich in die Ecke gedrängt fühlen. Wir alle sind Riesen, die zu Zwergen mit Buckeln gemacht wurden.

35 Auch wenn wir Binsenweißheiten wie „Geld allein macht nicht glücklich" oder „Erfolg und Macht machen nicht glücklich" schnell als wahr annehmen, trägt dennoch so mancher von uns die Hoffnung in sich, einfach mal eben so reich, erfolgreich und gar mächtig zu werden, um sich auf diese Weise das Leben zu erleichtern und sein Glück zu machen. Dies wird aber tatsächlich so einfach nicht mal eben passieren ... und auch wenn es zu Stande gebracht werden sollte, erfordert der Erhalt der Situation einige Kunstfertigkeit. Reichtum und Macht machen nur denjenigen glücklich, der bereits aus sich selbst heraus glücklich sein kann. Und das kann kaum jemand von uns. Meist benötigen wir äußere Anlässe, um glücklich und zufrieden zu sein. Und dieses Bedürfnis nach Anlässen wird nicht nachlassen, wenn wir Geld oder Macht haben. Es ist so automatisch, dass wir, haben wir das eine erreicht, sofort etwas anderes suchen. Böse Menschen sind nicht glücklich, ebenso wenig wie Menschen die Gutes tun, solange das, was getan wird, noch für Anerkennung getan wird. Tief drinnen wissen wir, dass das, was wir tun, nicht mit uns selbst übereinstimmt, und so müssen wir uns weiter und weiter vor uns selbst verstecken. Wir werden zu wandelnden Hüllen, immer aus der Angst heraus, erwischt zu werden, handelnd. Machen wir uns dies klar, können wir ‚bösen' oder ‚arroganten' oder ‚machtbesessenen' Menschen gegenüber verständnisvoller handeln, denn wir erkennen: Wir sitzen alle in dem gleichen Boot: der Sozialisationslüge und dem nie zu befriedigenden Hunger nach Anerkennung von außen.

und im Großen viel weniger streiten. Streit bindet Entwicklungspotenzial in zu engen Anwendungsbereichen und seine Eskalation in Gewalt, dem Ausbruchversuch aus dem unerträglich eng gewordenen Verhaltensraum, lässt uns das zugrundeliegende Problem nur noch deutlicher erkennen: Mangel an Flexibilität und Vielfalt des Verhaltens und des Denkens, und daraus folgend, die Unfähigkeit den (vorhandenen) Raum zur Entfaltung des individuellen und gemeinschaftlichen Entwicklungspotenzials zu erkennen (erschaffen) und zu nutzen.

Nun, das mag Ihnen etwas utopisch vorkommen, doch übertragen Sie es einfach mal auf Ihren Alltag. Wie oft lehnen wir den einen oder anderen ab und werden selbst abgelehnt. Häufig ist der andere gar nicht so böse, wie wir meinen, dass er es sei. Er ist nur verwirrt, hilflos und reagiert dann aggressiv oder zerstörerisch. Und wir? Wie oft kommt es vor, dass wir den anderen durch unser Denken, dass er eben so und so sei, in ein Rollenschema pressen, so dass er letztlich gar nicht mehr anders kann als sich mies zu verhalten? Ist es nun wahr, dass er mies oder böse ist? Oder haben wir ihn vielleicht dazu gemacht?[36]

Denken Sie doch einmal zurück an das Beispiel Irak-Krise. In welcher Situation befanden sich die Iraker? Wo waren ihre Nahrungsmittel, wo ihre Entwicklungsmöglichkeiten? Wer hat ihnen die Waffen verkauft? Wusste nicht jeder gute Politiker schon zu Zeiten Khomeinis, dass Hussein früher oder später wirtschaftliche und gesellschaftliche Probleme bekommen wird?

36 Bitte bedenken Sie, dass diese offene Haltung nicht bedeuten kann, mit allen Menschen auf gutem Fuß zu stehen. An manchen ist nun einmal Hopfen und Malz verloren, und hier kann die Offenheit nur schädlich sein. Das rechte Maß zu finden, ist eine Angelegenheit, in der Offenheit und Verstand einander die Hand reichen.

In einer telepathischen Gesellschaft wird sich jeder Einzelne darüber im Klaren sein, dass er durch sein eigenes Verhalten mit zu den gesellschaftlichen Missständen beigetragen hat. Kein Einziger wird die Verantwortung hierfür ablehnen, und so wird es letztlich auch keine Bösen mehr geben.

Jedem ist klar, dass er durch sein Denken seine Welt formt. Und so wird jeder die Verantwortung für sein Denken, sein Handeln und Erleben übernehmen. Dies wird dazu führen, dass wir moralischer handeln und dass wir offen und ehrlich die Bereitschaft zeigen, über uns selbst hinauszuwachsen, uns stetig hin zu höherer Bewusstheit zu entwickeln.

Jedes Vorurteil anderen und Anderem gegenüber wird als ein Hemmnis der individuellen und auch der gemeinschaftlichen Weiterentwicklung erkannt werden. Diese Einsicht wächst daran, dass man insbesondere als Telepath häufig feststellt, wie wenig man den anderen (auch ohne unnötige Hemmnisse) versteht, weil er so völlig anders denkt – wie komplex es selbst unter optimalen Bedingungen ist, sich in das Denken eines anderen hineinzudenken.

Da alles Neue uns weiterbringen kann, stehen wir dem anderen nicht mehr verschlossen sondern offen gegenüber.

2. Telepathie – Das Modell

„Die Sinne trügen nicht – das Urteil trügt."

Johann Wolfgang von Goethe

2.1. Der Stand der Dinge

Eine Frage, die Menschen seit jeher fasziniert und deren Antwort seit Jahrhunderten immer wieder anders ausfällt, lautet:

„Wie funktioniert Erkennen?"

Wir gehen fast immer davon aus, dass die Welt so, wie wir sie wahrnehmen, auch existiert. In unserem Alltag nehmen wir an, dass es Tische, Stühle, Menschen und Tiere, Häuser und Pflanzen, ja gar bislang ungesehenes gibt.

Die meisten von uns haben in der Schule gelernt, dass die Informationen über unsere Umwelt(en) im Gehirn verarbeitet werden. Und, etwas aufgeklärter als noch unsere Urgroßeltern, nehmen wir oft an, dass es irgendwelche Dinge (Teilchen, Wellen oder was-auch-immer) in unseren Umwelten gibt, die von uns im Gehirn verarbeitet und in Informationen umgesetzt werden.

Natürlich haben wir davon gehört, dass die Gegenstände unserer materiellen Umwelt genau genommen aus Atomen bestehen – Teilchen, die so klein sind, dass wir sie nicht mehr wahrnehmen – und diese Atome sich in ständiger Bewegung befinden.

Und doch – wir scheren uns nicht darum, für uns bleibt die Welt so fest, wie sie ist.[37]

Diese feste Sicht der Welt, die Annahme, Dinge seien und andere Dinge seien nicht, die Annahme, eine Person habe dieses oder jenes gesagt, wird für uns zur Falle, wenn wir uns mit etwas ungewöhnlicheren Phänomenen konfrontiert sehen. Was tun, wenn wir einen Traum

---

37 Buch/Film-Tipp zum Thema: „What the bleep do we know", Arntz, Chasse, Vicente.

haben, der am nächsten Tag zur Wirklichkeit wird? Was tun, wenn wir die Gefühle einer anderen Person erfassen und bei Nachfrage herausfinden, dass diese Person wirklich so fühlte?

Nun, die einen zweifeln und leugnen solche Phänomene oder halten sie für zufällig. Die anderen suchen aufgrund mangelnder Erklärungsmöglichkeiten Zuflucht in esoterischen Konzepten. Wie aber wäre es, wenn wir ein Modell generieren könnten, das sowohl rationalen als auch esoterischen Prinzipien gerecht wird?

Dies – kurz gesagt – war unser Ausgangspunkt. Frei nach Arthur Conan Doyles „Sherlock Holmes" dachten wir uns:

„Wenn das Wahrscheinliche nicht funktioniert, dann muss das Unwahrscheinliche, mag es uns auch noch so seltsam vorkommen, die Lösung sein."

Nach diesem Satz sollte man sich natürlich zuerst das Wahrscheinliche ansehen. Was also lag näher, als heraus zu finden, was die heutige Wissenschaft zum Zustandekommen menschlicher Erkenntnis zu sagen hat.

Hat man heute irgendwie feststellen können, dass bestimmte Dinge unserer Umwelt(en) ursächlich für unsere Erkenntnis sind? Gibt es irgendwelche direkten Zusammenhänge zwischen physikalischer Umwelt und Denken, zwischen gesellschaftlicher Kommunikation und Denken, zwischen dem Nervensystem und Denken? Kann man heute zum Beispiel mit Gewissheit sagen, dass eine Verletzung am Bein ursächlich für Schmerzen ist? Gibt es heute Letztbegründungen dafür, wie wir Töne hören, sie voneinander unterscheiden, gar Worte analysieren können? Stimmt es vielleicht, dass alles aus Schwingungen besteht, auch unser Denken, und die Schwingungen nur ihre Frequenzen ändern? Oder sitzt vielleicht doch unser Denken im Nervensystem?

All diese Fragen sind wichtig, wenn man sich mit außergewöhnlichen Phänomenen beschäftigt. Und so suchten wir.

Doch auch heute, in der Zeit der Neurobiologie, der Quantenmechanik, der Systemischen Sozialtheorie, des Konstruktivismus, der Transpersonalen Psychologie, wurden noch immer keine Antworten gefunden, welche ursachenkausale Schlüsse zulassen. Vielmehr nehmen die Fragen zum Thema „Wie funktioniert menschliche Erkenntnis?" immer mehr zu.

Was bleibt, ist derzeit folgendes:[38]

In der Welt beobachten wir unterschiedliche Formen von Systemen, welche jeweils aus unterschiedlichen Elementen konstituiert werden:

1. Psyche, als deren Elemente wir Gedanken und Vorstellungen (also auch Gefühle und Repräsentationen sinnlicher Wahrnehmungen) setzen,
2. Gesellschaft, deren Elemente Kommunikation genannt werden,
3. Nervensystem, dessen Elemente wir als Erregungszustände (Klick-Klicks, vergleichbar mit Strom-an/Strom-aus) bezeichnen,

---

38 Dem Interessierten sei hier der Konstruktivismus, die Theorie sozialer Systeme, die Quantenmechanik, Theorien zum Thema „Künstliche Intelligenz" sowie modernere Philosophie ab Kant (insbesondere Quine, Popper und auch Peirce) ans Herz gelegt. Es hätte wenig Sinn, wenn wir in diesem Buch versuchen würden, all die Einzelheiten zu erläutern. A) können das die Fachleute vermutlich besser, B) sind die Theorien sehr umfangreich, C) würde das vermutlich so einige langweilen. Deshalb bleiben wir an der Oberfläche und bitten, Schärfeverluste zu verzeihen.
Wer gerne etwas über Konstruktivismus lernen möchte, kann zum Einstieg mit Paul Watzlawick's „Wie wirklich ist die Wirklichkeit" und „Die erfundene Wirklichkeit" beginnen.

4. physikalische Umwelt, deren kleinstes Element zurzeit in immer weiterer Auflösung des zuvor noch kleinsten Elementes besteht …

Diese vier Systeme funktionieren nach eigenen Mechanismen. Jedes hat seine eigenen Regeln, und von Psyche, Gesellschaft und Nervensystem kann man zusätzlich noch sagen:
Sie sind

a) **selbstreferenziell** (beziehen sich auf sich selbst),
b) **selbstorganisierend** (setzen fest, was für sie als Element und Relation gilt),
c) **informationell geschlossen** (die Informationen werden innerhalb erstellt und sind nicht von außen manipulierbar) und
d) **selbstkonstituierend** (sie erschaffen ihre Elemente (und in der *Folge* sich selbst) aus sich selbst heraus).

Das klingt für den einen oder anderen vielleicht etwas sehr abstrakt, versuchen wir also etwas beispielhafter zu zeigen, was diese Aussagen in Bezug auf Psyche bedeuten:
Wenn ich denke, mache nur ich meine Gedanken – nichts oder niemand anderes. Selbstreferenziell. Die Systeme Gesellschaft, Nervensystem und physikalische Umwelt mit ihren Elementen Kommunikation, Erregungszustände und kleinste physikalische Teilchen sind, um einen Ausdruck aus der Mengenlehre zu verwenden, zur Psyche mit ihren Elementen Gedanken und Vorstellungen disjunkt. Für den Nichtmathematiker: Zwei Mengen von Dingen verhalten sich zueinander disjunkt, wenn kein Element der einen Menge in der anderen Menge vorkommt. Stellen Sie sich in der linken Hälfte ihres Gesichts-

feldes fünf blaue Kreise vor. Ziehen sie um diese Menge eine schwarze Umrandung. Stellen Sie sich in der rechten Hälfte ihres Gesichtsfeldes vier grüne Dreiecke vor. Ziehen sie auch um diese Menge eine schwarze Umrandung. Die Menge der blauen Kreise enthält keine grünen Dreiecke und umgekehrt, sie bilden keine Schnittmenge. Das nennt man disjunkt.

Kommunikation dringt nicht in Psyche ein, Schwingungen oder Teilchen dringen nicht in Psyche ein, die Erregungszustände des Nervensystems dringen nicht in Psyche ein. Psyche besteht einzig und allein aus Gedanken und Vorstellungen. Ja, es ist sogar äußerst kritisch auch nur zu behaupten, dass Kommunikation, Teilchen oder Erregungszustände unsere Psyche – UNS SELBST, DAS WOMIT WIR UNS IDENTIFIZIEREN – vorhersagbar beeinflussen. Denn wir wissen, dass systemspezifische Informationen nicht einfach in ein anderes System hineintransportiert und dort verarbeitet werden können. Mal ganz abgesehen davon, gibt es auch keine ‚Kanäle', über die die Information in diesem Falle transportiert werden könnte. So seltsam es sich auch anhören mag: Davon auszugehen, physikalische Teilchen könnten die Psyche beeinflussen, ist ungefähr genau so sinnig wie anzunehmen, Sie könnten ihren Computer bei Stromausfall mit Kuchen füttern, damit er weiterläuft. Die Psyche reagiert auf sich selbst, welche Rolle eine mutmaßliche Umwelt dabei spielen kann, bedarf der Klärung. Wir können nur beobachten, dass wir parallel zu einem bestimmten Gedanken eine bestimmte Kommunikation oder einen Erregungszustand des Nervensystems oder einen bestimmten physikalischen Sachverhalt etc. beobachten können. Nicht mehr! Wir sollten nicht dem Trugschluss verfallen zu sagen: Diese Kommunikation oder jener Erregungszustand oder jene Schwingung ist verantwortlich für unser Denken.

Ferner, um die Sache noch etwas weiter aufzulösen und auf die nächste Stufe zu treiben, sollten wir bedenken, dass die Vorstellung (sic!) einer Umwelt selbst innerpsychisch ist. Dass wir uns eine Umwelt denken oder vorstellen können, heißt erst einmal überhaupt nicht, dass es auch eine (Um)Welt außerhalb der Psyche gibt ... vielmehr verhält es sich eher umgekehrt, dass wir uns nämlich eine außerpsychische Umwelt weder denken noch vorstellen können, denn sobald wir damit loslegen, ist das Ding, das wir da kreieren, als Teil des innerpsychischen Informationsprozesses Konstrukt der Psyche ... ergo: Sobald Sie sich eine Umwelt vorstellen, können sie vollkommen korrekt folgern, dass es diese ‚Umwelt' außerhalb ‚Ihrer' Psyche nicht gibt.

Ich bestimme (bewusst oder unbewusst), WAS ich denke und WIE ich den jeweiligen Gedanken mit anderen Gedanken verbinde. Selbstorganisierend. Nichts von außen organisiert unsere Gedanken, nichts manipuliert sie, wir machen unsere Gedanken an anderen Gedanken.

„Was denn – wie denn?", fragen Sie vielleicht, „Wenn ich etwas höre, dann regt es mich doch dazu an, etwas Bestimmtes zu denken!?!???"

Noch einmal zurück: Die Elemente von Psyche sind Gedanken. Schwingungen oder Kommunikationen sind keine Gedanken. Hingegen: Alles, was Sie wahrnehmen, ist etwas, was Sie denken. Sie können keine Schwingungen oder Kommunikationen denken. ‚Schwingung' ist ein Begriff aus der Physik und beschreibt einen physikalischen Sachverhalt, keinen psychischen. ‚Kommunikation' ist ein Begriff aus der Soziologie und beschreibt einen gesellschaftlichen Sachverhalt. Sie jedoch nehmen physikalische oder gesellschaftliche Sachverhalte nur auf der Beschreibungsebene wahr, nicht auf der Sachebene. Und jeder Akt der Wahrnehmung ist ein Akt des Denkens, also nicht etwas Substanzielles, sondern etwas Gedankliches.

Wenn ein Mensch Schmerz empfindet, so ist dieser Schmerz nicht etwa – wie uns so häufig unsere Schulbildung weismachen möchte – durch Druck von Außen verursacht, über ‚Nervenkanäle' ins Hirn weitergeleitet und dort zur Interpretation ‚Schmerz' verarbeitet worden, sondern es geschieht vielmehr folgendes:

Drei verschiedene Zustände verschiedener Systeme treten relativ gleichzeitig auf. (Oder besser: werden von uns so beschrieben. Die Formulierung „treten relativ gleichzeitig auf" könnte Sie ansonsten dazu verleiten zu denken, da sei doch etwas, das so-und-so-unabhängig-vom-Denken ist. Achtung: Wir sagen nicht, dass dies nicht eventuell sein könnte. Wir sagen, dass wir dergleichen heute noch nicht sagen können!!!)

In der physikalischen Welt ereignen sich strukturelle Veränderungen. Beziehungsweise, wir bezeichnen mittels physikalischer Beschreibungsmodelle bestimmte von uns beobachtete (und insofern konstruierte) Veränderungen.

Im Nervensystem ist eine Veränderung der Erregungszustände messbar. Schließt man zum Beispiel ein EEG an, so kann man parallel zur gedanklichen Interpretation bestimmte Änderungen der Erregungszustände im Nervensystem messen, wobei jedoch nicht vorhergesagt werden kann, welche Änderungen genau bei welchen gedanklichen Interpretationen auftreten müssen.

Die Psyche denkt eine bestimmte Gedankenkette.

Nach dem heutigen Stand der Wissenschaft würde sich ein (guter) Erkenntnistheoretiker eher einen Knoten in die Zunge machen als zu behaupten, dass die strukturellen Veränderungen der physikalischen Welt ursächlich für die Veränderung der Erregungszustände im Nervensystem waren und diese wiederum ursächlich für die Änderung in der Gedankenkette des Menschen.

Nicht mehr, aber auch nicht weniger können wir sagen.

Diese doch so kleine Erkenntnis zeigt immerhin, dass – egal um welches Phänomen, das wir wahrnehmen, es sich handelt – KEIN Modell über das Zustandekommen von Erkenntnis zulässig ist, welches mit physikalischen Phänomenen argumentiert. In der Esoterik ist jedoch gerade das sehr beliebt. Man spielt frei herum mit ‚Schwingungsmodellen', ‚Energiemodellen' und ähnlichem. Kategorienfehler!

Wir wissen, dass dies jetzt einigen Esoterikern nicht schmeckt, doch wir denken, dass es wenig Sinn hat, eh' schon etwas unglaubwürdigere Phänomene, wie eben z.B. TP, mit noch unglaubwürdigeren Modellen zu erklären.

Es gibt da immer wieder diese Situation, wo ein Magier oder Hexer oder Esoteriker etwas vor der Kamera vorführen soll. Zum Beispiel soll er einen Tisch bewegen oder ein astrales Wesen etwas tun lassen oder auch TP vorführen. Diese Experimente gehen meistens schief, und dann bekommen wir als Erklärungsmodell „Störende Schwingungen" oder „Störende Gedanken" oder „Störende Energien" zu hören.[39] Neulich behauptete gar jemand, dass das Experiment nicht funktionierte, läge an den Strahlen, die die Scheinwerfer und Kameras abgeben.

---

39 Es ist nun ganz bestimmt nicht sinnvoll, sich darüber lustig zu machen. Dass Menschen sich überhaupt genötigt fühlen, Zuflucht in solcherart Modellen zu suchen, liegt nicht daran, dass sie lügen möchten oder Scharlatane sind. Wir nehmen vielmehr an, dass dies ein Resultat unserer Gewohnheiten ist. In Kindergarten, Schule, unserem Freundeskreis, unter Bekannten ... überall werden wir mit dem Glauben an Ursachen konfrontiert. Nehmen wir nun etwas Ungewöhnliches wahr, tendieren wir automatisch (!) dazu, ursachenkausale Erklärungsmodelle zu verwenden. Verglichen mit dem Stand moderner Methoden der Forschung, ist das lediglich ein trauriger Beleg dafür, wie träge der Prozess des Angleichens gesellschaftlicher Standards an die jeweils modernen Möglichkeiten der Erkenntnis und des Denkens abläuft.

Hmm. Das Schöne an diesen seltsamen Schwingungs-, Strahlen-, Energie-Modellen ist, dass sie keiner hinterfragen kann, da wir normalerweise keine Schwingungen, Energien oder Strahlen wahrnehmen. Das weniger Schöne daran ist, dass uns dann erst recht keiner glaubt. Wir haben mal jemanden kennen gelernt, der immer eine kleine Pyramide aus Kupfer mit einem Gestell darunter auf dem Kopf trug, um besser die kosmischen Schwingungen aufnehmen zu können. Niemand hat ihn ernst genommen, beziehungsweise niemand, den wir kennen. Diese Geschichte ist ja noch ganz lustig, aber weniger lustig ist die von dem Mann, der sich ein Loch in seinen Kopf bohrte – ebenfalls, um besser die kosmischen Schwingungen aufzunehmen ... Ist wirklich wahr. Er hat sogar ein Buch darüber geschrieben ...

Was aber, wenn wir in der Situation einfach zugäben, dass wir zu nervös oder aufgeregt sind? Dass wir noch nicht gut und perfekt genug sind, um so einfach aus dem Stehgreif heraus vor vielen Zuschauern ein ungewöhnliches Phänomen vorzuführen? Nun, es wird auch dann noch Zweifler geben, doch wir blieben ehrlich und in Übereinstimmung mit unseren Möglichkeiten.

Denn: Wenn jede Erkenntnis in unseren Gedanken geformt wird und wir nicht sagen können, ob irgendetwas von außen überhaupt unser Denken beeinflusst, dann ist es wahrscheinlicher, dass wir uns selbst stören, wenn unsere Experimente nicht funktionieren.

Oder?

Noch einmal:

Was ein Mensch erkennt, das denkt er. Und was er denkt, hat er selbst erschaffen.

Wirklichkeit? Wahrheit? Bislang ungeklärte Konzepte ...

Der Mensch formt an Umwelten – Gesellschaft, Nervensystem, physikalische Welt ... – Gedanken.[40] Seine Grenzen setzt er sich durch das, was er geformt hat, jetzt formt und in Zukunft zu formen gedenkt. Insofern Psyche an Kommunikation Erkenntnis formt, nimmt er in der Folge nach Maßgabe des daraus resultierenden Konsensus über Wahrnehmung wahr – was also von mehreren Personen als wahrnehmbar angesehen wird, bestimmt auch die Wahrnehmungsmöglichkeiten des einzelnen mit.

So lernt ein Europäer die Grundlagen der Algebra. Ein Eskimo kann 20 Sorten Neuschnee unterscheiden, ein Zulu kennt keine Ecken.

Um uns in unserer komplexen (von uns geformten) Umwelt orientieren zu können, orientieren wir uns auch am Common Sense. Wir glauben, dass Amerika existiert, auch wenn wir noch niemals dort gewesen sind – wir haben uns darauf geeinigt. Wir glauben, dass es den Planeten Pluto gibt, auch wenn ihn noch nie ein Mensch betreten hat. Wir glauben, dass jemand im Kopf Symphonien komponieren kann, auch wenn wir noch nicht einmal den Ton C denken können.

Doch einige Dinge glauben wir nicht. Wir glauben nicht an Telepathie, an Hellsehen, an Präkognition und vieles andere.

---

40 Ob diese Umwelten wirklich da-sind, können wir nicht sagen. Sie sind Beschreibungsmodelle für bestimmte menschliche Erkenntnisse. Wir denken Gedanken, einige Gedanken beziehen wir auf uns, andere Gedanken beziehen wir auf anderes (wie den Körper, die physikalische Umwelt oder andere Personen). Wir nehmen eine Innen/Außen-Differenzierung vor. Und wir können weder einfach so leugnen, dass es ein Außen gibt, noch können wir einfach so behaupten, dass es eines gibt. Wir können weder das eine noch das andere heute mit Bestimmtheit sagen. Das Einzige, das jeder von uns sagen kann, ist: „Ich denke." Und: „Einige Gedanken attribuiere ich auf mich, andere auf Anderes."

Verrückt, nicht wahr? Dinge, die nicht ursachenkausal erklärbar sind, wie zum Beispiel das Zustandekommen von Kommunikation, glauben wir, ohne dafür ein rationales Modell zur Verfügung zu haben, wohingegen wir Telepathie nicht glauben, obwohl sie hinsichtlich ihres Zustandekommens genau so wenig ursachenkausal erklärbar ist ...

Dieser letzte Punkt war wichtig, und deshalb noch einmal:

Es gibt bislang für keine menschliche Erkenntnis eine haltbare ursachenkausale Begründung. Bestimmte Formen des Erkennens sind gewohnter, andere, wie Telepathie, sind weniger gewohnt. Doch dass das eine gewohnter ist als das andere, sagt nichts darüber aus, dass nicht auch das andere möglich ist. Es ist unwahrscheinlicher, da wir uns an Gewohnheiten orientieren, doch nicht per se unmöglich! An dem Tag, an dem ein Erkenntnistheoretiker sagen kann, dass TP unmöglich ist, kann er uns auch sagen, wie die anderen Erkenntnisformen zustande kommen.

Und tatsächlich gibt es heute Wissenschaftler in vielen Ländern der Erde, die sich mit ungewöhnlichen Erkenntnisformen beschäftigen, die ernsthaft erforschen, unter welchen Bedingungen diese Erkenntnisse zustande kommen. Lesen Sie nur einmal David Loye's „Die Sphinx und der Regenbogen", worin er sehr anschaulich zeigt, wie man telepathische Fähigkeiten mittels des Hirnhälftenmodells verbessern kann.[41]

Viele Menschen machen Erfahrungen, die sich nicht mit Kommunikations- oder Physikmodellen erfassen lassen. Sie erinnern sich noch? Wenn das Wahrscheinliche nicht funktioniert, dann muss das

---

41 Oder auch die schriftlich veröffentlichten Ergebnisse eines Diskussionsforums zwischen westlichen Wissenschaftlern (u.a. Pete Engel und Francisco Varela) und dem Dalai Lama: „Traum, Schlaf und Tod".

Unwahrscheinliche, mag es uns auch noch so seltsam vorkommen, die Lösung sein ...

Doch kommen wir nun zur Klärung des Begriffs TP[42].

2.2. Eine Erklärung von TP

Alles menschliche Handeln ist modellgeleitet. Wir benötigen Modelle nicht nur dazu, um etwas zu erklären, sondern auch dazu, um unser Handeln zu effektivieren und um Neues zu erlernen.

Uns war schon immer daran gelegen, das, was wir tun, möglichst klar und deutlich beschreiben zu können. Wir haben die Erfahrung gemacht, dass je gründlicher ein Modell zu einer Handlung ausgearbeitet wird, umso passender auch hinterher die Handlung ausgeführt werden kann. Wenn wir einem Menschen, der uns zum ersten Mal besucht, sagen: „Hol Dir doch einen Kaffee, wenn Du magst!", dann wird er uns verwirrt anschauen und nicht wissen, wo vorne und hinten ist, und schon gar nicht, wo er den Kaffee findet.

Wenn wir einem Menschen, der Interesse an Bewusstseinserweiterung hat, sagen: „Telepathie heißt, die Gedanken des anderen zu lesen!", dann wird er nicht wissen, was er tun soll.

So begab es sich vor einigen Jahren, dass wir uns neben der Meditation, dem Denktraining, dem Yoga und anderen Entspannungstechniken auch in Telepathie übten. Damals hatten wir noch nichts vom

42 Immer noch unsere gebräuchliche Abkürzung für Telepathie.

Konstruktivismus[43] gehört. Wir hatten Shannon gelesen, dessen Informationsmodell – stark vereinfacht – auf einem Sender-Empfänger-Prinzip basiert. Das passte zu unserer damaligen Weltanschauung zwar nicht hundertprozentig, denn wir hatten durch Meditation bereits erkannt, dass wir unsere Erfahrungen nur an uns selbst generieren, aber mangels weiteren Wissens bauten wir unser Telepathie-Modell zu jener Zeit auf der Sender-Empfänger-Idee auf.

Im Verlaufe unserer Arbeit jedoch häuften sich Ergebnisse aus eigenen Übungen und aus Workshops, die sich mit dem Sender-Empfänger-Modell (SEM) einfach nicht vereinbaren ließen. So muss man zum Beispiel beim SEM davon ausgehen, dass auf irgendeine Art und Weise Informationen übertragen werden. Die Kommunikationstheorie bietet hierfür als ‚Übertragungs'-Medium die Sprache. Doch welches Medium sollten wir für Gedanken nehmen? Als Nächstes kam hinzu, dass es für TP nicht immer erforderlich ist, dass die Partner bewusst an der Interaktion teilnehmen. Wir sammelten viele Erfahrungen, aus denen hervorging, dass es vorkommen kann, dass einer einen Gedanken denkt, von dem er meint, ein anderer habe ihn auch gedacht, dieser andere zwar den Gedanken dann auch tatsächlich hatte, jedoch überhaupt nicht daran gedacht hatte, diesen Gedanken dem ersteren irgendwie mitzuteilen.

Eine Weile lang nahmen wir an, es könnte vielleicht helfen, für solche und ähnliche Fälle die Hilfserklärung „unbewusste Kommunika-

---

43 Jene Forschungsarbeit genialer Neurobiologen, in deren Verlauf sich herausstellte, dass es sich als bedeutend sinnvoller, kohärenter und konsistenter erweist, das menschliche Nervensystem als geschlossen operierendes System zu beschreiben, als ein System also, das seine Informationen an sich selbst erzeugt und nicht von außen manipuliert werden kann.

tion" zu verwenden, doch das passte nun wieder nicht zum Begriff der Kommunikation, an welcher immer wenigstens zwei Personen (inter-) aktiv und erkennbar beteiligt sein sollten. Außerdem ist das mit dem „Unbewussten" sowieso so eine Sache, da für uns nur das existiert, was bewusst ist ...

Ferner drängte das SEM die Annahme auf, dass man einer Person einen Gedanken übermitteln könne, selbst wenn sie das gar nicht wollte. Unsere Forschungen jedoch ergaben, dass dies nicht möglich ist, wenn der so genannte Empfänger ganz auf etwas anderes konzentriert ist.

Wir sammelten also weiter Daten und arbeiteten nebenbei Stück für Stück durch, was wir an Kommunikationstheorie, Schriften über Neurologie, Neurobiologie, Psychologie und weiß-der-Geier-was dazu in die Finger bekommen konnten. Jedes Mal, wenn wir einen neuen Modellansatz hatten, prüften wir, inwieweit dieser auch für andere anwendungsfähig ist, bis letztlich das übrig blieb, was wir Ihnen hier in diesem Buch vorstellen.

2.2.1. Telepathie?

So wie wir Informationen an Kommunikation formen, ohne das WIE erklären zu können, so wie wir Informationen am Nervensystem und an der physikalischen Welt formen, so ist es auch denkbar (und beobachtbar), dass wir Informationen an einer anderen Psyche formen.

Wir beobachten Umwelten, doch das, was wir beobachten, wird von uns selbst gedacht, und es kann bis heute nicht klar gesagt werden, ob überhaupt irgendetwas außerhalb von uns ist. Die Umwelten, die wir normalerweise wahrnehmen, sind Kommunikation, Nervensystem und physikalische Umwelt. Was wir normalerweise nicht wahrnehmen, sind andere Psychen. Dennoch unterstellen wir den Personen, denen wir gegenüberstehen, ja sogar denen, die wir nur im Fernsehen sehen oder von denen wir hörten, eine Psyche.

Rein theoretisch spricht nichts dagegen, dass es nicht ebenso möglich ist, an anderen Psychen Informationen zu erzeugen wie an einem Gespräch. Oder zumindest so ähnlich.

Auf diesen basalen Gedankengang reduziert, erklären wir TP so:

Psyche A denkt einen Gedanken. Psyche B denkt einen Gedanken. Psyche A denkt „das Gras sieht heute herrlich aus". Psyche B denkt „A denkt über Gras nach".

Psyche B denkt also einen Gedanken, welchen sie nicht auf sich, nicht auf Kommunikation und nicht auf die physikalische Welt bezieht, sondern auf Psyche A.

Eine Psyche denkt einen oder mehrere Gedanken, den sie dann auf eine andere Psyche attribuiert.

Letzteres nennen wir Telepathie – natürlich unter der Voraussetzung, dass Psyche A auch tatsächlich einen hinreichend ähnlichen Gedanken gedacht hat. Ganz ähnlich wie wir bei Kommunikation ein Konvergieren oder Divergieren von Meinen und Verstehen beobachten können, können wir auch bei Telepathie ein Konvergieren oder Divergieren von Gedanken und Vorstellungen beobachten. In beiden Fällen gibt es Methoden, die Konvergenz zu erhöhen, zum Beispiel: Steigerung der Aufmerksamkeit, Erhöhung der Konzentration, Erhöhung der Entspannungsfähigkeit, Verbesserung der Koordination von Denken/

Vorstellen und Verhalten, Verbesserung der Ausdrucksfähigkeit, Verbesserung des Vorstellungsvermögens, Erweiterung des Bedeutungshorizontes, Angleichung von (sprachlicher) Bedeutung, Erweiterung des Erfahrungsbereiches, Abstimmung der Erfahrungsbereiche, etc. ... Wir gehen nicht von einer Übertragung aus – insbesondere nicht von einer Übertragung definiter, individueller Gedankeninhalte – sondern bestimmen Telepathie über das, was wir beobachten können: ein Synchronisieren[44], Angleichen, Anpassen von Gedanken/Vorstellungs-Prozessen.

Warum hinreichend ähnlich?

Jede Psyche funktioniert individuell. Eine Isomorphie – wechselseitige Punkt-für-Punkt-Übereinstimmung – zweier Gedanken ist hochunwahrscheinlich. Jeder Gedanke wird immer mit anderen Gedanken vernetzt, die gesamte Erfahrungswirklichkeit eines Individuums wirkt auf den einzelnen Gedanken rück. DAS macht Isomorphie unwahrscheinlich, nicht jedoch Homomorphie oder zumindest partielle Homomorphie.

In anderen Worten: Jede Erfahrung, die Sie gemacht haben, haben vermutlich nur Sie auf diese besondere Weise gemacht. Dass zwei Psychen exakt dasselbe denken, scheint zwar nicht unmöglich, aber doch nicht gerade wahrscheinlich, wenn man sich schon allein anschaut, wie unterschiedlich die Vorstellungen zweier Menschen zum Beispiel zu einem Begriff wie ‚Aufmerksamkeit' sind. Die verbale Übereinstimmung

44 Aus quantitativ zeitlicher Perspektive ist zu berücksichtigen, dass jedes autopoietische System seine eigene Zeit generiert. Ferner: Zwei Systeme können synchron laufen, auch wenn z.B. ein drittes (Referenz-)System eine zeitliche Versetzung ihrer Operationen misst.

mag noch erreicht werden, doch sehr selten die damit korrespondierenden Gefühle, Assoziationen, Bilder, Töne, Gerüche und Geschmäcke.

So mag Psyche A als eher visuell orientierter Mensch viel in Bildern denken, während Psyche B als eher auditiv Orientierter mehr in Sprache oder Klängen denkt. Schon allein das reicht aus, um Verzerrungen der Übereinstimmung der Gedanken zu bewirken. Der eine stellt sich bei Aufmerksamkeit vor, wie er auf etwas starrt, der andere denkt eher intensiv an das Wort selbst.

Dies ist sehr, sehr wichtig, wenn Sie mit TP Erfolg haben möchten. Schon in Gesprächen nehmen wir allzu oft an, dass das, was der andere meint mit dem übereinstimmt, was wir selbst dazu denken. Wir reduzieren den anderen auf uns! So etwas führt zu Missverständnissen, nicht selten gar zu Streit oder gewalttätigen Auseinandersetzungen.

Wir sollten auch in der TP nicht annehmen, wenn wir einen Gedanken denken, den wir auf jemand anderen attribuieren, dass der andere diesen Gedanken auch ‚wirklich' in dieser Weise gedacht hat. Es wird im Gegenteil viel häufiger vorkommen, dass die Gedanken der beiden Personen nur in den Rudimenten, wie zum Beispiel in Farbe, Form, grundlegendem Gefühl oder Geruch, übereinstimmen. Auch sehr häufig geschieht es, dass der eine ein Kribbeln verspürt, das er selbst als ‚aggressiv' interpretiert, während der andere als eher visueller Typ die Farbe Rot sieht und denkt, der andere hätte Rot gesehen.[45]

Der Vorteil an unserem Erklärungsmodell zu TP besteht darin, dass sich auch solche Unterschiede integrieren lassen.[46] Es gilt hier, Geduld

45 Ein hübsches Beispiel, auch umgangssprachlich ...

46 Natürlich darf man zu krasse Unterschiede nicht akzeptieren. Man kann zwischen allem einen Zusammenhang konstruieren und dann der weltgrößte Telepath sein. Wenn

zu haben, die Daten zu notieren und dann sein Modell der Welt Stück für Stück um die Symbole anderer zu erweitern.

Wir wiederholen:

Wenn Sie einen Gedanken denken, von dem Sie annehmen, dass eine andere Person diesen Gedanken dachte, dann attribuieren Sie den Gedanken auf die andere Person. Wenn Sie daraufhin fragen: „Sag mal, hast Du gerade ... gedacht?", und dies trifft (leichte Abweichungen sind in Kauf zu nehmen) zu, dann handelt es sich um ein Phänomen der TP.

Wie Sie sicher schon oben bemerkt haben, nehmen wir die Prüfung eines TP-Phänomens in seine Definition mit hinein. Zugegeben, allein für die Bestimmung ist das nicht nötig, aber für den Erfolg ist es maßgeblich. Sie sollten es sich zur Angewohnheit machen, nur die Phänomene als telepathische Phänomene zu erachten, die Sie eindeutig als solche klassifiziert haben. Und hierfür ist Überprüfung erforderlich. Viele tun das eine zeitlang und hören dann nach einer Weile oder gar bereits nach ein paar Stichproben wieder damit auf. Doch wenn wir TP als eine Tätigkeit betrachten, die man erlernen muss, eine sehr komplexe und schwierige Tätigkeit noch dazu, dann ist es sinnvoll einzusehen, dass sie weder vom Himmel fällt noch auf ewig in Form bleibt, wenn sie nicht weiterhin geübt und überprüft wird.

Klartext: Wir wollen mit diesem Buch keine Spinner erschaffen, sondern ein wenig zur Bewusstseinserweiterung aller Menschen beitragen. ☺

der eine fragt: „Du bist gerade wütend, nicht?", und der andere antwortet: „Nee! Ich freue mich gerade", und daraus schließt der erste wiederum: „Na super, beides sind Gefühle, Erregungszustände, also habe ich gerade TP betrieben", dann ging irgendwie was schief, oder?

Kommen wir nun zu zwei Phänomenen, die sehr eng mit der TP verwandt sind: dem Hellsehen und der Präkognition (Vorhererkenntnis). Wir werden im Kapitel Nummer 3 einige Übungen vorstellen, die diese Fähigkeiten steigern sollen, da sie besonders gut auf TP-Fähigkeiten vorbereiten und auch nicht ganz so schwierig sind. Deshalb erklären wir die beiden vorab.

2.2.2. Hellsehen und Präkognition

Wir formen unsere Welt anhand unserer Erwartungen. Wenn wir annehmen, Psyche sitzt im Kopf oder – wie im asiatischen Kulturraum häufiger üblich – im Bauch, engen wir unsere Perspektive zu stark ein. Wir sollten uns klar machen, dass es sich bei Raum und auch bei Zeit um physikalische Konzepte handelt, die wir erschaffen haben, um die physikalische Welt differenzierter beschreiben und dadurch sicherer erwarten zu können. Wir haben in Schule und Gesellschaft gelernt, unser Denken in unserem Kopf zu lokalisieren, doch nach allem, was wir heute wissen, dürfen wir diese Anschauung nicht als ein So-ist-es-und-nicht-anders hinnehmen. Gedanken und Elemente des Nervensystems gehören in zwei unterschiedliche Kategorien. Zu sagen, die Psyche säße im Körper, wäre auf der einen Seite zuviel, auf der anderen zuwenig.

Dennoch nehmen wir normalerweise an, dass unser Denken an der Peripherie unseres Körpers aufhört.

Diese Annahme ist das Ergebnis bisheriger Erfahrungen, die auf Grundlage meist unhinterfragt konditionierter Erwartungen gemacht wurden, plus die Folgerung, dass sich die Sache auch in Zukunft so abspielen wird. So machen wir das meistens. Wir erleben etwas oder tun etwas und sortieren es dann an einer bestimmten Position in unser Modell der Welt ein. Je öfter wir eine bestimmte Erfahrung konstruieren, desto fester wird sie, bis sie uns letztlich als eine unabänderliche Tatsache erscheint. Das hilft uns bei einigen Dingen, wie zum Beispiel beim morgendlichen Aufstehen, wenn wir den Fußboden immer unten und nicht an der Seite oder oben oder anderswo konstruieren, bei anderen behindert es uns: Wenn nämlich jemand etwas annimmt, das ihn in seinen Handlungen blockiert. So denken manche Leute, dass sie hässlich oder dumm sind. Sie lernen, sich wie hässliche oder dumme Menschen zu verhalten, bis zum Schluss ihre Hässlichkeit oder Dummheit zu einer ‚Tatsache' geworden ist.[47]

Doch erinnern wir uns: Es ist Psyche, die Gedanken erschafft, ja das, was wir Wirklichkeit nennen, formt.

Wir formen unsere Welt aufgrund unserer Erwartungen.

Raum und Zeit sind Konstrukte und wir verwenden diese Konstrukte zur Orientierung. Dennoch bleiben sie Konstrukte, die nicht ohne weiteres wahr sind. Sie sind Beschreibungen. Wer sich schon einmal intensiver mit Physik beschäftigt hat, wird mit der Aussage, Raum und

47 Denken Sie an dieser Stelle doch mal über all die kleinen und großen Vorurteile sich selbst und anderen gegenüber nach. Sie werden bemerken, dass sie wie selbsterfüllende Prophezeiungen funktionieren. Je öfter Sie etwas denken, desto mehr tendiert der entsprechende Gedanke zur Wiederholung, bis er letztlich völlig stabil wurde.

Zeit seien Konstrukte etwas anfangen können. Beide sind Begriffe, derer sich die Physik angenommen und sie geschärft hat, um bestimmte Messverhalten erfassen zu können. Doch wer erlebt Raum und Zeit? Wer erlebt Psyche? – Auch auf die Gefahr hin, redundant zu wirken: Wir können nicht sagen, Raum und Zeit seien wirklich im Sinne von beobachterunabhängig wirklich.

Insofern besteht potenziell die Möglichkeit, das Konstrukt Raum mit seinen Begrenzungen beiseite zu schieben und Dinge wahrzunehmen (oder besser zu erschaffen), welche an einem entfernten Ort stattfinden – gerade so, als wären wir dort (gedanklich).

Dies nennen wir Hellsehen.

Das entsprechende Verfahren auf Zeit angewendet, um Dinge wahrzunehmen, die „erst noch eintreten sollen/werden", nennen wir Präkognition.

Die gedanklichen Modelle von Raum und Zeit werden anders mit anderen Gedanken vernetzt, als wir es gewöhnlich tun.

Stimmt dieses Denken mit der Erfahrungswirklichkeit unterschiedlicher Beobachter überein – was natürlich geprüft werden muss – dann hat das Hellsehen bzw. die Präkognition reale Resultate geliefert, Beschreibungen von Sachverhalten bzw. Ereignissen, die in der gemeinsam konstruierten Wirklichkeit der beteiligten Beobachter erfahren werden können.

Alle drei, Hellsehen, Präkognition und Telepathie, sind ebenso möglich wie Kommunizieren oder Schmerz-Empfinden. Dass sie in ihrem

Zustandekommen weniger wahrscheinlich sind als die beiden Letztgenannten, dürfte das Ergebnis unserer Erwartungen sein, nicht das Ergebnis irgendwelcher physikalischer oder ‚wirklicher' Limitationen.

Und wie für alle anderen Erfahrungen gilt: Je öfter wir sie wiederholen, desto leichter und häufiger treten sie auf. Und es gilt auch: Mit je mehr Menschen wir diese Erfahrungen teilen, mit je mehr wir offen darüber reden können, desto stabiler werden sie.

Natürlich kann auch eine Halluzination oder eine Hysterie durch soziale Vervielfältigung stabilisiert werden. Beispiel: Zehn Menschen stehen vor einer Schlucht. Sie überzeugen sich gegenseitig davon, dass, sobald sie über den Abgrund treten, sich eine Brücke bilden wird und sie die Schlucht gefahrlos überqueren können. Gesagt, getan, die zehn marschieren los ... allerdings: Die Brücke bleibt aus und alle zehn stürzen in der Schlucht zu Tode ... Genau so sollten die von uns hier vorgeschlagenen Modelle nicht falschverwendet werden. Jedoch sollten wir noch bedenken, dass das entscheidende Problem, was die Halluzination in unserem Beispiel zu einer solchen machte, nicht darin bestand, dass die Brücke (oder ein Schluchtüberquerungsäquivalent) sich nicht hätte bilden können, sondern darin, dass sie sich (im rechten Moment) nicht gebildet hat.

2.2.3. Abgrenzung

Einer der häufigsten (und ein auch berechtigter!) Zweifel an ungewöhnlichen Erkenntnisformen ist der, dass die Phänomene möglicherweise auch anders erklärt werden können. Wir haben uns diesen Zweifel zur stetigen Aufgabe gemacht.

Wenn Sie TP erlernen möchten, dann wäre es gut, wenn Sie bereit dazu sind, auch viele andere Dinge zu lernen.

Eine ganze Menge scheinbar telepathische Phänomene lassen sich mit bereits erprobten Modellen aus Psychologie, Physik, usw. erklären. Es dürfte kaum sinnvoll sein, ein bereits gut erklärtes Phänomen nun plötzlich anders und möglicherweise sogar weniger gut zu erklären. Kommt noch hinzu, dass das Konzept TP auf dies Weise verwässert wird und dann bald keiner mehr weiß, was wir nun eigentlich unter TP beobachten wollen.

Es geht doch darum, hinzu zu lernen, neue Erfahrungen zu machen und sich sichselbst und anderen gegenüber authentisch zu verhalten, und nicht darum, sich um jeden Preis zu einem menschlichen Wunder hoch zu stilisieren. Wer mit dieser Ansicht übereinstimmt, hat auch Spaß daran, Dinge zu lernen, die ihm erst einmal hinsichtlich TP nur insofern nützen, als es ihm durch ihre Kenntnis leichter wird, sie davon abzugrenzen.

Geben wir einmal ein paar Beispiele:

Dr. med. Eric Berne hat die TRANSAKTIONSANALYSE erfunden. Es handelt sich in ihr um ein psychologisches Modell, das unter anderem dazu dient, Bewusstseinszustände und Interaktionsmuster (sowohl sprachliche wie auch nicht-sprachliche) und ihre wechselseitigen Zusammenhänge zu analysieren, um (individuelle) Einsichten in die Funktionsweise von Psyche und Kommunikation zu gewinnen, die Methoden zur Selbstveränderung, (Selbst-)Therapie und Gruppentherapie entwickeln helfen.

Im Verlaufe seiner Arbeit hatte Berne festgestellt, dass es ihm äußerst nützlich war zu lernen, nonverbale Verhaltensweisen und Körperspezifika detaillierter wahrnehmen und beobachten zu können. Mit etwas Übung gelang es ihm bald, über Personen, die ihm einfach nur gegenüberstanden, ohne dass sie auch nur einen Mucks sagten, unglaublich viel zu erfahren. Mit großer Treffsicherheit nannte er ihnen ihren Beruf, ihre größeren Sorgen, ihren Familienstand und vieles andere. Er hatte gelernt, all die kleinen nonverbalen Signale, die wir sonst übersehen, überhören, überfühlen, überriechen oder überschmecken in Sekundenschnelle zu erfassen und zu interpretieren. Toll, was?[48]

Oder: Richard Bandler und John Grinder, beide Psychologen, erarbeiteten im Rahmen des von ihnen gemeinsam entwickelten Kommunikationstherapeutischen Modells, das sie **NLP – NEUROLINGUISTISCHES PROGRAMMIEREN** – nannten, Übungsreihen, mittels derer man lernen kann, an kleinsten Muskelzuckungen, Hautveränderungen, Körperverhaltensweisen jeglicher Art, ... Ja-Nein-Reaktionen von Gesprächspartnern, ja sogar Lügen zu erkennen.[49]

Dr. Milton Erickson und viele andere Ärzte, Psychologen und Soziologen fanden heraus, wie stark die Erfahrungen anderer unsere eigenen Erfahrungen beeinflussen – selbst dann, wenn diese überhaupt nicht mit der gewöhnlichen Wahrnehmung übereinstimmen. So wurden viele Versuche ähnlich dem folgenden gemacht: Eine Gruppe von Leuten sollte den kürzesten von drei nebeneinander liegenden Stöcken angeben. Bis auf einen wurden alle vorher angewiesen, auf den linken Stock zu zeigen und ihn als den kürzesten zu identifizieren. Der eine, dem natürlich nicht bekannt war, dass die anderen Experimentteilnehmer instruiert worden waren, gab daraufhin auch den linken als den kürze-

---

48 Vgl. „Die Transaktionsanalyse der Intuition“, Dr. med. Eric Berne.

49 Vgl. „Die Struktur der Magie“, Bandler und Grinder.

sten an. Und dabei waren alle drei Stöcke gleich lang. Der Gag an der Geschichte ist, dass dieser eine richtig böse wurde, als nun die anderen nach und nach meinten, sie hätten sich geirrt. Er war fest von seiner Annahme überzeugt.[50]

Diese drei von uns beschriebenen Beispiele zeigen alle eine gewisse Verwandtschaft mit TP, doch keines benötigt TP als Erklärungsmodell.

Wir halten es für besonders wichtig, diesen Umstand zu berücksichtigen: Solange ein Phänomen, mag es telepathischen Phänomenen auch noch so ähnlich sein, mit einem anderen Modell beschrieben bzw. erklärt werden kann, verwenden wir Telepathie auch nicht als Beschreibungs- oder Erklärungsmodell. Erst dann wenn kein anderes Modell mehr greift, wenden wir das Modell Telepathie an. Ebenso muss man allerdings anerkennen und begreifen, dass viele Übungen, die Ähnlichkeiten mit TP aufweisen, als Vorübungen zur Steigerung der TP-Fähigkeit eingesetzt werden können. Aber auch hierbei immer schön klar bleiben und TP und nicht-TP und nicht-notwendigerweise-TP auseinanderhalten lernen!

Wir haben die ersten Übungen der TP-Reihe so aufgebaut, dass die Übungspartner noch Sichtkontakt haben. Die Erfahrung hat gezeigt, dass es den meisten so leichter fällt zu lernen. Wer gleich in getrennten Räumen übt, tut sich häufig schwerer und braucht länger. Vermutlich

50 Weitere Erklärungen zu diesem Phänomen findet man bei Gustave Le Bon in „Psychologie der Massen“, worin Le Bon deutlich macht, wie Überzeugungen unabhängig von empirischer Validität durch Anpassungsdruck entstehen, weshalb er zu dem Schluss kam, dass eher der Korrektheit der Aussage eines einzelnen Zeugen eines möglichen empirischen Phänomens zu trauen sei denn der Aussage vieler Zeugen, die sich gegenseitig beeinflussen.

liegt das daran, dass Vielen das Üben im direkten Kontakt mehr Spaß macht, sie bekommen schnelleres Feedback auf ihre Erfolge und gewinnen so mehr Zutrauen zu ihrer neuen Fähigkeit. Doch Vorsicht bei einem derartigen Versuchsaufbau mit einer harten Bewertung darüber, ob es sich um TP handelt oder nicht. Aus motivationalen Gründen kann man über hier erzielte Erfolge als TP reden, aber die endgültige Wertung sollte man sich vorbehalten.

Bedenken Sie immer, dass die kleinsten Körper-, Sprach-, Bild-, Geruchseindrücke, ja sogar der Geschmack einer anderen Person uns etwas über sie mitteilen können. Solange wir uns also noch im Wahrnehmungsbereich dieser Eindrücke befinden, versuchen wir, mutmaßliche TP-Phänomene eher mit herkömmlichen Modellen zu erklären. Allerdings: Was nicht mehr geht, geht nicht, und genauso wie man sich von seiner eher annehmenden Haltung gegenüber Telepathie nichts vorgaukeln lassen sollte, sollte man auch seine eher ablehnende Haltung nicht ins Absurde übertreiben.

Solange Sie andere Erklärungsmodelle haben und diese funktionieren und ausreichen, bleiben Sie bei denen.

Nehmen Sie sich die Zeit, Bücher über Körpersprache und Körpersignale gründlich zu studieren und entsprechende Übungen und Erfahrungen zu machen.

Dann aber gehen Sie vor wie unser Meisterdetektiv. Analysieren Sie die Situation, wägen Sie die Erklärungsmodelle ab, und wenn die wahrscheinlicheren nicht zutreffen können und Ihnen nichts anderes mehr dazu einfällt, dann können Sie getrost und mit ruhigem Gewissen von TP sprechen.

Die erfolgreiche Beschäftigung mit Telepathie und verwandten Themen hat unweigerlich zur Folge, dass Sie sich selbst besser einschätzen lernen und leichter erkennen können, wann Sie sich belügen und wann Sie ehrlich zu sich sind. Das wird Ihre Offenheit anderen gegenüber erhöhen, was wiederum ihren TP-Fähigeiten zu Gute kommt.[51]

---

51 Noch eine Warnung: Offenheit erleichtert zwar weitere Offenheit, aber sie ist kein Garant für weitere Offenheit. Wir haben im Laufe unseres Lebens leider viel zu viele Menschen kennengelernt, die nach anfänglichen Erfolgen, und einige sogar nach längerfristigeren, es vorgezogen haben, ihre Offenheit wieder an den sprichwörtlichen Nagel zu hängen, um ihr Leben in sinnesbetäubter, egoistischer Dumpfheit fristen zu können. Machen Sie sich klar, dass, wenn Sie außergewöhnliches erreichen wollen, Sie selbst ihr größter Gegner sind, und keiner bringt Sie zu Fall, außer Sie selbst, und keiner rettet Sie vor dem Fall, außer Sie selbst. Wenn Sie Ihre Fähigkeit zur Selbstkritik verlieren oder Ihre Selbstkritik nicht mehr verkraften, ist es aus. Deshalb: Erhalten Sie sich und erweitern Sie stets aktiv die Offenheit, die Sie sich und anderen/Anderem gegenüber gewonnen haben.

3. Telepathie – die Praxis

„Wer etwas gedankenlos auf sich nimmt,
wird sicher im Erlangen fehlen.
Wer Dinge leicht einschätzt,
findet sie schwer.
Der weise Mensch betrachtet sogar
leichte Dinge als schwer, so dass sogar
schwere Dinge für ihn leicht sind."

frei nach dem Dao De Jing

3.1. Die Voraussetzungen

Einige der jetzt folgenden Voraussetzungen müssen auf jeden Fall vollständig erfüllt sein, wie zum Beispiel die Voraussetzung der körperlichen und geistigen Gesundheit, andere, die auf jeden Fall im Ansatz vorhanden sein sollten, können Sie im Laufe der Arbeit immer mehr vertiefen. Lesen Sie dieses Kapitel sehr gründlich, damit Ihnen später keine Probleme erwachsen.

Uns ist durchaus bewusst, dass die Voraussetzungen, die wir fordern, bei weitem über das hinausgehen, was man im Allgemeinen an Voraussetzungen für das Erlernen und Praktizieren von Telepathie erwartet. Doch machen Sie sich klar: Telepathie hat zwar viele spielerische Komponenten, aber sie ist kein Spiel, das man einfach mittendrin zusammen- und wegpacken kann, wenn man keine Lust mehr hat. Und: Wir haben zu oft erlebt, dass jemand ‚abdreht', und im Laufe der Arbeit und mit zunehmender Erfahrung haben wir die gründliche Vorbereitung schätzen gelernt.

Wenn Sie ein Explosionsexperiment machen, ziehen Sie sich vorher Schutzkleidung an. TP ist sehr ungewöhnlich und kann durchaus explosive Wirkungen haben. Sie sollten sich entsprechend vorbereiten.

Die Menschen haben Vorurteile gegenüber ungewohnten Dingen – die einen zum Positiven, die anderen zum Negativen. Jedes Vorurteil jedoch schränkt unser Modell der Welt ein und verleitet uns dazu, nicht genauer hinzusehen. Das gilt auch (und vielleicht sogar besonders) für denjenigen, der TP für möglich hält. Wer aber nicht genau hinsieht, macht auch schnell Fehler. Wer einmal nicht hingesehen und einen Fehler gemacht hat, macht auch schnell einen zweiten – vielleicht gar um den ersten zu vertuschen. Und schon sind wir mitten drin im Schlamassel.

3.1.1. Selbstehrlichkeit

Bevor Sie nun mit den Übungen beginnen, fragen Sie sich doch einmal, mit welchem Ziel Sie überhaupt TP erlernen wollen. Seien Sie ganz, ganz ehrlich mit sich. Es ist ja nicht schlimm, wenn Sie feststellen, dass eines Ihrer Motive ein Bedürfnis nach Anerkennung ist. Oder wenn Sie insgeheim die Hoffnung hegen, dass Sie mit magischen Fähigkeiten zu Geld oder Ruhm kommen könnten.

Nur wenn Sie sich Ihre Motive ehrlich eingestehen, können Sie sie verändern. Verstecken Sie sie aber hinter Rationalisierungen oder Gefühlen, werden Sie später durch genau diese Motive behindert.

Auch wir hatten anfangs einige verdeckte Motive solcher Art, und auch heute überkommt es uns noch manchmal, insbesondere dann, wenn wir Bioüberlebensprobleme oder Anerkennungsprobleme haben. Das ist ganz normal.

Lassen Sie uns, anhand eines kleinen Beispiels, schildern wie wir überhaupt darauf gekommen sind, dass verdeckte Motive dem Erlernen von TP und anderen ungewöhnlichen Fähigkeiten eher hinderlich denn förderlich sind:

Es war vor einigen Jahren, als wir wirklich überhaupt gar kein Geld mehr hatten. Wir beschlossen, unsere Arbeit als Dozenten aufzugeben und stattdessen vom Schriftstellern zu leben. Eine schöne Idee und eine gehörige Portion Mut ... Da wir auch vorher nicht sonderlich reich waren, begab es sich nach sechs Wochen, dass wir vollends pleite dastanden. Die Bankbeamten winkten schon müde ab, wenn sie uns nur sahen. Freunde, von denen wir uns etwas hätten leihen können, waren zwar da, aber wir wussten nicht, wann wir es ihnen zurückzahlen konnten, also baten wir nicht drum. Sozialhilfe kam nicht in Frage, da wir die feste Ansicht vertraten, dass wir andere Möglichkeiten haben, an Geld zu kommen.

Nun hatten wir viele Präkognitionsübungen gemacht, auch mit Zahlen. Kaum war der Gedanke da, kam auch schon die Tat: „Versuchen wir's mit Roulette – vielleicht können wir ja davon leben! “[52]

Und wir legten los. Wir machten Vorübungen, ähnlich den später beschriebenen, und fuhren dann das erste Mal ins Spielcasino. In der Aufregung jedoch hatte Gitta ihren Personalausweis vergessen, den man braucht, um überhaupt in den Laden hineinzukommen. Nun ist es so, dass man bei jeder TP-, Hellseh- oder Präkognitionsübung die Rahmenbedingungen exakt festsetzen und sich auch daran halten sollte. Das war nun nicht möglich. Ralf ging also allein hinein und schaffte es bei 10 Einsätzen gerade mal, seinen Gesamteinsatz zu verdoppeln.

Beim nächsten Mal waren wir dann besser vorbereitet. Zwei Wochen lang, mit Unterstützung eines Fresspaketes von Muttern, trainierten wir, dann fuhren wir wieder los. Es war unheimlich aufregend, und wir hatten das richtige Gefühl und die richtige Einstellung dazu: kindliche Freude und Spaß an der Sache, ohne über möglichen Fehlschlag nachzudenken. Es klappte. Wir gewannen in 18 Runden 7 x Zahl.[53] Es war herrlich. Begeistert, lachend, albern wie Teens machten wir uns auf die Rückreise.

---

52 Wenn einen der Hunger piesackt, kommt man halt auf komische Ideen. ☺

53 Nein, das hat uns nicht zu Millionären gemacht, denn wir haben mit ziemlich kleinen Einsätzen gespielt.

Aber dann ... oh weh ☺ ... der Gedanke, hiermit sein Geld zu machen, manifestierte sich ebenso stark, wie unser Hunger und der Frust über unsere damaligen Schwierigkeiten, im Buchmarkt ein Bein an die Erde zu kriegen, nach einiger Zeit wieder zunahmen. Wir wurden verbissen. Unsere Gedanken kreisten nur noch um Geld, die Mägen knurrten, der Kaffee war alle.[54] Wir nahmen unsere letzten 150,-- DM, tankten für 50,-- DM und düsten wieder ins Casino.

Völlige Pleite. Null Gewinne. Nix Erfolg.

Zurückgekehrt sammelten wir unsere letzten Leergutflaschen und kauften Fuselwein, mit dem wir dann den Abend vernebelten ...

Und dabei hatten wir vorher schon zig-wieviele Übungen gemacht und wussten ganz genau, dass man locker, entspannt und vor allem frei von irgendwelchen anderen Absichten an die Sache herangehen muss, da es ansonsten nicht funktioniert. Der ‚Kopf' soll frei dabei sein, und wenn man hingeht und TP, Präkognition oder Hellsehen für irgendetwas anderes als einfach nur Erkenntnis und Spaß an der Erkenntnis macht, geht es schief.

Seither haben wir viele ähnliche Erfahrungen gesammelt und sie gemeinsam mit anderen überprüft. Es ist immer wieder dasselbe Muster: Will jemand TP erlernen, um seinen Status anzuheben, um Anerkennung zu bekommen, so stören genau diese Gedanken dann beim Lernen selbst.

Und das Schlimmste kommt erst noch: Man fängt an, sich selbst zu betrügen. Bei einer Sache wie dem Roulette ist es ja noch etwas schwerer mit dem Selbstbetrug, doch bei TP wird so mancher richtig einfallsreich: „Ich kann es und brauch es deshalb nicht zu beweisen." „Es geht nur, wenn ich es nicht beweisen muss." „Wenn mich jemand um

54 Damals ein Drama für uns. ☺

eine Demonstration bittet, ist er ein Zweifler, und genau diesen Zweifel spüre ich dann und werde durch ihn gestört." ... Was wir da nicht schon so alles gehört haben, könnte ein Extrabuch füllen. Einige Beispiele für den Mangel an Fähigkeit, zu sich selbst ehrlich zu sein, und darauf folgender Faulheit und zunehmendem Selbstbetrug wollen wir Ihnen nicht vorenthalten.

Einige Anekdötchen:[55]

Da ist zum Beispiel Sabine. Sabine beschäftigt sich seit über 10 Jahren mit Meditation, Präkognition, Esoterik vor und zurück. Vor ungefähr 4 Jahren kam es, dass sie in der Meditation soweit fortschritt, dass Phänomene wie Loslösung des Denkens vom physischen Körper verbunden mit intensiven Ekstasegefühlen auftraten. Diese Phänomene sind eigentlich ganz toll und können dazu führen (vernünftig analysiert und in das gesamte Modell der Welt integriert), dass man offener, selbstkritischer, rationaler, klarer und viel, viel entspannter und konzentrierter wird. Doch es gibt auch hier, wie bei TP, das Risiko dicht zu machen – was meist entweder auf die Art geschieht, dass die betreffende Per-

55 In Beschreibungen von Erfahrungsbeispielen haben wir die Namen der betroffen Personen geändert. Die Zeitangaben beziehen sich auf das Jahr der Ersterscheinung dieses Buches: 1994. Bitte berücksichtigen Sie: Wir führen diese Beispiele nicht an, um einen Anlass zu geben, sich über andere lustig zu machen. Jeder von uns kann in ähnlicher Hinsicht einmal betroffen sein. Die Möglichkeiten des menschlichen Geistes, auf Irrwege zu gelangen, sind unergründlich. Das Studium von Beispielen und Gegenbeispielen kann uns helfen präventive Verhaltensweisen zu etablieren, aber nur dann, wenn wir auch tatsächlich in der Lage dazu sind, das Gelernte auf uns selbst zu übertragen. Wenn das gelingt, so ist auch an der einen oder anderen Stelle ein Schmunzeln erlaubt, denn dann ist es ein Schmunzeln über einen selbst.

son die Ekstasephänomene als Schmerz interpretiert und fürchterliche Angst bekommt, oder auf jene, dass sie sich hinterher für allwissend und unfehlbar hält. Beides sind Fluchtreaktionen und zeigen die Unfähigkeit an, mit sich selbst ehrlich umgehen zu können.

Sabine nun war immer eine Einzelgängerin. Von anderen nicht sonderlich akzeptiert, hat sie es sich schon als Jugendliche zur Angewohnheit gemacht, sich für etwas Besonderes zu halten. Nun bestand jedoch das Problem, dass sie weder einen Beruf gelernt hatte noch in der Schule gut war, so dass ihr als einziger Ausweg, um das Besondere zu sein, vermutlich die Esoterik blieb.

Jahre hinweg ging eigentlich alles gut, bis eben die oben beschriebenen Meditationsphänomene auftraten. Seither denkt Sabine, sie sei unsterblich und meint, dass sie diesen Stand der Meditation jederzeit wieder erreichen kann. Seit 3 Jahren fragen wir sie immer wieder, ob sie denn noch meditiert, und was sie ansonsten so im Bereich der Weiterentwicklung macht. Die Frage nach der Meditation beantwortet sie JEDESMAL! mit „momentan nicht", die Frage nach den anderen Bereichen beantwortet sie jedes Mal, eine heilige Miene aufsetzend,[56] mit Floskeln wie „Dieses und jenes", was uns vermutlich „Frag nicht nach, das kannst du mit deinen mangelnden Kenntnissen doch nicht beurteilen" mitteilen soll.

Schade ist dieser Umstand insofern, als Sabine eigentlich ein helles Köpfchen ist und ihr Meditieren wahrscheinlich gerade jetzt helfen würde, da es ihr zeigen könnte, dass sie sich etwas vormacht.

---

56 Nicht besonders deutlich, aber diese Beschreibung trifft es besonders gut, zumal die Charakteristika: nach-oben-Heben der Augen, Introvertiertheit und Drum-Herum-Reden, bei fast allen derartigen Fällen auftreten.

Oder nehmen wir den Bernd. Bernd interessiert sich ebenfalls sehr stark für Magie. Bernd ist ein sehr freundlicher und hilfsbereiter Mensch, doch vermeidet er es immer, das Zustandekommen seiner privaten Anschauungen zu erklären. Wie Sabine ist auch Bernd eher unsicher, vermutlich hatte er auch schon als Kind Anerkennungsprobleme, da er nicht gerade sonderlich hübsch oder sportlich veranlagt ist. Bernd hat irgendwann ein paar ungewöhnliche Phänomene kennen gelernt, wie zum Beispiel auch die TP, doch da ihm die Konzepte fehlen, diese Phänomene willentlich hervorzurufen, wurden seine Modelle immer willkürlicher und abstruser. Heute ist er dazu übergegangen, mehrmals täglich irgendetwas „Magisches" zu erspüren, zum Beispiel den Tod irgendeines anderen Menschen oder die Gedanken von sonstwem, ohne auch nur ein einziges von diesen Erlebnissen noch zu überprüfen. Er sagt einfach, dass er es eben weiß, und zieht sich zurück, sobald er gefragt wird, woher er es denn weiß.

Auch im Falle von Bernd nehmen wir an, dass ein Bedürfnis nach Anerkennung dahinter steckt, die Anerkennung dafür, etwas Besonderes zu sein, worauf er auch sicherlich ein Recht hat.

Erzählen wir auch noch von Matthias, einem Mann, dessen Vater auf dem Papier nicht existiert und der als Junge in einem Internat aufwuchs. Matthias geriet auf das, was man gewöhnlich „die schiefe Bahn" nennt und wurde natürlich[57] irgendwann erwischt und ‚bestraft'. Wäh-

57 Skriptbedingte Kriminalität trägt immer den Wunsch in sich, die derart zustande gebrachte soziale Außergewöhnlichkeit auch für andere deutlich sichtbar zu demonstrieren (selbst ‚Geheimhaltung' wird zu einem Kommunikat gemacht, dass sozialen Positionsgewinn ermöglicht). Die Demonstration regt natürlich die genauere Untersuchung durch andere an, was wiederum gewöhnlich Verfolgung und Bestrafung nach sich zieht. Öffentliche Bestrafung ist auch ein Akt der Demonstration, und sogar ein ziemlich auf-

rend einer der Haftperioden begann er, sich mit Esoterik und Magie zu beschäftigen. Er meinte damals, ein Erleuchtungserlebnis gehabt zu haben, in dessen Verlauf ihm mitgeteilt wurde, dass er die Reinkarnation eines der berühmtesten Mystiker unseres Jahrhunderts sei. Matthias begründete nach seiner Haft eine Gruppe, deren Mitglieder sich bemühen, nach den Prinzipien dieses Mystikers zu ‚streben'. Doch ihn selbst hat nie jemand ‚streben' gesehen. Vermutlich kann er es nicht tun, aus Angst, dass die anderen entdecken würden, dass er gar nicht so perfekt ist, wie sie es von ihm erwarten. Es gehört viel Mut dazu, das zuzugeben, und wann in seinem Leben hatte er schon die Chance dazu, diesen Mut zu entwickeln? Wo er doch immer eins oben drauf bekommen hat, wenn er Zuneigung für sich und nicht für eine bestimmte Eigenschaft haben wollte?

Jeder hat so seine Stärken und seine Schwächen, doch die meisten Stärken und Schwächen, von denen wir meinen, sie seien so richtig, sind das Ergebnis unserer Sozialisation. Wir werden anerkannt, wenn wir uns auf eine bestimmte Art und Weise darstellen, und wir werden seltener anerkannt, wenn wir offen und ehrlich sind. Das ist das Problem.

Lernen wir Telepathie, müssen wir auch lernen, unseren Schwächen ins Auge zu schauen. Vielleicht müssen wir gar lernen, dass das, was wir bislang für eine Stärke hielten, eine soziale Lüge ist, mit der wir uns nur manchmal auch ein bisschen Zuneigung ergattern können, anstatt uns andauernd getreten zu fühlen.

---

sehenerregender. Insofern ist sie durchaus miterwünschter Bestandteil des Prozesseses der skriptbedingten Kriminalität, ganz besonders, indem sie umso mehr bewirkt, dass andere sich mit einem beschäftigen, und damit hilfreich dazu beiträgt, die innerpsychischen Konflikte zu externalisieren.

Bleiben Sie ehrlich mit sich selbst. Verschaffen sie sich Klarheit über ihre Motive. Folgen sie den sinnvollen und vertretbaren Motiven mit den angemessenen Mitteln. Lernen sie TP um ihrer selbst Willen und nicht aus dem Wunsch heraus, es sich irgendwie leichter zu machen oder sich anderen gegenüber einen Vorteil zu verschaffen. Das geht nach hinten los.

3.1.2. Studium begleitender Themen

Besorgen Sie sich Bücher wie „Die Transaktionsanalyse der Intuition", „Die Struktur der Magie" und allgemeine Literatur über Körpersprache, um nonverbale Signale von TP unterscheiden zu lernen.

Ferner ist es sinnvoll, sich mit Logik zu beschäftigen. Dem logischen Verstand fällt es leichter, eindeutige Gedanken und Vorstellungen zu generieren. Es wird Ihnen auch besser gelingen, klare Modelle zur Unterscheidung zwischen TP und anderen Phänomen zu formulieren. Außerdem hilft Ihnen Logik dabei, sich selbst zu analysieren und eigene Verwirrungszustände und die anderer deutlicher zu erkennen.

3.1.3. Gesundheit

Wir halten häufiger Workshops zu den Themen ‚Meditation' und ‚Telepathie' ab. Unsere Standardregel dabei ist, dass wir mit niemandem zusammenarbeiten, der sich derzeit in psychiatrischer oder psychotherapeutischer Behandlung befindet. Menschen, die vor einiger Zeit wegen schwerwiegenderer Erkrankungen in der Psychiatrie waren, lehnen wir aus Vorsichtsgründen ihnen zuliebe eher ab, als dass wir ihnen zusagen.

Warum das? Weil wir vielleicht Vorurteile haben?

Nein. TP erweitert das Modell der Welt, und so mancher kommt ins Schwanken, wenn er das erste Mal mit telepathischen Fähigkeiten konfrontiert wird. Psychisch instabile Menschen, also auch Menschen, die zu psychosomatischen Erkrankungen neigen, können oft diese Phänomene nicht einordnen. Ihr Modell der Welt wankt sowieso und wir möchten nicht dazu beitragen, dass es noch mehr wankt.

Wenn Sie zu starker Nervosität, zu Ängsten, Depressionen, Aggressionen, Jähzorn, zu Melancholie, Hysterie oder ähnlichem neigen, sollten Sie lieber erst wieder zur Ruhe kommen, bevor Sie TP erlernen.

TP wird Ihnen hier nicht weiterhelfen, denn Sie haben Probleme damit, Ihr Modell der Welt in seiner Komplexität erfassen und verarbeiten zu können. Durch TP würden Sie ihm noch mehr Elemente hinzufügen, anstatt es überschaubarer zu machen.

Das heißt natürlich nicht, dass Sie weniger fähig zu TP sind als andere. Im Gegenteil. Wir haben oft erlebt, dass gerade etwas instabilere Personen schneller Erfolge erzielen, da Sie weniger feste Weltanschauungen haben. Doch meistens nehmen die Erfolge nach einer Weile wieder ab. Die betroffenen Personen beginnen, zu Projektionen und Halluzinationen zu neigen, sie erschaffen sich eine innere Wirklichkeit, die noch weniger mit der äußeren, konsensuellen Wirklichkeit übereinstimmt als die, in der sie vor den TP-Übungen lebten.

Und gerade für Menschen, die sich mit Telepathie beschäftigen, ist es wichtig, auf dem Teppich zu bleiben, noch mit anderen reden zu können, damit sie weiterhin überprüfen, wie weit sie sich etwas vormachen oder nicht.

Dies ist das Risiko der Esoterik, und darum „reiten wir darauf auch so sehr herum". Sie zieht sehr, sehr oft diejenigen von uns an, die sich abgelehnt, nicht anerkannt und einsam fühlen. Ursache für diese Gefühle ist nicht selten mangelnde Komplexitätsverarbeitungsfähigkeit. Nun handelt es sich bei Esoterik aber nicht gerade um ein anerkanntes Thema, und als Ergebnis aus der Beschäftigung mit ihr resultiert häufig nur weiterer Rückzug und nicht zunehmende Offenheit. Wir schaffen uns durch Esoterik nicht selten eine Nische in dieser Welt, eine Heimlichkeit, eine Hinterwelt (wie Nietzsche es nennt), in der uns nun wirklich niemand mehr hinterfragen kann. Doch genau besehen wird die Welt dadurch kleiner und nicht größer – das Fassungsvermögen für Welt wird immer weiter verringert, anstatt es zu vergrößern.

Wenn Sie jetzt meinen, Sie seien ganz gesund, dann bewahren Sie sich ihren klaren Kopf und ihre rationalen Fähigkeiten auch weiterhin. Sie werden feststellen, dass es Sie nicht darin behindert, mystischere Erfahrungen zu machen, sondern dass es Ihnen dabei hilft, diese Erfahrungen zu Ihren Alltagserfahrungen anschlussfähig zu halten.

Vertiefen wir durch zwei veranschaulichende Beispiele:[58]

Thomas:

Wir lernten Thomas vor 6 Jahren kennen. Er stammt aus einer mittelständischen Familie, ist körperlich recht gesund, doch irgendwann begann er, seine Anpassungsprobleme durch psychische Gestörtheiten zu kompensieren. Er hielt sich für einen großen weißen Bruder, meinte,

58 Zeitangaben beziehen sich wieder auf das Ersterscheinungsjahr dieses Buches: 1994.

astral durch die Welt zu wandern und jeden zu kontrollieren, glaubte, dass die ganze Welt ihm gehöre und nahm deshalb aus Läden mit, was ihm gefiel. Er besuchte uns. Vor dem Besuch wirkte er ziemlich normal und ließ auch keine weiteren Informationen über seinen verdrehten Geisteszustand durchsickern. Während dieses Besuches flippte er völlig aus, und das Ergebnis war, dass er in die Psychiatrie ging. Es wirkte fasst so, als wäre das seine Art, uns ins Vertrauen zu ziehen. Wir hörten dann lange Zeit nichts mehr von ihm, bis vor 2 Jahren ein Brief von ihm ankam. Er schrieb, dass er sich im Heilungsprozess befände und eine Anpassungsmaßnahme durchmache. Er hoffte, binnen eines Jahres geheilt zu sein.

Dies traf denn auch soweit ein. Ein Jahr später wurde er – unter der Prämisse einer Nachkontrolle – für gesund erklärt. Er suchte sich eine neue Wohnung, fand einen Job, und alles ging gut. Dann, ein weiteres Jahr später, meldete er sich wieder und fragte, ob er an einem Workshop Wochenende teilnehmen könne.

Sollten wir oder sollten wir nicht? Seine psychische Krankheit sprach dagegen, seine jetzige offensichtliche Gesundheit sowie sein heller Kopf, seine rasche Auffassungsgabe und hohe Intelligenz (er klang ganz normal und vernünftig und hatte ja auch viel erreicht) sprachen dafür. Wir beschlossen, ihm zuzusagen und luden ihn ein.

Wir versuchten, ihn nicht zu überfordern, machten einfache kleine Meditationen, ein paar Bioenergetik-Übungen und vor allem Denktraining. Er wirkte begeistert, war voller Elan, dachte glasklar und zeigte keine Verwirrungssymptome. Das freute uns natürlich ungeheuer.

1 ½ Wochen später rief er an. Sein Arbeitgeber hatte ihn zu einer Sozialpädagogin und diese ihn zu einer Neurologin geschickt. Die Ärztin verschrieb ihm wieder Psychopharmaka und er klang wieder so wirr wie vor 6 Jahren.

Entsetzen!

Natürlich machten wir uns Vorwürfe. Wir hätten es besser wissen können. Hätten wir? Er wirkte doch normaler, konzentrierter und selbstanalytischer als die meisten anderen von uns. Und doch! Wir haben einen Fehler gemacht. Auch wenn man nach bestem Wissen und Gewissen urteilt, auch wenn man weiß, dass eine halbe Stunde Meditation eigentlich nicht schadet, so wissen wir ebenso, dass die Beschäftigung mit esoterischen Themen den Geist verwirren und auf Abwege bringen kann. Und wir wissen jetzt, dass potenziell instabile Menschen sich nicht mit esoterischen Techniken beschäftigen sondern zunächst dafür Sorge tragen sollten, sich voll und ganz in die Gesellschaft ihrer Mitmenschen einzufügen, um sozusagen wieder einen festen Stand zu bekommen.

Und selbst auf die Gefahr hin, dass wir Menschen, die diese Probleme nicht mehr haben, die Teilnahme verweigern, werden wir auch in Zukunft unseren kritischen Standpunkt beibehalten.

Das andere Beispiel handelt von Ute:

Ute ist eine Bekannte von uns, die sich wegen mehrerer Krankheiten in einer psychosomatischen Klinik befunden hat. In dieser Zeit brach ihr Familienleben völlig auseinander, sie hatte eine Scheidung und musste viel Streit mit ihren Kindern verarbeiten. Ute ist eigentlich ein sehr warmherziger Mensch, doch reagiert sie auf Kritik völlig anders, als man es solchen Personen zutrauen würde: Sie reagiert rabiat, aggressiv und beginnt, über die sie kritisierenden Menschen zu tratschen. Auch Ute interessiert sich für Esoterik, doch wie viele andere verwendet sie esoterisches ‚Wissen' dazu, sich selbst abzuschotten und möglichst wenig hinterfragt zu werden. Je mehr sie sich mit Esoterik beschäftigt, desto mehr nimmt das Abschotten auf der einen Seite, das

Darstellen von Warmherzigkeit auf der anderen und das Rabiate auf der dritten Seite zu.

Allein diese Symptome zeigen an, dass es für sie sicher sinnvoll wäre, für eine zeitlang mal etwas ganz anderes zu machen. Allerdings ist es bei Ute auch noch so, dass sie sich strikt weigert, Techniken zu erlernen, mit Hilfe derer sie ihre esoterischen Kenntnisse überprüfen könnte. So will sie beispielsweise mit Meditation nichts zu tun haben und erzählt jedem, dass sie sich konzentrieren kann und schon als Kind medial veranlagt war. Sie lehnt auch rationalere Konzepte zur Esoterik ab, und der Grund dürfte dem aufmerksamen Leser klar sein: Rationaleres Denken führt zu selbstkritischerem Verhalten, und genau diese Kritik vermeidet sie durch Mystifizieren. Wenn sie nicht mystifiziert, wird sie wieder krank. Und die Krankheiten stehen vermutlich in direktem Bezug zu den Schwächen, die sie nicht sehen möchte.

Im Grunde genommen, so nehmen wir an, ist die Warmherzigkeit genau das, was sie eigentlich zeigen möchte. Doch gerade sensiblere und etwas offenere Menschen werden häufig für diese Eigenschaften abgelehnt. Und so legen sie sich einen Schutzpanzer zu, der gar oft ihrem ursprünglichen Wesen völlig widerspricht, wie bei Ute das Rabiate.

Mit anderen Worten: Ute und Thomas sind psychisch instabil und kompensieren beide ihre Instabilität durch Esoterik. Und genau deshalb sollten solche Menschen sich für eine Weile nicht mit Esoterik beschäftigen, sondern zuerst ihre Probleme in den Griff bekommen.

Bei leichteren Fällen wie dem von Ute empfehlen wir Nachfragern immer, sich freiwillig in eine Therapie bei einem Bioenergetiktherapeuten zu begeben. Es sollte auf jeden Fall ein Therapeut sein, der Esoterik nicht per se ablehnt, der aber auch nicht zu Mystik tendiert. Und bei Bioenergetikleuten ist dies meist der Fall. Die Bioenergetik, aus der wir noch einige Übungen beschreiben werden, hilft dabei, den Boden der Tatsachen wiederzufinden, indem sie mit dem Körper arbeitet und den Menschen seinen Körper wieder fühlen lehrt.

Wenn Sie sich jetzt einschätzen und meinen: „Ja, ich bin instabil", dann schämen Sie sich nicht dafür. Und wenn Sie das Geld dafür überhaben oder es sich gar verschreiben lassen können, dann machen Sie eine solche Therapie ruhig mit. Es wird ihr Modell der Welt genau um die Dinge erweitern, vor denen Sie sich sonst scheuen, ihnen offen ins Angesicht zu sehen.

Es kann natürlich auch den anderen nicht schaden, Bioenergetik zu erlernen, und es gibt einige gute Literatur zum Thema. Am Besten beginnen Sie mit „Bioenergetik" von Alexander Lowen, dem Erfinder dieser Therapie-Form.[59]

3.1.4. Überprüfungsvereinbarung mit sich selbst

Bevor Sie mit den Übungen beginnen, schließen Sie einen Vertrag mit sich selbst. Es kann hilfreich sein, diesen schriftlich festzuhalten und irgendwo in der Nähe Ihres Übungsbereichs an die Wand zu heften.

Der Vertrag könnte so lauten:

„Ich, ..., vereinbare hiermit mit mir selbst, dass ich jedes mögliche telepathische Phänomen genauestens überprüfen werde.

59 Wir haben in unserem Buch „Körper" die grundlegenden Bioenergetik-Übungen beschrieben, zusammen mit Übungen aus dem Hatha-Yoga und einem Modell dazu, wie dies alles überhaupt funktioniert. In diesem Zusammenhang findet der Interessierte dort auch eine ausführlichere Darstellung des Zusammenspiels von Psyche und Nervensystem.

Ich werde kein Phänomen als telepathisch anerkennen, dass ich nicht geprüft habe."

Sherlock Holmes nicht vergessen.

Und dann halten Sie sich an diese Vereinbarung. Sie können sicher sein: An dem Tag, an dem Sie die Vereinbarung brechen, werden Sie anfangen, sich etwas vorzumachen. Und wenn Sie einmal damit angefangen haben, werden Sie es immer öfter tun. Es ist wie mit allen guten Vorsätzen. Drei Wochen lang macht man täglich seine Kniebeugen. Dann, am Montag nach einem etwas feuchteren Wochenende, beschließt man, sie mal ausfallen zu lassen. Und schon ist der erste Schritt getan. Immer öfter lässt man sie ausfallen, und die Begründungen werden immer abstruser, wenngleich diese einem doch so unglaublich einleuchtend erscheinen ...[60]

Kennen wir alles, haufenweise selbst erlebt und haufenweise gehört. Wenn Sie mal um eine Begründung verlegen sind, schreiben Sie uns, wir waren da schon unheimlich kreativ.

3.1.5. Ausgeprägter Realitätssinn

Tendieren Sie eigentlich viel zu ‚Interpreterschwachsinn'? Kommt es häufig vor, dass Sie andere missverstehen oder von anderen missverstanden werden? Oder nur meinen, dass dies der Fall sei?

Halluzinieren Sie vielleicht ab und zu, was der andere nun meint oder denkt (über Sie und die Welt)? Klatschen Sie vielleicht gerne mal? Neigen Sie in Stresssituationen dazu sich zurückzuziehen oder dazu zuviel zu reden?

60 Wir nennen so etwas ‚Interpreterschwachsinn' ...

Nein, keins von all dem? Überhaupt gar nicht? Denken Sie doch noch einmal darüber nach, es bekommt ja jetzt keiner mit.

Tatsächlich meinen wir mit dieser Voraussetzung eine Ergänzung des Themas Selbstehrlichkeit.

Wenn Sie mit TP erfolgreich sein möchten, sollten Sie immer auf dem Boden der Tatsachen bleiben – und das in ihrem gesamten Alltag! Das heißt keinesfalls, dass wir von Ihnen verlangen phantasielos und unkreativ zu werden. Das Gegenteil ist der Fall. Je größer Ihre Orientierungs- und Integrationsfähigkeit, desto mehr schöpferisches Potenzial können Sie entwickeln und vor allem auch in die Tat umsetzen. Lernen Sie, die Dinge genauer zu beobachten und rationaler einzuschätzen.

Unterbewerten Sie TP nicht, aber bewerten Sie sie auch nicht über. TP ist eine Erkenntnisfähigkeit unter vielen anderen. Jeder Mensch kann Telepathie (bis zu einem gewissen Grad) genauso gut lernen, wie jeder Mensch (bis zu einem gewissen Grad) Mathematik lernen kann – dem einen fällt es leichter, dem anderen fällt es schwerer. Höhere Stufen der Perfektion erfordern allerdings ein Maß an Einsatz und Spezialisierung, das die Interessen und Fähigkeiten des Durchschnitts übersteigt – es kann (und will) ja auch nicht jeder von uns einen Beweis für Fermats letzten Satz entwerfen, Rachmaninovs Klavierkonzert No.3 spielen oder die 100m in unter 10 Sekunden laufen.

Durch TP-Ergebnisse wird Ihr Modell der Welt ins Wanken geraten. Sie werden sich dazu gezwungen sehen, die viele Dinge aus einer anderen als der gewohnten Perspektive heraus zu betrachten. Wenn Sie da nicht auf dem Boden der Tatsachen bleiben, rutschen Sie ganz leicht noch tiefer. Wenn Sie damit anfangen, sich selbst als etwas Besonderes zu betrachten, oder wenn Sie beginnen, dem Verhalten anderer mehr und mehr Schwächen zu unterstellen, wird es ihnen bald immer schwerer fallen brauchbare Ergebnisse zu erzielen.

Jeder Gedanke tendiert potenziell zu Wiederholung. Durch Wiederholung von Gedanken machen wir unsere Welt so fest, wie sie uns erscheint. Wenn Sie realitätsfremde Gedanken wiederholen, landen Sie in einer Welt, die Sie kaum noch mit jemand anderem teilen können.

Deshalb bleiben Sie in DIESER Welt! Beginnen Sie nicht damit, andere auszugrenzen.

Das wird nicht leicht werden, da Sie ja nicht mit jedem über ihre telepathischen Erfolge reden können. In solchem Falle hilft es, sich eine Gruppe von Gleichgesinnten zu suchen. Doch Achtung! Es sollten Menschen sein, die – so wie Sie – ihren Realitätsbezug nicht verlieren möchten. Gruppen, die sich von der Gesellschaft ausgrenzen, sind gänzlich ungeeignet. Ob nun ein Einzelner oder eine Gruppe sich abkapselt – das Ergebnis ist immer dasselbe: Stagnation.

Wir brauchen die Anregungen von außen und auch die Komplexität unserer sozialen Umwelt, um uns selbst realistisch einschätzen und weiterentwickeln zu können. Wenn wir damit beginnen, uns für etwas Besseres zu halten, sehen wir uns gleichzeitig gezwungen, dies auch zu beweisen. Das aber ist in unserer vielfältigen Gesellschaft unmöglich, wir werden immer dem einen oder anderen begegnen, der in der einen oder anderen Sache besser ist. Um der Notwendigkeit und Unmöglichkeit dieses Beweises aus dem Weg zu gehen, grenzen sich einige Menschen und einige Gruppen ab, sie schaffen sich eine Taschenrealität, die ihnen ihre Vorannahmen und Ansprüche bestätigt, ganz einfach indem sie für ein Hinterfragen keinen Platz lässt. Sie verlieren den Realitätsbezug!

Den Realitätsbezug zu behalten, erfordert, sein Leben zu führen, ohne gewisse Aspekte der Wirklichkeit zwanghaft ausblenden zu müssen. Natürlich lebt ein Telepath ein ziemlich anderes Leben als ein Nicht-Telepath. Viele ‚normale' Dinge und Tätigkeiten sind der Weiterentwicklung hinderlich und müssen Stück für Stück abgebaut werden. Aber er ist weder auf Flucht angewiesen noch auf Verdrängung, tatsächlich kann er sich weder das eine noch das andere leisten, wenn er bei klarem Verstand bleiben will.

Was den Kontakt zu anderen anbelangt, haben wir es uns zur Regel gemacht, für jeden offen zu sein, doch ganz einfach nicht mit jedem über alles zu sprechen. Klatsch und Tratsch zum Beispiel lehnen wir ab, denn er schadet nicht nur anderen, sondern auch uns selbst – er verzerrt das Weltbild anstatt es realer zu machen. Auch binden wir unserer netten Kaufmannsfrau nicht gerade auf die Nase, dass wir uns mit Telepathie beschäftigen, das würde die arme Frau eher verwirren.

„Den goldenen Mittelweg finden", heißt es wohl.

Also noch einmal. Bleiben Sie schlicht bei den Tatsachen! Ziehen Sie sich nicht zurück, halten Sie sich nicht für einen Erleuchteten, Guru oder was-auch-immer! Bewerten Sie Ihre Ergebnisse rational und lassen Sie sie zu! Rationalität heißt nämlich nicht, vor Ungewöhnlichem dicht zu machen, wie viele meinen. Rationalität und Realitätsbezug bedeuten einfach, der Welt gegenüber offen zu sein und die Erfahrungen in eine wohlgeordnete Struktur zu bringen.

3.1.6. Entspannungsfähigkeit

TP funktioniert nur, wenn Sie die Fähigkeit besitzen, sich willentlich zu entspannen. Tiefenentspannung wird dazu führen, dass Sie aus sich selbst heraus fröhlich und offen sein können.

Leichter gesagt, als getan.

Von Kindheit an schleppen wir Verspannungen mit uns herum. Greifen Sie doch mal bitte in ihre Schulter- und Nackenmuskulatur ...

Na? Hart? Knotig? Oder schmerzt es sogar?

So geht's vielen und nicht nur mit Schultern und Nacken, sondern mit diversen Muskelpartien ihres Körpers.

Verspannungen sind verhärtete Muskelkontraktionen, die Sie sich im Laufe der Zeit als eine Art Schutzpanzer zugelegt haben.

Jede Verspannung koinzidiert mit einem psychischen Problem!

Bauchverspannungen zum Beispiel haben meist die Funktion, uns vor Angst zu bewahren. Halsverspannungen bewahren uns davor, Dinge auszudrücken, für die wir vielleicht was auf den Deckel bekommen. Rückenverspannungen sollen uns davor schützen umzufallen, wenn wir angegriffen werden (nicht zu zerbrechen). Und so weiter und so fort.[61]

Das Verrückte daran ist, dass die Verspannungen derart automatisiert sind, dass sie, haben sie sich erst einmal festgesetzt, genau das Gegenteil der ursprünglich intendierten ‚Schutzfunktion' bewirken. Ein Mensch mit starken Halsverspannungen hat vielleicht Angst, das Falsche zu sagen und dafür bestraft oder ausgelacht zu werden. Durch muskuläre

---

61 Es würde zu umfangreich werden, an dieser Stelle auf all die Einzelheiten dieses Themas einzugehen. Wer ausführlichere Informationen hierzu sucht, findet sie in unserem Buch „Körper".

Anspannung versucht er, ein mögliches Fehlverhalten von vornherein zu verhindern. Er achtet ständig darauf, dass er nichts ‚Falsches' sagt, und es wird ihm immer mehr möglicherweise ‚Falsches' auffallen, was wiederum die Halsverspannungen verstärkt. Die Halsverspannungen werden als Reiz seine Ausdrucksmöglichkeiten und in der Folge auch sein Auffassungsvermögen immer weiter unterdrücken ... Letztenendes limitiert die Verspannung den Verhaltensfreiraum so sehr, dass ein situativ angemessenes Verhalten nicht mehr möglich ist. Was einmal als Schutz intendiert war, ist zur Gefahr geworden.

Ferner tendieren bestimmte Verspannungsstrukturen auch zur sozialen Vervielfältigung. Und zwar derart, dass der Mensch mit einer spezifischen Verspannungsstruktur dazu neigt, ihre vermeintliche ‚Sicherheitsfunktion' über sich selbst hinaus auszuweiten – die ganze Welt noch ‚sicherer' zu machen – indem er andere (nonverbal oder verbal) dazu anleitet oder gar dazu zwingt, ihn zu imitieren bzw. ein Verhalten zu zeigen, das mit seinem Verhaltensautomatismus korrespondiert, ihn bestätigt, unterstützt, verstärkt und mit ihm zusammenwirkt.

Ein Mensch mit Rückenverspannungen hat Angst davor, seinen Status, sein Gesicht zu verlieren. Er fürchtet, unter der Nichtanerkennung durch andere zu zerbrechen und zerbricht mit 50 Jahren an Ischias und Bandscheibenvorfällen.

Ein Mensch mit Bauchverspannungen hat vielleicht Angst, sein Überleben nicht sichern zu können, und schuftet und schuftet, bis er schließlich ein Magengeschwür bekommt.

Verspannungen bewirken letztlich genau das, wovor sie einen bewahren sollten.

Und Verspannungen behindern uns in Selbstehrlichkeit! Da wir Angst vor dieser oder jener Sache haben, suchen wir, sie zu vermeiden. Nun möchte aber jeder von uns mit sich selbst im Reinen sein, und so wird auch jeder von uns versuchen, die zugrunde liegenden Probleme zu negieren, wegzurationalisieren, Interpreterschwachsinn zu erzeugen. Und das tun wir alle!

Für TP ist das nicht nur nicht förderlich, es wirkt ihr sogar aktiv entgegen, wie das folgende Beispiel aus unserem eigenen Leben verdeutlichen soll:

Der Streit:

Wir hatten eine recht stressreiche Woche hinter uns. Vier Bücher waren fertig geschrieben und Korrektur gelesen. Nun sollte es an Satz und Druck gehen. Unter diesem selbstverursachten Stress hatten unsere Meditationen und Körperübungen sowie unser Denktraining gelitten, so dass wir genau genommen nicht mehr so ganz zurechnungsfähig waren. Dennoch, wir hatten uns vorgenommen, unsere telepathischen Übungen wieder aufzunehmen, und so sollte es auch geschehen. Idiotisch ... allein schon bis hierhin ... wie so oft hätten wir eigentlich weise genug sein sollen, um sagen zu können, dass das nur schief gehen kann.

Aber na ja ... Wir setzten uns also einander gegenüber hin, mit dem Ziel, von 16 Karten mit 16 Symbolen immer eine zu ziehen, welche der andere dann erkennen sollte. Es klappte auch anfangs ganz gut, die typischen Zeichen wie Freude, ja Euphorie, stellten sich ein. Doch unsere Verspannungen lagen schon auf der Lauer! Genervt durch die Arbeit, ein wenig hungrig und mit dem Bedürfnis nach Entspannung schlug das Tier in uns zu:

Als bei Gitta die ersten 4 Fehlerversuche hintereinander auftraten, wurde sie leicht gereizt. Das war der zweite Fehler ... Spätestens hier hätte uns auffallen müssen, dass wir dringend Entspannung brauchten, aber wir machten weiter. Ralf, der Gittas unterschwellige Gereiztheit natürlich mitbekam, reagierte ebenfalls gereizt. „Nun nimm dich doch mal zusammen", sagte er. Das war der dritte Fehler ... Wer Entspannung braucht und sich zusammennehmen soll, wird jetzt all seine Verspannungen aktivieren und mit Aggression reagieren.

Und so war's denn auch. Wir arbeiteten uns so richtig in einen handfesten Streit hinein, schmissen mit den Karten, stampften auf den Fußboden auf, drohten uns gegenseitig damit, uns nicht mehr zu mögen und was alles so dazugehört ... Nun, das war denn der letzte Fehler in dieser Episode.

Hinterher fielen wir uns dann lachend in die Arme, kochten uns etwas Leckeres zu Essen und holten dann die nötigen Entspannungsübungen nach.

Beim nächsten Mal hat's dann geklappt.

Waren wir etwa ehrlich, als wir uns angeschrien haben? Ist es ein ehrlicher Ausdruck von Gefühlen, wütend zu werden, nur weil man verspannt ist?

Unserer Ansicht nach eindeutig nicht! Wir haben nichts gegen Gefühle, bestimmt nicht, aber emotionale Ausbrüche, durch Verspannungen motiviert, haben für uns nichts mit Ehrlichkeit zu tun. Es stimmt einfach nicht, dass Gitta Ralf nicht liebt oder umgekehrt. Es stimmt nicht, dass der andere Schuld daran ist, wenn man selbst die Karten nicht erkennen kann. Es stimmt auch nicht, dass man in einer Beziehung oder in einer Gruppe das Recht dazu haben sollte, solche Ausbrüche zu demonstrieren. Schon gar nicht für einen Telepathen!!!

Ein Telepath übernimmt Verantwortung für sein Leben. Und Verantwortung zu übernehmen, heißt auch, immer noch anders handeln zu können – für Verhaltensalternativen zu sorgen. Durch Verspannungen motivierte Emotionen jedoch suggerieren einem, nicht mehr anders zu können. Man hält das, was man tut, für absolut richtig und in der Situation für einzig möglich.

Nun sprachen wir es oben bereits an, dass ein typisches Kennzeichen für den Erfolg von TP Freude ist. Diese Freude tritt einerseits von selbst auf, wenn sich die ersten Erfolge einstellen, auf der anderen Seite jedoch ist es wichtig, sich aktiv freuen zu können, ohne dafür einen Anlass zu benötigen, um Erfolge noch schneller und noch besser zustande zu bringen. „Ohne dafür einen Anlass zu brauchen" heißt aber auch, es in jeder Situation zu können.

Und genau da behindern uns unsere Verspannungen!

Ferner behindern die Verspannungen uns in unserem freien Selbstausdruck. Wir sind eingezwängt, wie in einen Panzer. Und unsere Gedanken, die wir zum Teil an der Umwelt Körper formen, engen wir, wenn wir uns verspannen, ebenso ein. Wir glauben oftmals sogar, dass die Art und Weise, wie wir sind, offen und ehrlich ist, obwohl das gar nicht stimmt. Das liegt daran, dass wir unsere Fehler nicht sehen wollen und uns unsere Verspannungen kontrollieren, um sie sogar vor uns selbst zu vertuschen.

Ein Beispiel:

Wir kennen eine Frau, die von sich selbst immer wieder sagt, sie sei immer fröhlich und immer ehrlich. Telefoniert man mit ihr, hört man eine lustige, helle Stimme. Meistens. Doch diese lustige, helle Stimme schwankt oft kurzfristig um und erzählt, wer ihr wieder alles Böses angetan hat. Einmal damit angefangen, nehmen die Geschichten von den bösen Nachbarn, der bösen Schwägerin usw. immer mehr zu, immer wieder eingestreut die Selbstversicherung: „Und ich bin doch ganz ehrlich, immer, nicht wahr?" Fragen wir sie dann, ob sie der bösen Schwägerin gesagt hat, was ihr nicht gefällt, rutscht sie sofort in ein konditioniertes Verspannungsmuster: „Aber nein, so was tut man doch nicht ..."

Natürlich glaubt sie das, was sie sagt. Insofern können wir ihr nicht unterstellen, sie würde lügen. Doch sie verwendet ihre Verspannungen dazu, dieses etwas schräge Weltbild aufrechtzuerhalten. Würde sie die Verspannungen lösen, müsste sie erkennen, dass sie doch nicht so ehrlich ist, wie sie meint. Und genau das wird der Grund sein, wieso sie lieber zu einem Arzt geht und sich ein Medikament gegen ihre Kopfschmerzen verschreiben lässt, anstatt inhaltlich Entspannungsübungen zu machen.[62]

62 Das klingt jetzt alles so einfach, aber uns ins vollkommen klar, wie schwer es sein kann, den Schritt hin zu höherer Bewusstheit und Ehrlichkeit zu machen. Jahrzehnte sozialer Konditionierung haben uns zu dem gemacht, was wir sind, und hindern uns daran, unser Ziel zu erreichen, als der Mensch zu leben, der wir sein möchten. Man braucht zwar nicht notwendigerweise auch Jahrzehnte, um sich von hinderlichen und schädlichen Konditionierungen zu befreien, aber nach der Art „Drück ein Knöpfchen und dann geht es Dir besser" funktioniert das Ganze nun wieder auch nicht. Man benötigt viel, viel Geduld mit sich und eine gesunde Portion Misstrauen ALL seinen gewöhnli-

Sie sehen, wir machen uns unsere Welt. Und teilweise machen wir sie etwas wirr. Die Verspannungen, die wir uns aufgebaut haben, suggerieren uns, dass das, was wir tun, absolut korrekt sei. Wären wir entspannter, würde uns auffallen, dass dies nicht stimmt.

Nun hat es aber absolut keinen Sinn, sich wegen erkannter eigener Unfähigkeiten schlechte Gefühle zu verursachen. Genau die führen ja dazu, dass wir uns weiterhin vor unseren Fehlern verstecken. Es ist viel sinnvoller, sich zu sagen, dass Unvollkommenheiten normal sind, man sich aber ändern kann und nach einer Weile Arbeit ein glücklicherer, weil selbstehrlicherer, Mensch wird.

Und, wie gesagt, Entspannung ist für TP unabdingbar. Einmal wegen der Selbstehrlichkeit, zum anderen, um sich freuen zu können, um Spaß zu haben an den herrlichen Bauklötzen, die man da stapelt.

Fügen wir an dieser Stelle ein paar Übungen ein, die Sie, wenn Sie mochten, täglich durchführen können.

Die Übungen dienen zwei aufeinander aufbauenden Zwecken:

- Erkennen von Verspannungen,
- Gezielter Verspannungsabbau.

chen Verhaltensweisen gegenüber. Nicht jeder steht das durch, viele geben vorzeitig auf und verfallen wieder in ihre alten Rollenschemata. Dass dem so ist, liegt unter anderem daran, dass die alten Rollenschemata anerkannt sind, während wir normalerweise für gesundes Selbstbewusstsein eins auf den Deckel bekommen. Unsere Gesellschaft ist zu großen Teilen eine Frustrationsgesellschaft, und wer sich davon befreien will, ist ganz auf sich alleine gestellt. Sie sollten nicht erwarten, dafür Anerkennung zu bekommen, dass es Ihnen gut geht, es kann vielmehr häufig passieren, dass Sie dafür abgelehnt werden! Doch letztlich liegt der Lohn in der Sache selbst und in Ihnen.

Woran erkenne ich Verspannungen?

Das meint vor allem: An welchen Denkstrukturen erkenne ich, dass ich mich verspanne, welche Verhaltensweisen sind typisch für Verspannungen und was kann ich kognitiv dagegen tun?
Hier die Liste von Erkennungsmerkmalen:

- Angst.
- Wut.
- Trauer.
- Klatsch, Tratsch.
- Faulheit.
- Langeweile.
- Desinteresse.
- Tagträumerei.
- Druck in bestimmten Körperteilen.
- Schmerzende Körperteile.
- Migräne.
- Kopfschmerzen.
- Menstruationsbeschwerden.
- Sexuelle Frustrationen oder Einschränkungen.
- Projektionen (Schuldzuweisungen oder schlecht von anderen zu denken).
- Übertriebene Müdigkeit.
- Hektik.

Das dürfte für den Anfang reichen ...

Wenn Sie lernen, sich tagsüber genauer zu beobachten, werden Sie immer schneller bemerken, wann Sie gerade verspannter sind und wann nicht. Es dürfte sinnvoll sein, sich ein Tagebuch anzuschaffen, in das Sie eine Tabelle eintragen, die die genannten Punkte enthält. Dieses kleine Büchlein tragen Sie stets bei sich und machen immer dann einen Strich in der Tabelle, wenn Ihnen eine mit einem in der Tabelle genannten Merkmal korrespondierende Verhaltens- oder Denkweise an Ihnen selbst auffällt.

Was auf jeden Fall hilft, wenn Sie schnell etwas gegen einen Verspannungsaufbau unternehmen möchten, ist tiefes Atmen. Wenn wir uns verspannen, wird unsere Atmung flacher und kürzer. Atmen Sie wieder tiefer, ganz tief, bis in den Beckenboden – durch die Nase ein, bis tief zum Beckenboden hinunter und dann wieder aus der Nase aus. Das können Sie auch zwischendurch oder auf der Arbeit tun, ohne dass es weiter auffällt.

Wenn Sie dann wieder ruhig atmen, machen Sie sich klar, dass Sie für diese Situation verantwortlich sind. Niemand kann Ihnen etwas tun, wenn Sie das nicht wollen. Kein anderer kann die Verantwortung für Ihre Gedanken übernehmen.

Wiederholen Sie innerlich:

Ich bin für diese Situation verantwortlich!
Und nur ich kann sie auch ändern!

Am Abend nehmen Sie sich dann noch einmal Ihr Notizbüchlein zur Hand und schauen sich genau an, was wie häufig aufgetreten ist. Die

Anzahl der Striche wird vermutlich anfangs immer mehr zunehmen – das liegt daran, dass Sie bewusster werden. Sie bemerken einfach mehr ihrer verspannungsfördernden Denk- und Verhaltenweisen. Doch im Laufe der Zeit, lernen Sie diese zu unterlassen, und sie nehmen ab. Ihre Umwelt wird positiver auf Sie reagieren, da Sie nicht mehr so dichtmachen. Sie kennen doch den Effekt von selbsterfüllenden Prophezeiungen? Wenn ich anderen Schuld zuweise, verhalten sie sich nach einem Schuld/Unschuld-Schema, sie werden mehr Fehler machen und mehr nach Schuldigen suchen, in der Folge werden sie auch mir häufiger Schuld zuweisen, bis tatsächlich auch ich mehr Fehler mache.

Dann ist es noch wichtig, dass Sie sich über die Funktion ihrer kleinen Schwächen klar werden. Fehler sind nicht dazu da, sie zu verstekken oder zu vermeiden. Das funktioniert nicht und wird die Fehler nur verstärken. Fehler sind aber auch nicht dazu da, was ja so mancher immer wieder sagt, dass sie einfach „zu mir gehören" – so nach dem Motto: „Wer mich liebt, liebt mich auch mit meinen Fehlern." Fehler sind für einen Telepathen dafür da, aus ihnen zu lernen und sie zu überwinden. Weiterentwicklung hat kein Ende, der Tag, an dem Sie keine Fehler mehr machen, wird nicht kommen.[63] Aber es wird der Tag

63 „Keine Fehler mehr machen" ist nur in einem deterministischen Universum möglich. Wir leben aber in einem Universum, das sich mit seinen physikalischen und kognitiven Szenarien und mit den (durch die) in ihm existierenden Lebewesen in kontinuierlicher Entwicklung und Veränderung befindet. Allein formal folgt daraus, dass Modelle über das Universum nicht verifizierbar sondern nur falsifizierbar sind. Selbst bei angenommener optimaler Ausnutzung unserer Kapazitäten entstehen ‚Fehler', Abweichungen von der Erwartung, quasi als Kennzeichen der Modellentwicklung. ‚Fehlerlosigkeit' hingegen kennzeichnet die Stagnation des Beobachters. ‚Fehler' (unvorhersehbare Abweichungen) sind gewissermaßen der evolutiven Struktur des Universums inhärent. Ohne Unschärfe keine Veränderung, ohne Veränderung keine Entwicklung, ohne Entwicklung

kommen, an dem Sie die alten Fehler nicht mehr wiederholen sondern neue machen, und daran erkennen Sie, dass Sie sich weiterentwickelt haben.[64]

Aber, was reden wir hier eigentlich dauernd von Fehlern! Bei all dem Aufpassen darauf, dass wir auch nichts vergessen, was berücksichtigt werden sollte, verlieren wir das offensichtlich Positive aus dem Blick! Weiterentwicklung ist eine tolle Sache, sie macht das Leben bunter, schöner, vielfältiger, Sie selbst intelligenter, lustiger, kindlicher, fröhlicher und vor allem FREIER!!! Was ist schöner, als sich mal wieder selbst übertroffen zu haben? Als sich selbst und andere besser zu verstehen? Als glücklich zu sein, ohne einen Anlass dafür zu brauchen?

Tiefes Atmen befreit, es lockert die Bauch- und Brustmuskulatur, wir fühlen uns wohl und gesund. Bewusstheit fördert die Freude an den kleinen Dingen des Lebens und nimmt den großen Problemen ihren Druck.

Also: Bewusstheit und tiefes Atmen für den Alltag!

kein Universum (sondern: totales Gleichgewicht, Bewegungslosigkeit oder Vakuum). Der Rückschluss, dass jeder Fehler Fortschritt bedeute und deshalb gemacht werden müsse, ist natürlich Unsinn.

64 Natürlich nicht nur an den Fehlern, sondern auch an Ihnen selbst, an der Art wie Sie mit Ihren Fehlern umgehen können und an der Art wie Sie leben. Für uns sind Fehler Ursachen für Problemlösung, nicht Ursachen für Problemkonstruktion. Wenn wir nicht lernen, unsere eigenen Fehler zunächst zu akzeptieren und dann über sie hinauszuwachsen, werden wir uns immer vor anderen verstecken, sie anlügen, uns darstellen, uns verstellen. Und das behindert TP!!!

Und nun zu den Entspannungsübungen:

Da haben wir zwei Arten:
Gezielte Körperübungen und Entspannungsmeditationen.
Beginnen wir mit den Körperübungen. Sie sind als eine Reihe konzipiert, die Sie täglich durchführen können:

Bioenergetische Grundreihe

Etwas Hintergrundwissen:

Die Bioenergetik wurde von Alexander Lowen, einem therapeutisch tätigen Psychologen aus den USA, erfunden. Lowen selbst lernte sein Handwerk bei Wilhelm Reich, dessen Orgon-Theorie auf der Grundlage des Hatha-, Tantra- und Kundalini-Yoga entstand. Zum besseren Verständnis von Lowens eigener Bioenergetik-Theorie empfehlen wir Ihnen, das Buch „Bioenergetik" von Alexander Lowen zu lesen.
Für unsere Arbeit hat Bioenergetik folgenden Wert:
Jeder Mensch verfügt zu jedem Zeitpunkt über ein spezifisches Setting von Kenntnissen (gewusst was), Fertigkeiten (gewusst wie) und Fähigkeiten (gewusst wozu) – abgekürzt KFF. Er setzt seine KFF ein, um sich in der Welt zu orientieren und um sich selbst wie auch seine Umwelten (Kommunikationen, Nervensystem, physikalische Umwelt, ...) zu verändern.
Durch Wiederholung bestimmter Verhaltensweisen werden einige KFF höher stabilisiert als andere. Insbesondere solche Verhaltensweisen, die das Neugenerieren gewisser weiterer Verhaltensweisen von

vornherein verhindern sollen, korrespondieren häufig mit Verspannungen. Wir setzen nicht all unsere KFF für Weiterentwicklung ein, sondern einige dienen dem Abblocken oder Unterdrücken anderer KFF (oder deren Folgen), welche – je nach Kontext – situativ als bedrohlich oder beängstigend interpretiert werden.

Wir definieren die KFF eines Menschen als seine Energie.[65] Und können nun – in Übereinstimmung mit Lowen, Reich, Jung und anderen – feststellen, dass bestimmte Energie für behindernde Zwecke (Verspannungen) eingesetzt wird (abfließt).[66]

Bioenergetik ist eine Methode, diese Energie freizusetzen. Wir lösen durch bioenergetische Übungen Verspannungen und setzen so ein EnergiePOTENZIAL frei. Wichtig hierbei ist die Unterscheidung zu herkömmlichen Modellen, welche nicht von der Freisetzung des Potenzials sondern von der Freisetzung der Energie sprechen. Sehen wir uns das Entstehen von KFF und ihre Funktion an, so stellen wir fest, dass jede Kenntnis, jede Fertigkeit, jede Fähigkeit (und sei sie auch noch so abstrus) einem ganz bestimmten Zweck dient. Nehmen wir den Zweck (wie beispielsweise die Verspannung) weg, so hat die jeweilige KFF „nichts zu tun", was sich in Verwirrungszuständen, Ängsten, Wutausbrüchen, Langeweile, Unrast, Hektik, Stress – was auch immer

65 Aufgepasst! ‚Energie' wird von uns hier nicht im häufig üblichen Matschsprachen-Sinne verwendet, sondern konkret als Bezeichnung für die derzeit vorhandene Menge von Kenntnissen, Fertigkeiten und Fähigkeiten (KFF)! Das ist eine Begriffsfestsetzung, die wir bitte auch genau so verstanden haben möchten.

66 Darüber hinaus erkennen wir, dass das Entfaltungspotenzial der Energie durch interne einander widerstrebende energetische Strukturen reduziert wird bzw. dieses Entfaltungspotenzial der Energie durch Flexibilisierung, Ausgleich und Optimierung der energetischen Struktur erhöht wird.

– ausdrücken kann. Das POTENZIAL ist freigesetzt und wird sofort eine neue Ausdrucksmöglichkeit suchen.

Insofern sollte man, wenn man Bioenergetik betreibt, nicht nur das Lösen von Verspannungen im Auge haben, sondern sich auch gleich Gedanken darüber machen, wie man das freigesetzte Energiepotenzial sinnvoll einsetzen kann.

Wenn wir eine Verspannung lösen, werden wir nicht automatisch langfristig glücklicher. Verspannungen treten parallel zu bestimmten Denkstrukturen auf, und deshalb hilft uns das Lösen von Verspannungen nur dann, wenn wir auch parallel lernen, anders zu denken. Gucken Sie noch einmal auf die Liste typischer Denkstrukturen und fragen Sie sich, mit Hilfe welcher neuen Gedanken Sie persönlich die alten ersetzen können?

Die Übungsreihe

1. Stellen Sie sich aufrecht hin, Füße schulterbreit, Fußspitzen leicht nach innen. Knicken Sie die Kniegelenke leicht ein. Lassen Sie die Arme locker hängen. Schließen Sie Ihre Augen. Lassen Sie Ihr Kinn herabhängen. Atmen Sie tief in Ihre Genitalien und von dort ebenso tief wieder aus. Lunge vollständig füllen und leeren. Nun fühlen Sie in sich hinein.
   1 Minute.

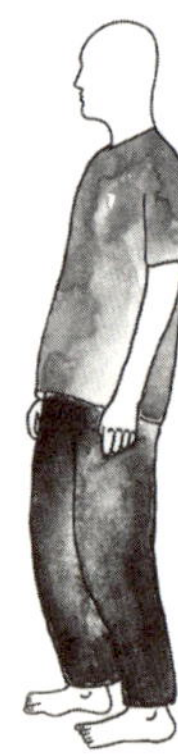

Abb. 1. Grundhaltung/Ausgangsstellung

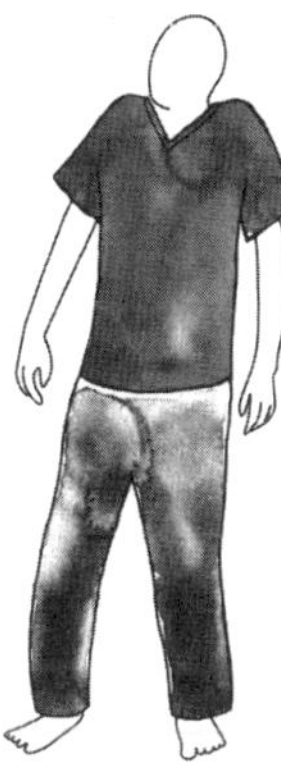

Abb. 2. Das Hecheln

2. Bleiben Sie in der **Ausgangsstellung**. Und nun beginnen Sie mit dem **Hecheln**: Atmen Sie tief durch den Mund ein, ziehen Sie dabei die Schultern bis an die Ohren. Dann atmen Sie tief aus und lassen Sie die Schultern dabei fallen, auch die Knie sacken etwas herab. Werden Sie immer schneller und schneller, die Atemgeräusche sind laut und hechelnd. 1 Minute.
3. Kehren Sie wieder in die **Ausgangsstellung** zurück und wiederholen Sie Schritt 1. Achten Sie auf Veränderungen.

4. Aus der **Ausgangsstellung** heraus führen Sie nun den **Bioenergetischen Bogen** aus: Ballen Sie Ihre Hände zu Fäusten und stemmen Sie die Fäuste von hinten auf Ihre Beckenknochen. Ziehen Sie die Ellenbogen zueinander und beugen Sie sich mit dem Oberkörper nach hinten. Legen Sie auch den Kopf nach hinten, blicken Sie in Richtung Zenit. Hals- und Nackenmuskulatur möglichst locker lassen. Beugen Sie die Knie mehr, aber die Fußspitzen zeigen weiter nach innen. Steigern Sie Druck und Körperspannung, ohne sich zu verkrampfen oder die

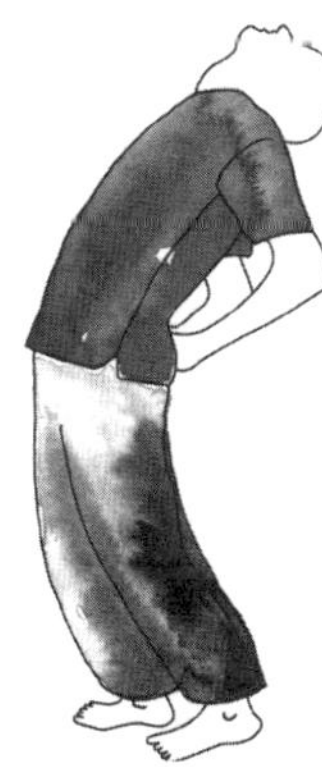

Abb. 3. Der Bioenergetische Bogen

Sache zu einer Kraftübung ausarten zu lassen. Atmen Sie tief, ganz tief durch die Nase ein und aus, bis hinunter in die Genitalien. Die Bauchdecke hebt und senkt sich. Der Körper kann zu zittern beginnen, es mag auch recht doll ziehen – trotzdem weiter. Das Körpergewicht ruht auf den Fußballen, nicht auf den Fersen.
1 Minute.

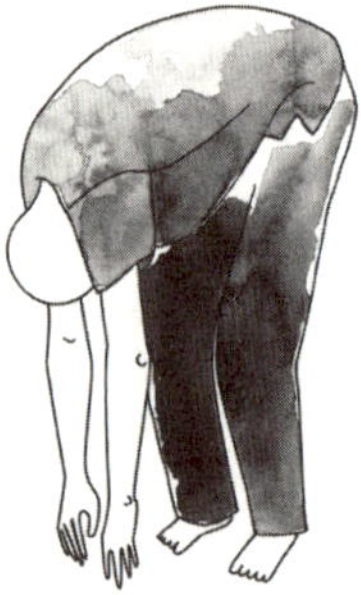

Abb. 4. Das Erden

5. Aus dem **Bioenergetischen Bogen** richten Sie sich langsam (!) wieder auf und beugen sich nun zum **Erden** nach vorne: Achten Sie darauf, dass Ihre Fußspitzen weiterhin nach innen zeigen, beugen Sie sich nach vorne, bis Ihre Fingerspitzen beinahe den Boden berühren. Die Knie bleiben gebeugt, nicht zu wenig, nicht stark, die Beinmuskulatur bleibt in aktiver und flexibler Spannung. Finden Sie nun eine Position, in welcher der ganze Körper zu zittern, vibrieren und letztlich zu schlagen beginnt. Oberkörper, Arme, Kopf und Hals sind ganz locker. Atmen Sie weiter tief durch die Nase ein und aus.
   1 Minute.
6. Wiederholen Sie 4. und 5. noch jeweils 2 x.
7. Stellen Sie sich wieder aufrecht hin, Füße diesmal leicht auswärts, Knie eher gestreckt, nicht überstrecken. Führen Sie nun **Beckenkreisen** durch: Stemmen Sie die Hände in die Hüften und kreisen Sie 20 x im Optimalradius mit den Hüften. Nutzen Sie die Winkel aus, halten Sie den Bewegungsablauf rund (elip-

tisch). Kreisen Sie immer abwechselnd mal links, mal rechts herum. Nicht zu schnell, nicht schlackern, eher langsam. Atmen Sie bitte bei den ersten 10 Wiederholungen beim Linkskreisen tief durch die Nase ein, beim Rechtskreisen tief durch die Nase aus, bei den nächsten 10 beim Rechtskreisen ein, beim Linkskreisen aus.

Abb. 5. Beckenklatschen

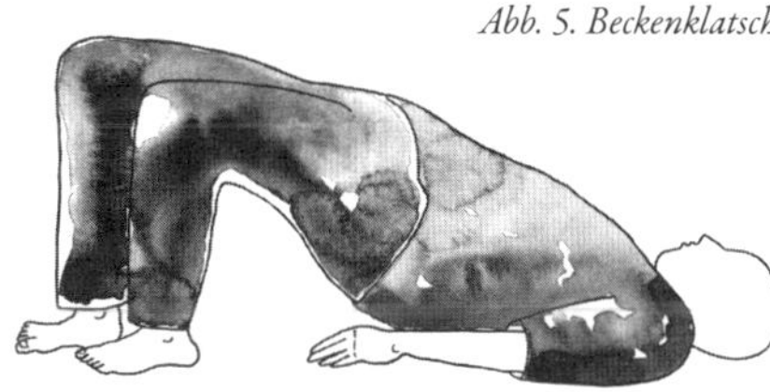

8. Legen Sie sich dann auf dem Boden auf den Rücken zum **Beckenklatschen**: Legen Sie die Hände neben dem Körper ab, Handflächen nach unten. Stellen Sie die Füße flach auf, Knie angewinkelt, Abstand zwischen den Knien ca. Schulterbreit. Nun atmen Sie ein und heben dabei Ihr Becken hoch. Dann atmen Sie aus und lassen das Becken locker auf den Boden klatschen. Wiederholen Sie dies 20 x.
9. Nun machen Sie den **Bärengang**: Stellen Sie sich hin, beugen Sie sich vor und versuchen, bei möglichst durchgesteckten (nicht überstreckten) Knien Ihre Handflächen auf den Boden zu bringen. Der Körper bildet so eine V-Form. Nun gehen Sie „wie ein Bär“: jeweils rechtes Bein und rechter Arm gleichzeitig, linkes Bein und linker Arm gleichzeitig. Achten Sie wieder auf tiefe gleichmäßige Atmung. Rechte Seite ein-

atmen, linke Seite ausatmen, nach der Hälfte der Zeit links ein, rechts aus.
1 Minute.

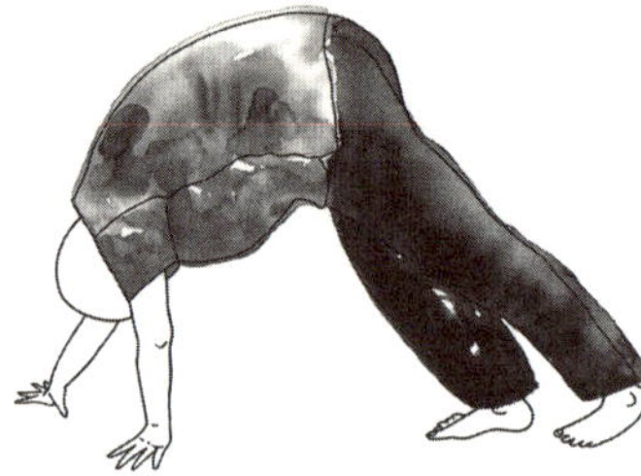

Abb. 6. Bärengang

Abb. 7. Einbein-Übung

10. **Einbein-Übung**[67]: Stellen Sie sich aufrecht hin. Nun (vor Ihnen liegt eine weiche Unterlage) knicken Sie das rechte Bein ein, heben das linke leicht an, so dass Sie nur noch auf dem rechten stehen, und dann bleiben Sie stehen, stehen, stehen. Atmen Sie tief und bleiben Sie stehen. Bleiben Sie stehen, bis das Bein von allein kollabiert (und Sie auf die weiche Unterlage fallen). Sie können sich bei dieser Übung nicht verletzen, auch wenn Ihr Schmerz und Ihre tierischen Instinkte dies behaupten mögen. Wenn Sie es mit rechts geschafft haben,

67 Diese Übung ist nur für Stabile! Das Ziel ist Loslassen-Können, und wer instabil ist, zu Ängsten neigt oder zu Jähzorn, siehe oben, der sollte diese Übung nur unter Aufsicht durchführen.

erholen Sie sich einen Moment, und dann, wenn Sie sich der Sache gewachsen fühlen, führen Sie die Übung mit links durch (achten Sie darauf, dass Sie sich im Laufe ihrer täglichen Übungen nicht angewöhnen, das eine oder das andere Bein zu bevorzugen).

11. Zum Abschluss legen Sie sich ins **Savasana.**[68] Einfach hinlegen, Arme neben dem Oberkörper ablegen, nicht zu stark abspreizen, nicht zu stark anwinkeln, Hände mit den Handflächen nach unten. Beine ausstrecken, locker auseinander fallen lassen, Füße ca. Schulterbreit von einander entfernt. Der Kopf ist auf dem Boden abgelegt. Achten Sie darauf Nacken und Schulter nicht zu verkrampfen. Wenn das schwer fällt, hilft eine leichte Unterlage für den Hinterkopf: ein oder zwei Bücher oder ein festes Kissen.[69] Atmen Sie tief bis in Ihre Genitalien und fühlen Sie, was sich verändert hat.

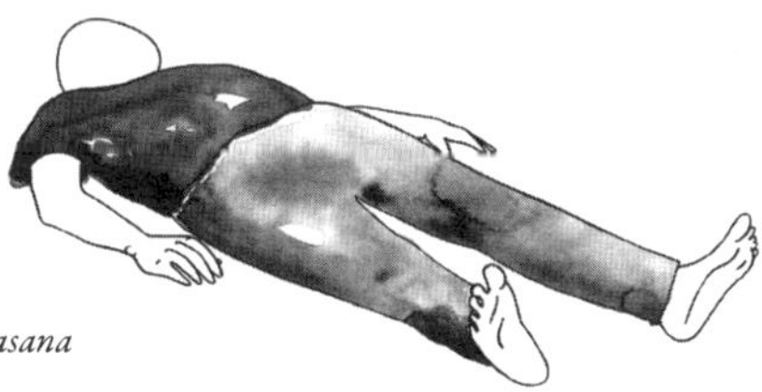

Abb. 8. Das Savasana

68 Savasana ist eine Stellung aus dem Hatha-Yoga, die sich insbesondere zur Entspannung, also auch zur Entspannungsmeditation, eignet. Für Konzentration hingegen ist sie nicht zu empfehlen, da der menschliche Geist in solcher Position zu Tagträumerei, Abdriften, gar Müdigkeit neigt.

69 Wenn Sie länger in dieser Position liegen wollen, kann es hilfreich sein, die Kniekehlen und den unteren Rücken auch mit festen Kissen oder zusammengerollten Decken zu stabilisieren. Aber Vorsicht! Hier geht's nicht um Schlafen sondern um Entspannung.

Wir sollten noch erwähnen, dass diese Übungsreihe nur von körperlich gesunden Menschen durchgeführt werden sollte. Insbesondere wenn Sie zu Rückenproblemen neigen oder wegen sonstiger Beschwerden unsicher sind, fragen Sie zuvor Ihren Arzt. Im Falle von Rückenproblemen dürfte es ratsam sein, zunächst einen Kursus in Feldenkrais mitzumachen und die Rückenmuskulatur gleichzeitig zu entspannen und zu kräftigen, bevor mit der Bioenergetik angefangen wird. Wer aber Krankheiten hat, die nicht von irgendwelchen Knochen- oder Gelenkschäden herrühren, wird durch diese Übungen sicher Linderung erfahren, wenn sie nicht sogar völlig verschwinden!

Wir zum Beispiel sind sehr, sehr selten krank. Wenn so alle zwei Jahre mal eine Erkältung auftritt, ist das schon viel. Wir führen dies auf Körperübungen und regelmäßige Meditationen zurück.

Wenn Sie diese „Bioenergetische Grundreihe" ca. sechs Wochen regelmäßig durchgeführt haben, können Sie zu anderen bioenergetischen Reihen wechseln, vorher nicht. Geben Sie den Übungen Zeit, wirksam zu werden. Achten Sie auch darauf, wie sich Ihr Denken verändert.

Es kann anfangs vorkommen, dass Sie eine Erkältung oder Durchfall bekommen. Wir haben das schon bei unheimlich vielen Leuten beobachtet, die bei uns diese Übungen gelernt haben, und wir führen das auf die Entspannung zurück. Der Körper muss sich an die neue, ungewohnte Entspannungssituation anpassen lernen und Ihr Denken muss es ebenso. Nun schmeckt es unseren „niederen Programmen" nicht so recht, wenn sie sich anders verhalten sollen, und deshalb reagieren sie eben manchmal mit solchen Abwehrreaktionen. Betrachten Sie es als Entschlackung, es geht vorbei.

Ach ja, wissen Sie noch, dass es um die Vorbereitung auf TP geht? Nicht dass jetzt der eine oder andere denkt „was wollen die denn eigentlich von mir, ich will doch Telepath werden und nicht seltsame Verrenkungen machen ..."

Und nun zur

Entspannungsmeditation

Auch wenn Sie schon Erfahrung mit Autogenem Training oder Progressiver Relaxation oder ähnlichem haben, probieren Sie dennoch mal diese kleine Übung. Sie werden feststellen, dass sie Ihnen bei Ihrem Autogenen Training o.ä. hilft, da Sie durch die Übung eine höhere Körperbewusstheit und eine tiefere Atmung erlangen. Außerdem müssen wir leider sagen, dass das, was so häufig als Autogenes Training oder so ‚verkauft' wird, nichts mit dem zu tun hat, was der Erfinder desselben intendierte. In unserem Bücherschrank befinden sich zig Bücher zu diesem Thema, und die wenigsten davon sind sachlich und gründlich.

So bringt es leider herzlich wenig, täglich nur 5-10 Minuten zu machen. Man schaltet zwar ein klein Bisschen ab, erreicht aber keinesfalls Tiefenentspannung. Natürlich können wir hier nicht in Einzelheiten auf die Entspannungsmeditation eingehen,[70] aber für Sie dürfte es gut sein, wenn Sie sich auf täglich 2 x 15 Minuten mindestens (!) einrichten. Vielleicht eine Meditation am frühen Abend und die andere kurz vor dem Schlafengehen?[71]

---

70 In unserem Buch „Meditation" sind alle grundlegenden Meditationstechniken, sowohl auf Entspannung als auch auf Konzentration und auf Ekstase, gründlich erklärt.

71 Oh Mannomann, wann soll ich das denn alles machen? Na zum Beispiel statt Fernsehen?

Probieren Sie die folgende Entspannungsmeditation, wenn Sie Lust und Zeit haben, doch jetzt gleich einmal aus:

1. Legen Sie sich auf den Rücken ins Savasana, am besten auf einer Decke auf dem Fußboden. Unter den Kopf können Sie ein kleines Kissen packen, nicht zu hoch, bitte. Lassen Sie die Beine auseinander fallen, Füße schulterbreit. Arme leicht angewinkelt neben dem Körper ablegen, Handflächen nach unten.

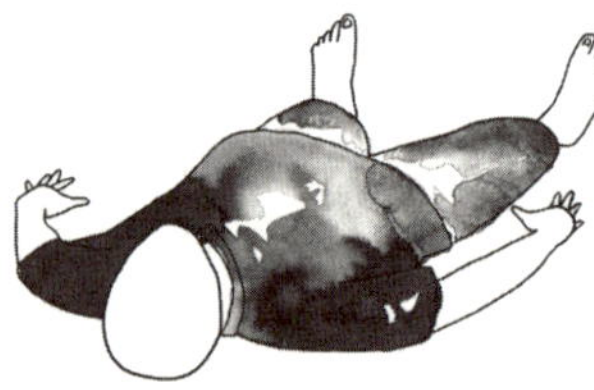

Abb. 9. Savasana

2. Atmen Sie tief durch die Nase ein, schließen Sie Ihre Augen und sagen Sie sich innerlich: „Ich beginne nun mit meiner Entspannungsmeditation!“, wobei Sie ausatmen, tief, ganz tief und dabei lockerlassen, lassen Sie allen Stress los.
3. Nun atmen Sie tief durch Ihre Nase bis in Ihren rechten Fuß ein. Erfühlen Sie Ihren Fuß. Spüren Sie Fußsohle, Zehen, Ferse, Spann, Sehnen. Atmen Sie solange tief und ruhig ein, bis von ganz alleine der Ausatemreflex einsetzt. Solange Sie einatmen, fühlen Sie in Ihren Fuß.
4. Atmen Sie aus dem Fuß heraus aus. Atmen Sie tief aus. Spüren Sie, wie mit dem Ausatmen die Spannung langsam weicht. Sie werden lockerer. Fühlen Sie es! Atmen Sie solange aus, bis von

ganz alleine der Einatemreflex einsetzt. Solange Sie ausatmen, lassen Sie die Spannung aus dem Fuß aus der Nase herausweichen.

5. Wiederholen Sie 3. und 4. je noch 2x.
6. Tun Sie nun desgleichen mit dem linken Fuß. Wieder bis zum Ein- bzw. Ausatemreflex. Tief, noch tiefer atmen. Langsam atmen, keine Hektik, aber auch kein Atemstocken. Wiederholen Sie auch dies noch 2x.
7. Nun desgleichen mit der rechten Wade.
8. Dann mit der linken Wade.
9. Dann mit dem rechten Oberschenkel.
10. Nun mit dem linken Oberschenkel. Immer alles 3x, immer bis zum Reflex atmen, tief atmen, die Spannung weichen lassen beim Ausatmen, das Körperteil erspüren beim Einatmen.
11. Dann die rechte Pobacke, dann die linke.
12. Dann die Genitalien.
13. Nun der Unterleib, auch der untere Rücken.
14. Hiernach den Mittelbauch.
15. Dann den Brustkorb.
16. Dann die rechte Hand, danach die linke.
17. Dann der rechte Unterarm, dann der linke.
18. Nun der rechte Oberarm, anschließend der linke.
19. Rechte Schulter, linke Schulter.
20. Rücken.
21. Nacken.
22. Hals.
23. Unterer Kopf mit Mund und Kinn.
24. Mittlerer Kopf mit Nase und Wangen.

25. Oberer Kopf bis Haaransatz.[72]
26. Wenn Sie noch mögen, wiederholen Sie den ganzen Durchgang noch 2x. (Wer Probleme mit dem Fühlen hat, kann innerlich den jeweiligen Körperteil benennen, das hilft.)
27. Nach der dritten Runde atmen Sie, solange sie möchten, mit dem ganzen Körper ein und aus.
28. Wenn Sie beenden wollen, atmen Sie ein weiteres Mal tief in den ganzen Körper ein, bis zum Ausatemreflex, dann atmen Sie ruhig und vollständig aus und sagen innerlich: „Ich beende jetzt meine Entspannungsmeditation."
29. Nun nochmals tief einatmen, den Atem anhalten und den ganzen Körper fest anspannen, von den Füßen aufwärts bis zu den Ohren. Fest, noch fester![73]
30. Langsam ausatmen und Augen öffnen.
31. Bewegen Sie Ihre Füße, dann Ihre Hände. Sehen Sie sich im Raum um, bis Sie sich wieder völlig ‚da-fühlen'.
32. Dann setzen Sie sich auf, blicken sich nochmals um und stehen LANGSAM! auf.

---

72 Achten sie generell darauf, ihren Kopf nicht zu ‚überhitzen'. Wenn Sie ein zu starkes Ansteigen der Kopftemperatur empfinden, lassen Sie noch mal gezielt Schultern, Nakken und Hals locker und sagen Sie sich: „Kopf kühl."

73 Diesen Schritt auf jeden Fall durchführen! Sie müssen ihren Körper sozusagen wieder in Ihre Alltagsempfindungswirklichkeit zurückholen. Tun Sie dies nicht korrekt, können Ihnen nach der Meditation die seltsamsten Sachen passieren, von Halluzinationen über Muskelversagen bis zum Kreislaufkollaps. Alles schon gesehen! Das heißt nicht etwa, dass Meditation per se gefährlich ist, Sie müssen einfach nur alles genau und richtig machen. Gewöhnlich versuchen Sie ja auch nicht von Ihrem Fahrrad abzusteigen, wenn es noch 30 Sachen drauf hat. Sie werden es erst einmal sauber zum Stehen bringen.

Das war's. Schöne Sache, nicht? Diese Übung ist eine gute Vorbereitung aber auch eine gute Vertiefung für das Autogene Training. Sie lernen jeden einzelnen Körperteil wieder spüren. Das ist wichtig, wenn Sie sich gezielt auch im Alltag entspannen möchten. Die meisten Menschen wissen gar nicht, wie sich ihr rechter großer Zeh anfühlt, und haben insofern natürlich Probleme damit, diesen entspannen zu können.

So, das war's mit der Entspannung, weiter zum nächsten Punkt:

3.1.7. Konzentrationsfähigkeit

Vor einiger Zeit erhielt Gitta einen Anruf von einer Frau, die Probleme mit telepathischer Fremdbeeinflussung hatte. Dies kommt häufiger vor und wir haben es uns zur Aufgabe gemacht, wenn möglich auf jeden Einzelnen einzugehen, was natürlich mit zunehmender Bekanntheit immer schwieriger wird. Deshalb unter anderem dieses Buch.

Wie dem auch sei, die Frau erzählte, sie habe vor einiger Zeit eine Beziehung mit einem Mann geführt, der behauptete, telepathische Fähigkeiten zu besitzen. Sie selbst beschäftige sich auch schon länger mit Esoterik. Wie es so kommt, wenn einer oder beide nicht die Bereitschaft zeigen, aufeinander verständnisvoll einzugehen, sie zerstritten sich. Nun denkt diese Frau, nennen wir sie mal Helga, dass ihr Ex-Freund sie telepathisch manipuliere und die Absicht habe, sie zu töten.

Helga erzählte auch, dass der Ex-Freund ihr direkt gesagt habe, dass er beabsichtige, dies zu tun. Ob er ihr nun impulsiv im Streit gesagt hat, dass er sie umbringen möchte, oder ob er es in einer späteren Situation tat, als willentliche Absichtserklärung, konnte im Gespräch nicht so eindeutig geklärt werden, Helga war viel zu verwirrt. Das Ganze war schon ein paar Wochen her und Helga hatte seither 20 Kilo abgenommen und traute sich kaum noch unter Menschen, da sie meinte, andauernd deren Gedanken wahrzunehmen. Sie zitterte, hatte Kreislaufstörungen und litt unter Migräne.

Als sie anrief, hatte sie sich soweit im Griff, dass sie zuhören und auf Tipps reagieren konnte – soweit ein positives Zeichen, denn wir hatten auch schon Menschen am Telefon oder im direkten Gespräch vor uns, die in ähnlichen Schwierigkeiten steckten und überhaupt nicht mehr in der Lage dazu waren zuzuhören – geschweige denn dazu Ratschläge zur Problemlösung in die Tat umzusetzen – die vor lauter Angst ihre gesamte restliche Psyche ausgeschaltet hatten.[74]

Was tun?

Nun, Gitta versuchte als erstes, Helga klarzumachen, dass Fremdbeeinflussung gar nicht möglich ist. Das war natürlich in der Situation recht schwierig, da sie ja Helga nicht mal eben in Kürze das gesamte systemische Konzept vom Verhältnis von Psyche, Gedanken, Nervensystem, Erregungszuständen, Gesellschaft, Kommunikationen (etc.)

---

74 Aufgrund der Häufigkeit von durch tatsächliche oder eingebildete paranormale Fähigkeiten entstandenen Persönlichkeitsstörungen und Ängsten sind wir zu der Überzeugung gelangt, dass sich jeder gute Therapeut und Psychiater inhaltlich und sachlich mit der Materie und den Problemen von TP und ihren Verwandten beschäftigen sollte. Viele so genannte „austherapierte" „pathologische" Depressionen, Persönlichkeitsstörungen, Neurosen sind das Ergebnis paranormaler Fähigkeiten. Ohne die Materie zu kennen, bleiben solche „Fälle" austherapiert, und überhaupt kann man Normales und Paranormales nicht unterscheiden, zieht letzteres auch erst gar nicht in Erwägung. Persönlichkeitsstörung und TP (z.B.) werden in einen Topf geworfen, die Therapie kann gar nicht anders, als den Bach runter zu gehen.

zueinander verständlich machen konnte. Deshalb benutzte sie eine Sprache und ein Modell, das Helga leichter begreifen konnte: Magie. Sie erinnerte Helga an das, was Voodoo-Zauberer tun, wovon Helga auch denkt, dass das geht. Gitta fragte Helga, wie diese Zauberer denn arbeiten,[75] und Helga erwähnte in ihrer Antwort, dass die Zauberer ihren so genannten ‚Opfern' immer eine Botschaft schicken. JO! Das ‚Opfer' wird immer informiert.

Der Rest war dann einfach. Als Helga dies aussprach, fiel ihr auf, dass ihr Ex ihr ja gesagt hatte, dass er sie umbringen wolle. An dem Punkt angekommen, wandte sich das Gespräch dann der Frage zu: „Kann jemand etwas mit mir tun, was ich nicht will?" Wir kamen dann gemeinsam überein, dass dies auf telepathischem Wege, der ja doch einiges (!) mit Gedanken zu tun hat, nicht möglich ist, da wir unsere Gedanken selbst erschaffen. (Selbstreferenz, Selbstorganisation, Selbstkonstitution – Sie erinnern sich?)

Gitta fragte Helga weiter, ob sie sich an Situationen erinnern kann, in denen sie sehr beschäftigt war, so beschäftigt, dass sie es gar nicht mehr bemerkte, wenn jemand sie ansprach. Helga fielen einige Situationen ein, und sie erzählte sie lebhaft – so wie jemand, der wieder Land sieht. Gemeinsam gelangten sie zu der Beschreibung: „Wenn sich jemand konzentrieren kann, dann wird er nicht gestört." Von da war es nur noch ein kleiner Schritt hin zu der inhaltlichen Erkenntnis:

75 Sie zu fragen und zum eigenständigen Denken anzuregen, war wichtig, denn will man jemanden in einem solchen Moment in die Lage dazu versetzen, ein neues oder alternatives Konzept anzunehmen, ist es besser, er findet selbst die passenden Schlüsse, sonst denkt er später, wenn er wieder auf sich allein gestellt ist, möglicherweise auch wieder, er wäre manipuliert worden.

Fremdbeeinflussung geht nicht!

Sie vereinbarten eine kleine Konzentrationsübung für Helga, die darin bestand, dass sie dreimal täglich für fünf Minuten ganz exakt auf das achtet, was sie tut.

In Folge sprachen die beiden über Selbstreferenz und andere Eigenschaften von Psyche. Gitta erklärte noch einmal, dass Psyche ihre Gedanken selbst formt und Umwelten nur als Anregung verwendet. Insofern, so schlossen sie, ist jede Erkenntnis immer Selbsterkenntnis. Helga kam daraufhin von ganz alleine auf die Idee, dass dann ja niemand anders Gedanken in ihren Kopf legen kann. Dass sie zwar denken kann, jemand anders wolle sie umbringen, und diesen Gedanken auf den anderen attribuieren könne, dabei aber immer sie selbst diejenige ist, die über Gedanken und Folgegedanken entscheidet. Im Laufe des Gespräches ging es dann auch noch um die Frage, ob überhaupt jemand so erfolgreich in TP sein könne (das war Helgas Definition von ‚Erfolg'), dass er einen anderen zu dem Gedanken „Ich werde jetzt von dem-und-dem telepathisch getötet" anregen kann. Der Schluss ist, dass derjenige, der dies auch nur versucht, in der Regel so stark von seinem eigenen Macht-Denken und seinen eigennützigen materiellen Motiven unterjocht wird, dass, wenn er überhaupt je telepathische Fähigkeiten entwickelt hatte, diese entweder zu reiner Einbildung degenerieren oder aber er sie nicht mehr kontrollieren kann.[76] Andererseits wird

76 Für jemanden, der sich nicht darüber im Klaren ist, dass er seine Gedanken erschafft, stellt er in beiden Fällen eine gewisse Gefahr dar. Für jemanden, der seine Gedanken bewusst erschafft, in keinem.

jemand, der über hinreichende Selbstkontrolle, Offenheit und, daraus folgend, telepathische Kapazität verfügt, um Unwissenden ihren Tod zu suggerieren, dies nicht tun, da a) genau diese Art Verhalten das Erreichen seines Entwicklungsstandes verunmöglicht und b) er über jede Menge andere Methoden verfügt, ein freies und erfülltes Leben zu führen.

Helga hat sich bis heute nicht gemeldet, und wir hoffen, dass es ihr gelungen ist, von diesen Manipulationsgedanken Abstand zu gewinnen.

Wie gesagt, so etwas kommt immer wieder vor, und es ist auch kein Wunder, bei der Menge schiefer Modelle, die zum Thema Esoterik so in den Köpfen der Menschen herumschwirren. Anerkennungswünsche, die nicht befriedigt werden, führen zu Machtdenken, und dann ist der Schritt zu Konzepten wie ‚Fernbeeinflussung', ‚Manipulation', usw. nicht mehr weit. Dies vor allem deshalb, weil wir regelrecht darauf konditioniert werden, Angst vor Manipulationen zu haben. Werbung manipuliert uns angeblich, Sektengurus manipulieren uns angeblich, auch Filme und Demagogen. Ja sogar in seinem eigenen ‚Freundeskreis' ist man sich nie richtig sicher, ob der eine oder andere nicht vorhat, uns in irgendeine finstere Ecke zu ziehen.

Und jetzt behaupten wir so frank und frei, Manipulation sei nicht möglich? – Ja! Erweitert um: Manipulation gegen den eigenen Willen ist nicht möglich!

Wiederholung zum Einprägen:

Manipulation gegen den eigenen Willen ist nicht möglich!

Wir können nur zu etwas gebracht werden, was wir eigentlich nicht wollen, wenn uns die Verhaltensmöglichkeiten fehlen, anders zu handeln. Sind wir schlechte Rhetoriker und sollen mit einem geübten über Politik diskutieren, gehen wir am Ende des Gespräches mit seiner Meinung nach Hause. Zumindest für eine kurze Zeit. Dann aber werden wir langsam wieder zu unserer alten Anschauung zurückkehren, da wir nur das übernehmen können, was wir auch wirklich verstanden haben. Sitzen wir dem gleichen Rhetoriker gegenüber und stellen uns quer, werden vielleicht bockig oder so, dann wird er wirklich Mühe haben, uns zu überzeugen. Und je mehr wir das ablehnen, was er sagt, umso unwahrscheinlicher wird es, dass er uns noch manipulieren[77] kann.

Gehirnwäsche, Manipulation, etc. all diese Worte finden nur Resonanz und Bedeutung in einer Welt von Menschen, die nicht wissen, wie sie a) ihr Verhalten ändern und sich b) konzentrieren können. Nicht jeder Gefangene wurde in der berühmten „roten Zelle" der Chinesen ‚umgedreht', einige widerstanden durch Konzentrations-, Entspannungs- und Denkfähigkeit und wurden anschließend getötet, andere widerstanden durch dieselben allerdings noch etwas gesteigerten Fähigkeiten und überlebten, indem sie ihren Folterknechten weismachten, umgedreht worden zu sein. Ja, sogar solche Extrembeispiele zeigen, dass zur Manipulation Zwei gehören: der Manipulierende und der für-die-Manipulation-Bereite.

Das Angst-Machen vor der Manipulation wirkt nun derselben gewisslich nicht entgegen, sondern fördert sie. Wenn wir Angst haben, sind wir in unseren Verhaltensmöglichkeiten eingeschränkt, können nicht mehr klar denken und können uns nur schwer konzentrieren.

---

77 So, wie das im umgangssprachlichen Sinne verstanden wird.

Diese Angst aber haben wir selbst erschaffen!

Nehmen wir als Beispiel einfach nur mal kurz dieses Buch. Es wimmelt nur so von rhetorischen Tricks und Fallen. Ein ausgefuchster Angst-Macher, und derer gibt es viele, einige von ihnen werden sogar dafür bezahlt, könnte völlig problemlos diese Stellen markieren und uns dann als Manipulatoren hinstellen, als Menschen, vor denen ‚man' Angst haben ‚muss'. Schon dieser Absatz hier würde ausreichen ... Doch, wer hat jetzt die Angst gemacht? Wir oder Sie?

Jede Form dessen, was gesellschaftlich als ‚Manipulation' bezeichnet wird, braucht immer ein materielles Hilfsmittel. Dies können bessere Fähigkeiten des sprachlichen Ausdrucks oder aber andere Techniken, wie zum Beispiel die Voodoo-Puppe oder der abgeschlagene Hahnenkopf, sein.[78] Der zu Manipulierende wird verwirrt und konfus, er lenkt jetzt seine Gedanken auf das, worauf er manipuliert werden soll, und unterlegt diese Gedanken mit Ängsten, mit hohen Intensitäten. Parallel dazu wird der Manipulator tätig, schlägt sozusagen mit seinen speziellen Techniken in diese Intensitätsschneise hinein. Den Rest macht der zu Manipulierende dann ganz allein. Wir haben das einmal ausprobiert, indem wir jemanden, der anrief, weil er meinte, stark manipuliert zu werden, sagten: „Mittwoch in einer Woche bist du geheilt." Selbst taten wir daraufhin aber gar nichts. Am Donnerstag drauf rief er völlig begeistert an, dass es ihm jetzt gut ginge, er sich super fühle und alles bestens sei ... Natürlich haben wir ihn dann ein paar Wochen später aufgeklärt, denn es nützte ihm ja rein gar nichts, wenn er nicht die Funktionsmechanismen der eigenen Psyche begreifen konnte.

---

78 Man nennt so etwas in magischen Kreisen „ein magische Verbindung herstellen".

Das wiederum ist gar nicht so einfach. Und nicht jeder ist so gut in Konzentration und so bewusst und rational, dass er vernünftig auf eine ‚Manipulationsattacke' reagieren kann. In einem solchen Falle empfehlen wir auch schon einmal einen ‚Gegenzauber' oder einen ‚Schutzzauber', wobei wir immer darüber aufklären, dass es dabei nicht darum geht zu verhindern, dass der andere „in unsere Gedanken eingreifen" kann, sondern darum, die Bewusstheit einfach auf etwas anderes zu lenken und seine Gedanken selbst unabhängig zu erschaffen und zu kontrollieren.

Einmal zum Beispiel erhielt Ralf per Post ein sehr merkwürdiges Bild. Die Absenderadresse hatte etwas mit Ereignissen aus seiner Frühsozialisation zu tun, von diesem Zusammenhang konnte aber außer ihm selbst keiner etwas wissen, ferner konnte der Absender auch nicht real sein, da das betreffende Objekt schon lange nicht mehr existierte. Insgesamt ein ziemlich seltsamer Vorfall. Ralf war zu der Zeit etwas instabil und unsicher wegen mangelnder geldlicher Erfolge. Am selben Tag hatte er sich am Fuß verletzt und die Verletzung begann, sich binnen einer Stunde nach Anschauen des Bildes zu entzünden. Als sich dann noch erste leichte Anzeichen einer möglichen Blutvergiftung zeigten, fing er an, sich ernstlich Sorgen zu machen. Magie? Magischer Einfluss? Blödsinn, doch immerhin reagierte Ralf nervös. Mit rationalen Gesprächen und Überlegungen konnte wenig erreicht werden, da Ralf in weltlichen Dingen sowieso primär rational reagiert, und dieses Verhalten wirkte hier im Moment einfach nicht. Der Zustand der Verletzung verschlimmerte sich, Ralf war durcheinander. Also griff Gitta in ihre Kiste kleiner Zaubereien, nahm einen dicken, grünen Filzer und umrandete, Zaubersprüche murmelnd, die verletzte Stelle. Binnen 10 Minuten war alles wieder gut. Zauberei? Magie? Hat jetzt ein guter Magier einen anderen Magier überwunden? Nö! Das alles lässt sich wunderbar mit Aufmerksamkeit, Konzentration, Bewusstheit und Selbstreferenz erklären. Und für Ralf war es in dieser emotional belasteten Situation einfacher, sich den grünen Kreis anzugucken, ihn als Meditationsobjekt zu verwenden und einfach „zu wissen, dass nun alles wieder gut wird". Natürlich haben wir hinterher darüber geredet und die Situation, als Ralf wieder klar denken konnte, analysiert. Mit einer solchen Anschauung kann man „magische Techniken" einsetzen, wenn keine anderen mehr helfen, ohne dabei auf die Idee zu kommen, jemand könne einen gegen den eigenen Willen manipulieren.

Sie sehen, wir gehen nicht von irgendwelchen ominösen, hinterweltlerischen[79] Konzepten aus, sondern verwenden das, was funktioniert. Wenn ein Exorzist der einzige ist, der einem psychisch Kranken helfen kann, dann sollte auch ein Exorzist eingesetzt werden, wobei allerdings der Exorzist selbst möglichst auch wissen sollte, dass er mit psychologischen Tricks und mit „magischen Techniken" arbeitet.

...

Lassen Sie uns auf das Ausgangsthema zurückkommen:

Wir sagten, dass Manipulation gegen den eigenen Willen nicht möglich sei, und Telepathie gegen den eigenen Willen auch nicht. Dazu:

Eine kleine Geschichte:

Wir wollten ja schon immer etwas genauer wissen, wie das alles so funktioniert, und deshalb haben wir ein paar Experimente durchge-

79 Der Begriff der ‚Hinterwelt' stammt von Friedrich Nietzsche. Er meinte damit jene „Welten hinter der Welt", die nebulös sind, nie erreicht werden und zur Ursache, Letztbegründung und sogar zum Ziel für allerlei merkwürdige Erwartungen und Handlungsweisen gemacht werden. „Sei immer gut, und Du kommst nach dem Tode ins Paradies" zum Beispiel ist eine solche Hinterwelt.

führt, die uns zeigen können, ob TP gegen den eigenen Willen funktioniert oder nicht. Bei einigen der Experimente haben wir mit anderen zusammengearbeitet, einige führten nur wir beide durch. Alle ergaben das gleiche Resultat:

Wenn eine Person versucht, einer anderen Person einen Gedanken zu ‚suggerieren' – zum Beispiel indem sie in sich selbst ein intensives Wutgefühl auf den anderen erzeugt und dies dann auf ihn projiziert, was wegen der damit verbundenen Intensität eigentlich ziemlich einfach und schnell deutlich erkennbare Wirkungen zeigen sollte – dann geht das nur, wenn die andere Person auch dazu bereit ist, die (telepathische) Suggestion anzunehmen und zu prozessieren.

So setzte sich, natürlich nach erfolgter beidseitiger Absprache, Ralf einmal in eine Meditation und imaginierte ein paar Situationen aus dem Alltag nach, in Folge derer er (wie es Menschen normalerweise tun) ‚rechtschaffen' auf Gitta wütend sein konnte, und projizierte die dabei entwickelten Emotionen auf Gitta. Gitta saß in einem anderen Raum und meditierte auf ihre Nasenspitze (ein sehr diffiziles Meditationsobjekt, das hohe Konzentration erfordert). Nichts kam an, absolut nichts. Nun mögen Sie ja sagen, dass Ralf eben nicht ‚wirklich' wütend war. Aber sie können uns ruhig glauben, wenn wir sagen, dass er wirklich wütend war. Wir haben lange Zeit die Ausdrucksübungen aus der Bioenergetik geübt und gelernt, unsere Gefühle bewusst ein- und auszuschalten.[80]

80 Natürlich beeinträchtigt die vorherige Absprache das Resultat eines solchen Experimentes. Nichtsdestotrotz zeigt das Experiment, dass es möglich ist, trotz starker Projektionen eine unbeeinträchtigte Selbstreferenz aufrecht zu erhalten, die Wirksamkeit von Suggestionen also eine Öffnung und Aufnahmebereitschaft ihnen gegenüber erfordert. Dass solche und vergleichbare Experimente keine Spielerei sind und nur von psychisch

In anderen Situationen aber, wo wir nicht so konzentriert sind, da kommt es durchaus häufiger vor, dass der eine die Emotionen (insbesondere wenn sie sehr intensiv sind) des anderen mitbekommt.

Für Telepathen ist insofern Konzentrationsfähigkeit eine sehr wichtige Angelegenheit.[81] Wenn Gitta sauer wird und auf Ralf projiziert und der dann auch sauer wird, dann stimmt da was nicht. Keiner hat Schuld und beide haben Schuld – so wie bei einem Streit.

Jeder Beteiligte muss lernen, seine Gefühle bewusst selbst zu machen und sich immer und immer wieder auf sich selbst zu beziehen. Wenn einer von uns wütend wird, dann reagiert er meistens – nicht immer, auch wir haben so unsere Eselsohren – mit einer Entspannungs- oder Konzentrationsübung darauf, je nachdem, was er meint, was gerade weiterhilft.

Wenn aber einer von uns meint, jemand anders projiziere schlechte Gefühle auf uns, dann wird auf jeden Fall mit einer Konzentrationsmeditation reagiert. Es geht einfach nicht an zu sagen, ein anderer mache unsere Gefühle. „Plöhtßinn" – wie Gitta immer sagt. „Schnickschnack" meint Ralf dazu ...

---

gefestigten Experimentatoren, die zu detaillierter Selbstkritik fähig sind, nachgeahmt werden sollten, da sonst unabsehbare Konsequenzen entstehen können, versteht sich hoffentlich von selbst. Außerdem wird unserer Ansicht nach auch nur ein ziemliches Quadratarschloch, mit ernsthaften Egoproblemen und erheblichen geistigen Defiziten, auf die Idee kommen, derartige telepathische Projektionen, außerhalb eines Experimentes und ohne Vorabsprache, auf einen anderen durchzuführen, um so zu versuchen, diesem absichtlich und grundlos zu schaden.

81 Zum einen dient Konzentrationsfähigkeit dazu, dass man nicht an seiner eigenen telepathischen Offenheit zersplittert, zum anderen ist sie erforderlich, um überhaupt telepathische Offenheit und kontrollierte telepathische Wirkungen hervorbringen zu können.

So, auf der einen Seite ist Konzentrationsfähigkeit also dafür gut, besser über seine eigenen Gedanken entscheiden zu können. Auf der anderen Seite wirkt sich die Konzentrationsmeditation, wenn regelmäßig und kontinuierlich durchgeführt, so aus, dass sie ungewöhnliche Erkenntnisfähigkeiten wie Telepathie, Präkognition, Hellsehen, Weithören usw. fördert. Wir haben die Erfahrung gemacht, dass sich solche Phänomene ganz von selbst einstellen, wenn man sich dazu aufrafft, täglich so ungefähr 3 Stunden, wenigstens 2, zu meditieren. Wobei wir allerdings darunter – mal wieder, ist ja typisch – etwas Besonderes verstehen:

Für uns ist Meditation nicht, wie für viele andere, nur etwas, um sich mal eine zeitlang gut zu fühlen, um abzuschalten, für uns umfasst Meditation vor allem:

Konzentration auf einen festgesetzten Gedanken,
für eine festgesetzte Zeit![82]

Jede Abweichung von diesem Gedanken, zum Beispiel einem schwarzen Punkt oder der oben erwähnten Nasenspitze, ist eine Störung der Konzentration und gilt als Unterbrechung der Meditation.

Um Konzentration gezielt und erfolgreich trainieren zu können, sollte man sich in ein Asana, das indische Wort für ‚Stellung', begeben, welches fest genug ist, um nicht zu schwanken, einen zu Wachheit mo-

---

82 Zwecks umfassender Informationen zum WIE, WANN und WOZU, zu Vorteilen und „Nebenwirkungen und Risiken" der Meditation vgl. „Meditation" von Peyn & Löffler.

tiviert, um nicht einzuschlafen, und bequem genug ist, um stundenlang darin verharren zu können.

Die beiden ersten Anforderungen an ein Asana sind leicht geschaffen. Mit der letzten hat es so seine Bewandtnis, da jede Stellung, wird sie über einen längeren Zeitraum hinweg beibehalten, anfängt zu schmerzen.

Wir haben die Erfahrung gemacht, dass es für Anfänger, also Leute, die sich noch nicht eine Stunde lang ohne Unterbrechung auf ein Meditationsobjekt konzentrieren können, am besten ist, einen Sitz zu wählen, der anfangs zwar recht wehtut trotzdem aber noch hinreichend bequem ist. Es fällt leicht, ihn stabil und ruhig zu sitzen, und er fördert die Aufmerksamkeit. Dieser Sitz heißt ‚Vajrasana' und wird auf der folgenden Abbildung gezeigt:

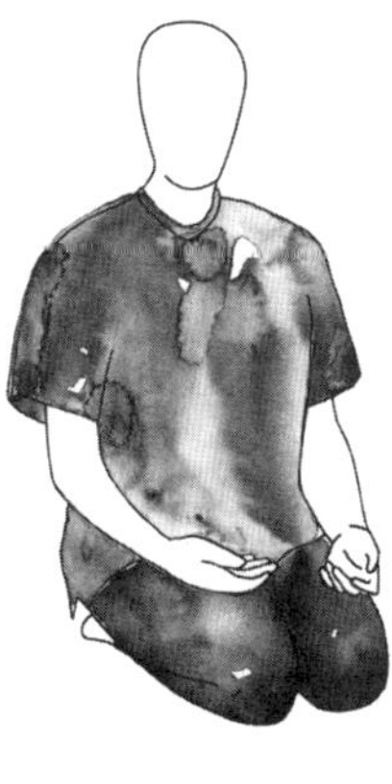

Abb. 10. Vajrasana (1)

Vajrasana

Wenn Sie sich in diesen Sitz setzen, achten Sie darauf, dass Sie in der Fußmulde sitzen. Die Fersen fallen auseinander, die Füße liegen aber vorne zusammen, so dass sich diese schöne Mulde ergibt.

Nun richten Sie den Rücken gerade auf. Vielleicht legen Sie sich kurz mal einen Besenstiel hinten an, um zu prüfen, ob Sie auch ganz gerade sitzen.

Vajrasana wird so nach 5 Minuten anfangen wehzutun. Anfangs schlafen Ihre Beine ein, dann brennt es, und hinterher schmerzt es höllisch. Das ist gut so.[83]

„Sind die jetzt verrückt geworden?", denken Sie vielleicht?

Nein, sind wir nicht. Jedes Asana tut nach einer Weile weh. Vajrasana hat den Vorteil, dass es gleich wehtut, so dass Sie schlicht dazu gezwungen sind, sich auf Ihr Meditationsobjekt (MO) zu konzentrieren, wenn Sie nicht an die Decke gehen wollen.

Mit anderen Worten: Ein Asana fördert die Konzentration. Jede Bewegung ist eine Störung, insofern ist Bewegungslosigkeit von Nöten. Im Laufe der Jahre werden Sie lernen, sich auch im Alltag so gut wie in einer Meditation konzentrieren zu können (zumindest annähernd, vergleichbar ist es eigentlich nicht).

Im Laufe der Übung lernen Sie, besser mit sich selbst, mit Ihren Fluchtgewohnheiten, Ihren kleinen Verstecken, Ihren Ängsten klarzukommen. Auch dies bewirkt die Meditation, vorausgesetzt, man gibt nicht auf und hält die Zeiten, die man mit sich selbst vereinbart hat, auch ein.

Dem Anfänger empfehlen wir immer eine halbe Stunde täglich, die er dann Stück für Stück steigert. Besorgen Sie sich entsprechende Literatur, bitte!

---

83 Das beschreibt die durchschnittliche Erfahrung der meisten Anfänger mit diesem Sitz. Natürlich gibt es Abweichungen von dieser Norm. Zwei Abweichungen möchten wir hier erwähnen: a) Der Sitz fühlt sich relativ lange Zeit bequem an, dann beginnen nach einer gewissen Sitzzeit kontinuierlich zunehmende Schmerzen. b) Man empfindet gar keine Schmerzen in dem Sitz, selbst nach einer Stunde des Sitzens oder gar nach noch längerer Zeit noch nicht; dann, nach ein oder zwei Wochen täglichen Praktizierens, setzen plötzlich und unerwartet, kurz nachdem man sich in den Sitz begeben hat, ziemlich beachtliche Schmerzen ein.
Sollten Sie gesundheitliche Probleme haben, konsultieren Sie ihren Arzt hinsichtlich der Frage, ob Sie Vajrasana sitzen können. Evtl. kann eine Sitzhilfe Abhilfe schaffen: Sie können sich eine niedrige Sitzbank konstruieren oder ein festes (!) Kissen verwenden, dass Sie sich in die Fußmulde oder zwischen die Füße legen.

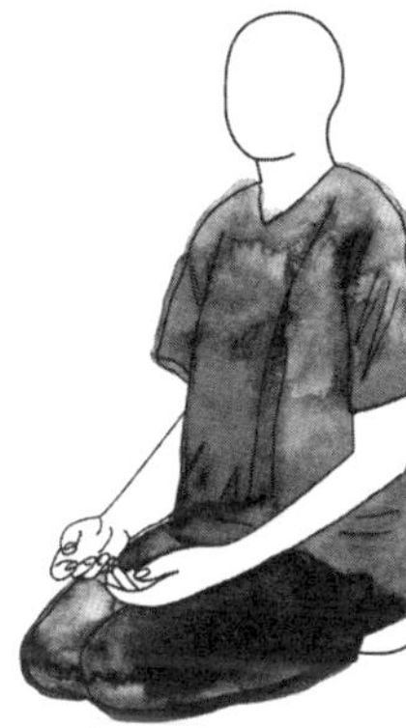

Abb. 11. Vajrasana (2)

Diese halbe Stunde kann jeder schaffen. Das Vajrasana ist auch nicht gesundheitsschädlich, wie einige immer wieder behaupten, sondern es fördert die Durchblutung der Beine und des Leibes. Wenn Sie Krampfadern haben, betreiben Sie eine Weile Sport, bevor Sie beginnen, Meditation im Asana zu trainieren. Wählen Sie aber auch in einem solchen Falle möglichst das Vajrasana! Liegende Asanas sind viel ungesünder, außerdem machen sie faul und träge und eignen sich insofern nur für kleinere Entspannungsmeditationen. Wählen Sie auch nicht zuerst den Lotussitz oder das damit verwandte Siddhasana.

Sie brauchen diese Sitze später, wenn Sie sich konzentrieren können und längere Zeiten meditieren wollen. Benutzen Sie sie jetzt schon, ‚versauen' Sie sich Ihren Sitz, denn Menschen haben die dumme Angewohnheit, mit bestimmten Körperstellungen bestimmte Gefühle und Stimmungen zu verbinden. Mit anderen Worten: Beginnen Sie gleich beispielsweise im Siddhasana, werden Sie es später viel, viel schwerer mit der Konzentration haben als derjenige, der mit dem Vajrasana anfängt und so bereits früh lernt, mit Schmerzen, Ängsten usw. umzugehen.

Damit Sie hier und jetzt gleich anfangen können, haben wir uns eine Meditation überlegt, die auf Sie abgestimmt ist. Um diese durchführen zu können, müssen Sie aber erst etwas tun:

Welchen Sinn bevorzuge ich?

Dies sollten Sie herausfinden. Wenn Sie die Konzentrationsmeditation erlernen wollen, hilft es, anfangs ein MO[84] zu wählen, das dem Wahrnehmungssinn, den Sie bevorzugen, entspricht. Das macht die Sache leichter. Ein Kaufmannslehrling beginnt auch nicht damit, eine Abschlussbilanz zu erstellen, bevor er die Buchungssätze gelernt hat.

Also beobachten Sie sich in den nächsten 3 Tagen gründlich und achten Sie auf Ihre Sprache – bitten Sie auch andere, mit darauf zu achten.

Verwenden Sie häufiger visuelle Verben und Adjektive?

Wie hell, dunkel, sehen, blicken, schauen, gucken, bunt, blinzeln, starren, usw. Zum Beispiel, wenn Sie genervt sind, sagen Sie dann eher: „Was starrste denn so?“ oder „Ich blick das nicht!“ oder ähnliches?

Oder benutzen Sie mehr auditive Verben und Adjektive?

Wie raunen, räuspern, wispern, flüstern, schreien, denken, klangvoll, usw. Zum Beispiel, wenn Sie genervt sind, sagen Sie dann eher: „Du hörst mir ja gar nicht zu!“ oder „Ich versteh das nicht!“ oder ähnliches?

Oder sind Sie eher gefühlsbezogen und verwenden kinästhetische Verben und Adjektive?

Wie rau, glatt, fühlen, empfinden, warm, kalt ... Zum Beispiel, wenn Sie genervt sind, sagen Sie dann eher: „Sei doch nicht so kalt?“ Oder „Du tust mir weh!“ oder ähnliches?

Wenn Sie tagträumen, denken Sie dann eher in Worten? (auditiv) Oder sehen Sie mehr Bilder? (visuell) Oder fühlen Sie mehr? (kinästhetisch)

---

84 MeditationsObjekt

Sehen Sie häufiger nach oben? – visuell.
Oder blicken Sie öfter zur Seite? – auditiv.
Oder gehen Ihre Augen mehr nach unten? – kinästhetisch.
Wenn Sie anderen Menschen begegnen, fällt Ihnen dann eher die Kleidung (visuell) oder eher die Stimme (auditiv) oder eher das Gefühl, das die Person ihnen vermittelt (kinästhetisch) auf?
Und bei sich selbst: Achten Sie sehr auf Ihr Äußeres – modisch, elegant, etc.? (visuell) Oder sind Sie mehr fürs Praktische, Nützliche? (auditiv) Oder schwanken Sie da eher, so nach Gefühl? (kinästhetisch)
Sammeln Sie Ihre Daten, und wenn Sie damit fertig sind, werden Sie Schwerpunkte setzen können. Sicherlich, kein Mensch verwendet einen der ihm zur Verfügung stehenden Sinne internal oder external überhaupt nicht, hingegen präferieren die meisten ganz konkret einen speziellen Sinn.
Wenn Sie Ihren Sinn haben, schauen/lesen/greifen Sie wieder/weiter in/zu dieses/diesem Buch und wählen Sie aus den folgenden MOs Ihres aus:

Visuelles MO

Malen Sie auf ein weißes Blatt Papier einen schwarzen Punkt von mindestens 5 cm Durchmesser. Diesen Punkt sehen Sie in den ersten Meditationen mit offenen, leicht gesenkten Augen an, bis Sie meinen, Sie können ihn mit geschlossenen Augen imaginieren. Damit Sie den Punkt bequem ansehen können, sollten Sie sich das Blatt leicht angeschrägt hinlegen, ca. 1m vor Ihnen. Bemühen Sie sich, nicht zu blinzeln. Ihre Augen werden zuerst etwas tränen, doch nach einer Weile wird Ihr Blick wieder klar. Halten Sie den Punkt scharf, lassen Sie ihn nicht verschwinden oder eine Corona bilden, und erlauben Sie ihm auch ansonsten nicht, Ihnen irgendwelche Streiche zu spielen – all solche Zappeleien sind schlicht nur Abschweifungen Ihrer Aufmerksamkeit. Bei aller konzentrativer ‚Anstrengung' aber auch nicht vergessen locker zu bleiben!

Auditives MO

Wählen Sie aus den unten aufgelisteten Worten eines aus, dass Ihnen persönlich zusagt. Es ist wichtig, dass Sie mit diesen Worten (Mantras) keine Bedeutung verbinden, denn sonst werden Sie sich in Tagträumereien und Halluzinationen flüchten. Sprechen Sie in den ersten Meditationen das Mantra Ihrer Wahl langsam und deutlich laut aus. Zu Anfang der Meditation haben Sie die Augen geöffnet, während des Mantrierens schließen Sie sie langsam und halten sie dann geschlossen. Wenn Sie meinen, dass Sie das Wort deutlich haben und es auch mit den inneren Ohren hören können, beginnen Sie, es nur noch innerlich zu wiederholen. Es kann helfen, mit der Stimme langsam immer leiser und leiser zu werden, bis das Mantra nur noch in Ihnen erklingt.

Mantras: Schiama, Kiring, Ang, Ulan.[85]

85 Hier ist absichtlich kein Bekanntes dabei, wie zum Beispiel AUM. Sie werden wahrscheinlich schon viel zu viel Seltsames über die bekannten Mantren gehört haben, um eines von ihnen noch ohne Bedeutung innerlich wiederholen zu können. Und unser Ziel ist Konzentration, nicht Halluzination.

Kinästhetisches MO

Achten Sie beim Ein- und Ausatmen auf das Heben und Senken Ihrer Bauchdecke. Fühlen Sie nur die Bauchdecke, wie sie sich hebt und wieder senkt, nicht den Atem, nicht die Füße ... nur die Bauchdecke. Sie können anfangs mal eine Hand auf den Bauch legen, um einen Bezug zu diesem Gefühl zu bekommen. Um externale visuelle Ablenkungen auszuschließen, ist es sinnvoll, die Augen geschlossen zu halten, wenn Sie auf dieses MO meditieren.

So, wenn Ihnen nun klar ist, wozu Konzentration überhaupt gut ist, wenn Sie TP lernen möchten, können Sie jetzt mit Ihrer ersten Meditation beginnen:

Die erste Konzentrationsmeditation

1. Benutzen Sie zur Meditation ein Zimmer, in dem Sie weder kochen noch schlafen oder sich dem Stimuli-Junk hingeben (um keine alten Anker auszulösen). Wenn Sie kein solches Zimmer haben und sich auch kein solches herrichten können, teilen Sie sich in dem verhältnismäßig am besten geeigneten Raum einen Meditationsplatz ab. Raumteiler können hierbei eine gute Hilfe sein. Legen Sie sich eine Decke, die Sie nur für diesen Zweck benutzen, als Meditationsunterlage auf den Fußboden.
2. Setzen Sie sich auf den Boden und kreisen Sie mit den Füßen 20x links- und 20x rechtsherum. Dann umfassen Sie Ihre Oberschenkel und kreisen Sie aus dem Knie heraus mit den Unterschenkeln. Dies, um die Beine zu lockern.

3. Nun setzen Sie sich auf Ihrer Meditationsdecke ins Vajrasana, schön korrekt wie beschrieben und abgebildet. Wenn es gleich zu Anfang zuppelt oder wenn sie nicht richtig in den Sitz hineinkommen, lassen Sie sich 2-3mal hineinplumpsen, dann gehen Sie noch einmal ganz aus dem Sitz heraus, strecken die Beine nach hinten aus und setzen sich wieder hinein und bleiben sitzen!
4. Schließen Sie Ihre Augen. Atmen Sie tief bis zum Reflexpunkt ein und wieder aus. Wiederholen Sie das so 10x, damit Sie den ersten Bezug zur Meditation haben.
5. Dann sagen Sie innerlich: „Ich beginne nun mit meiner Konzentrationsmeditation."
6. Nun blicken Sie entweder auf Ihren schwarzen Punkt, sprechen Ihr Mantra oder fühlen Ihre Bauchdecke.
7. Versuchen Sie, die Konzentration eine halbe Stunde lang zu halten. Jedes Mal, wenn Sie merken, Ihr MO verschwindet, dann sagen Sie (anfangs am Besten laut) „Störung!" und nehmen Ihr MO wieder auf. Es werden die wildesten Störungen kommen, die Schmerzen werden zunehmen, verkrampfen Sie sich nicht, sondern bleiben Sie locker und gehen Sie wieder aufs MO.
8. Wenn die halbe Stunde um ist (eine Stoppuhr außer Reich- und Sichtweite sollte dann piepen), sagen Sie sich innerlich: „Ich beende jetzt meine Konzentrationsmeditation."
9. Fühlen Sie nun von den Füßen aufwärts durch Ihren Körper.
10. Atmen Sie tief ein, spannen Sie dann den ganzen Körper bei angehaltenem Atem an.

11. Atmen Sie langsam aus, bewegen Sie vorsichtig die Finger, dann die Hände, dann die Arme.
12. Wenn Sie auf Mantra oder Bauch-MO meditiert haben, öffnen Sie nun Ihre Augen.
13. Sehen Sie sich im Zimmer um.
14. Dann kommen Sie langsam und vorsichtig aus dem Vajrasana wieder heraus.
15. Bewegen Sie langsam die Beine, kreisen Sie die Füße und Unterschenkel und stehen Sie nicht auf, bevor Sie wieder volles Gefühl in Beinen und Füßen haben. Bewegen ist wichtig, um die Gelenkschmiere wieder in Schwung zu bringen.
16. Nun stehen Sie vorsichtig auf und notieren die Ergebnisse dieser Meditation SOFORT in Ihrem Tagebuch.

Fertig.

Auch wenn es recht wehgetan haben sollte, werden Sie sich nach dieser Meditation vermutlich viel besser fühlen als vorher. Die Gedanken werden geklärt und durch die sitzende und ruhige Stellung wird der Kopf frisch und wach.

Nicht selten kommt es vor, dass man nach einer Konzentrationsmeditation so richtig lustig, gar albern wird. Lassen Sie es ruhig zu, aber übertreiben Sie nicht. Wenn Sie jetzt abgibbeln oder rumjunken, könnten Sie leicht die positiven Effekte der Meditation in ihr Gegenteil verkehren. Seien Sie Immer achtsam, was Sie als nächstes tun. Wenn Sie Hunger auf Süßes verspüren, gönnen Sie sich einen Keks, aber stopfen Sie nicht gleich eine ganze Tafel Schokolade in sich rein.

Die Meditation lockert Verspannungen und jedes Bedürfnis, das direkt danach auftritt, ist in gewisser Hinsicht ein Versuch, sich wieder auf das gewohnte Verspannungslevel zu bringen. Denken Sie immer daran:

Jede Verspannung korrespondiert mit bestimmten Denk- und Verhaltensmustern.
Wird die Verspannung gelöst, benötigt man funktionale Äquivalente zu den gewohnten Mustern, neue Denk- und Verhaltensweisen eben.
Schaffen Sie sich diese nicht, spielen die alten Denk- und Verhaltensweisen und in der Folge natürlich auch die mit ihnen korrespondierende Verspannung sich ruckzuck wieder ein.

Zurück zur TP. Wir sagten bereits, dass TP und viele andere ungewöhnliche Phänomene als Begleiterscheinungen der Meditation, insbesondere der Konzentrationsmeditation, auftreten. Wenngleich wir hier auch nicht auf alle Einzelheiten der Meditation eingehen können, wollen wir diesen Punkt doch noch etwas genauer unter die Lupe nehmen, da er sie sicherlich interessieren wird. Also:

TP – ein Begleitphänomen der Konzentrationsmeditation

Normalerweise hüpfen unsere Gedanken herum wie Flöhe in einem Sack. Wir können uns zwar auf komplexere Tätigkeiten, wie zum Beispiel das Schreiben eines Buches, über verhältnismäßig lange Zeitperioden hinweg relativ ununterbrochen konzentrieren, jedoch: Sollen wir einen einzelnen Gedanken über eine gewisse Zeit hinweg beobachten, dann bekommen wir plötzlich Schwierigkeiten.

Woran liegt das?

Um weiterdenken zu können, benötigen wir Anregungen. Wir formen unsere Gedanken an unseren eigenen Gedanken und an den Umwelten, die wir denken. Also beziehen wir mal unsere Gedanken auf uns selbst, mal auf etwas anderes.

Wenn wir alleine sind, gar noch in einem öden Raum, dann leiden die meisten von uns recht schnell unter Sinnesentzug. Man nennt so etwas ‚Deprivation', wobei zwischen sensorischer Deprivation und sozialer Deprivation unterschieden wird.

Sensorische Deprivation meint den Entzug von Sinnesreizen. Ein langer Aufenthalt in einem kargen Raum zum Beispiel oder auch einfach in langweiliger Umgebung, ohne Farben, ohne Bilder, mit wenigen oder gar keinen Geräuschen, mit geringen oder gar keinen Möglichkeiten sinnlicher Ablenkung, depriviert sensorisch.

Soziale Deprivation meint den Entzug von Sozialkontakten, also wenige oder gar keine Gespräche oder überhaupt ein Mangel an Kontakten zu anderen Personen.

Beides wird normalerweise aus Perspektive der Psychologie und Soziologie als negativ bewertet. Und die Psychologen und Soziologen haben ja auch keineswegs Unrecht, wenn sie behaupten, dass wir eine bunte, kreative, fröhliche und anregende Umgebung benötigen, wenn wir unser Denken anregen und unsere körperliche und geistige Gesundheit erhalten wollen.

Was aber geschieht mit einem Menschen, der zum Beispiel durch mangelnde Kontakte und eine stupide Arbeit in einer kalten Großstadt sensorisch und sozial depriviert ist? – Er wird krank. Er fängt vielleicht an, sich Dinge einzubilden, wird depressiv oder möglicherweise sogar schizophren.

Es mag jetzt für Sie etwas verrückt klingen, aber wir sagen, dass wir uns die Technik der Deprivation zunutze machen können, um neue Phänomene zu erzeugen. Und das, ohne depressiv oder schizophren zu werden, sondern ganz im Gegenteil, um wacher, lockerer, offener und fröhlicher zu werden.

Was ist es, woran es einem Menschen mangelt, wenn er in Folge sensorischer oder sozialer Deprivation körperlich oder geistig gestört oder gar krank wird? Na? – Richtig: Kreativität und Wille.

Es wird ja nicht jeder in einer Großstadt depressiv. Manche Menschen fühlen sich nur dort wohl und leben glücklich und zufrieden. Wie das kommt? – Sie haben sich besser angepasst und sie haben über ihre Sozialisation Fähigkeiten, Kenntnisse und Fertigkeiten formen können, um mit solch einer Situation klarzukommen. Diejenigen aber, die das nicht gelernt haben, die werden krank.

Nun ist die Konzentrationsmeditation eine Technik, mittels derer bewusst und gezielt Deprivation hervorgebracht wird. Der Vorteil gegenüber der Situation des depressiven Mensches ist der, dass wir selbst entscheiden können, wieviel Deprivation wir gerade vertragen und verarbeiten können.

Wenn nun unseren ‚Sinnen' die ‚Reize'[86] entzogen werden, wird es der kleinen Psyche langweilig. Sie nimmt die ‚Reize', die sie sich noch zugesteht, wie zum Beispiel die Asanaschmerzen, und konzeptualisiert an denen. So kommt es zustande, dass der Schmerz nach einer Weile so fürchterlich raumeinnehmend wird, dass wir scheinbar an gar nichts

86 Na, wieso in Anführungszeichen? Selbstreferenz von Psyche ...

anderes mehr denken können. Doch wenn wir dann bei der Stange bleiben, lernen wir Stück für Stück, neue ‚Reize' zu formen, ‚Reize', die uns bislang noch unbekannt waren, da für sie in unserer Alltagswirklichkeit einfach kein Platz war.

Zu solchen ‚Reizen' gehören eben auch telepathische Phänomene. Losgelöst von unseren üblichen Konzeptualisierungen haben wir hier im Rahmen der selbsterschaffenen Deprivation die Chance, neu zu konzeptualisieren. Es ist, als erführen wir im Hintergrund von Psyche eine Art Umweltrauschen, an dem wir nun nicht mehr nur gewohnte Akzidenzien der Alltagswirklichkeit, wie „vorbeifahrendes Auto", „bellender Hund", „Schmerzen im rechten Spann", sondern auch eher ungewohnte Muster generieren können – Muster, die uns nicht gewohnt sind, weil sie bislang sozusagen durch die Lautstärke der alltäglichen Sinneseindrücke überschrien wurden. Und ganz plötzlich verdichten wir diese eben noch schemenhaften Muster zu sicherer Erkenntnis – zum Beispiel zu dem eindeutigen und klaren Gedanken: „Hunger ... aber ich habe keinen Hunger ... wer? ... Ralf ... Ralf denkt gerade, dass er Hunger hat! ", der sich ebenso stabil etabliert, wie eine gedankliche ‚Reaktion', von der wir denken, dass wir sie an einer akustischen sprachlichen Artikulation gebildet haben. Es ist, als würde das Bewusstsein im Rauschen ganz angestrengt nach neuen Erfahrungsbereichen suchen, um so der Deprivation zu entgehen. Einige der so gemachten Erfahrungen sind rein innerpsychisch, andere sind allein innerpsychisch nicht zu erklären. Mit zunehmender konzentrativer Versiertheit gelingt es zuerst, die rein innerpsychischen Abschweifungen zu kontrollieren. Als eher unkontrollierbar bleiben dann die nicht rein innerpsychischen Abschweifungen übrig. Ähnlich wie in der Alltagswirklichkeit eine unerwartet zuknallende Tür, machen sie einen reflexhaft aufschrecken.

Derjenige, der Konzentration erlernen will, wird natürlich langfristig auch lernen, mit derartigen Phänomenen so umzugehen, dass sie ihn nicht mehr zur Abschweifung verleiten können.

Nun aber aufgepasst, dass wir nicht beginnen, wegen solcher Phänomene zu meditieren, denn dann achten wir nicht auf das MO, sondern verzetteln uns in der Erwartung ungewöhnlicher Phänomene, und die Konzentration, die ja die Fähigkeit fördert, diese hervorzubringen und mit ihnen umzugehen, geht flöten.

Reizentzug regt uns dazu an, neu zu konzeptualisieren. Bislang hat jeder, der mit uns zusammengearbeitet oder bei uns die Meditation gelernt hat, früher oder später neue Phänomene in und/oder auch direkt nach der Meditation kennen gelernt. Der Vorgang vollzieht sich immer wieder nach einem ähnlichen Schema. Wenn es sich nur bei einem oder nur bei uns beiden so abgespielt hätte, könnten wir das noch für Zufall halten, aber bei 20, 30, 40, ... Leuten nicht mehr.

Wir haben untersucht, inwieweit sich eine Konzentrationsmeditation direkt vor einer Telepathie-Übung auswirkt, und die Ergebnisse waren phänomenal.

Wenn normalerweise Trefferquoten von zwischen 50% und 60% bei einer Symbolvarianz von 16 in 20 auftreten, kann sich der Prozentanteil der Treffer nach einer Meditation leicht auf 70% und mehr erhöhen. Deutscher: Während auch geübtere Meditierende und Telepathen bei 20 Durchläufen, in denen sie je 1 Symbol aus 16 nennen sollten, im Durchschnitt nur zwischen 10 und 12 Treffern hatten, erhöhte sich ihre Trefferquote nach einer Konzentrationsmeditation auf 14 und mehr.[87]

87 Das mag Ihnen vielleicht immer noch etwas wenig vorkommen, aber probieren Sie es

Insofern trifft die Aussage:

Meditation klärt den Kopf!

Auch auf Präkognition und Hellsehen hat die gezielte und regelmäßige Konzentrationsmeditation ihre Auswirkungen. Treten derartige Phänomene in der Meditation auf, ist es natürlich klug, sie als Störungen anzusehen und wieder aufs MO zu gehen. Dennoch: Man wird erst einmal nicht umhin kommen, es recht erstaunlich zu finden, wenn man in einer Meditation (zum Beispiel) plötzlich die Nachrichten sieht – obwohl im Hause kein Fernseher an ist – und dann nach der Meditation einen Bekannten anruft und gemeinsam mit ihm feststellt, dass man weiß, was in den Nachrichten gesendet wurde, ohne auch zuvor über irgendein herkömmliches Medium an Informationen hinsichtlich des möglichen Inhaltes der Sendung gekommen zu sein. Passiert einem derartiges, hat man ein Hellsehphänomen erster Kajüte erlebt und kann sich darauf freuen, diese Fähigkeit dann außerhalb der Konzentrationsmeditation auszubauen, denn wie gesagt: In der Meditation haben diese Sachen eigentlich nichts zu suchen, sie treten dort nur anfangs gehäufter auf, da wir depriviert sind, uns langweilen und nach netten Ablenkungen suchen. Alte Gewohnheit, dumme.[88]

selbst aus. 100%ige Treffer bei so hoher Symbolvarianz in schneller Übungsabfolge sind recht selten, aber sie kommen nichtsdestotrotz auch mal vor, 0% aber auch.

88 Weitere Begleitphänomene der Meditation und wie man damit umgeht vgl. „Ekstase", Peyn & Löffler.

Na, sind Sie jetzt motiviert?

Das würde uns sehr freuen, denn wir halten die Konzentrationsmeditation für sehr wichtig. Sie steigert die Intelligenz, da sie die Aufnahmefähigkeit steigert. Sie steigert die Entspannung, da die Verspannungen vor lauter Nicht-Wissen-Wohin sich schlicht lösen. Sie steigert unsere Aufmerksamkeit im Alltag, da wir gelernt haben, was Konzentration wirklich bedeutet, und wissen, wie wir sie im erforderlichen Moment gezielt aufbauen und aufrecht erhalten können.[89]

3.1.8. Steigerung der Denkfähigkeit

Wie schon gesagt, erweitern Sie durch Präkognition, Hellsehen und TP Ihr Modell der Welt. Damit Sie das effektiv tun können und auch in Problemsituationen rationale Modelle zur Verfügung haben, empfehlen wir Ihnen, die folgende kleine Literaturliste durchzuarbeiten. Nicht alles davon ist leicht, doch jedes einzelne Buch wird Ihr Modell der Welt bereichern, es erweitern und verbessern. Sie werden nicht mehr so schnell dazu geneigt sein, auf seltsame Erklärungen zurückzugreifen, da Sie sich ein umfangreiches Allgemeinwissen zu allen wichtigen naturwissenschaftlichen, psychologischen, soziologischen

---

89 Ach ja: Neulich hatten wir mal ferngesehen, denn es kam eine Sendung, in der u.a. auch über ASW geredet wurde. Es war auch ein Mensch geladen, der sich zum Thema Meditation wie folgt äußerte: „Meditation macht süchtig, wie eine Droge!“ Also ehrlich, wir schimpfen ja selten, aber so einen Blödsinn haben wir denn doch schon lange nicht mehr gehört. Meditation führt, im Gegensatz zu Drogen, zu einem klaren Kopf und wird ohne Hilfsmittel durchgeführt. Süchtig. Phh! Demnächst erzählt noch einer, Essen oder Atmen mache süchtig … Da sind wir mal wieder beim Thema Manipulation und Angst angekommen …

und philosophischen Fragen erarbeitet haben. Außerdem werden Sie intelligenter und allein deshalb lohnt es sich schon:

Literaturliste

Psychologie

Körper, Selbst und Seele, Jack Lee Rosenberg
Bioenergetik, Alexander Lowen
Angst vor dem Leben, Alexander Lowen
Spiele der Erwachsenen, Dr. med. Eric Berne
Liebesspiele der Erwachsenen, Dr. med. Eric Berne
Die Transaktionsanalyse der Intuition, Dr. med. Eric Berne
Die Struktur der Magie Bd. 1 und 2, Bandler und Grinder

Soziologie

Familie und Familientherapie, Hörmann und Körner
Erziehung und Therapie in systemischer Sicht, Wilhelm Rotthaus (Hrsg.)
Ökologische Kommunikation, Niklas Luhmann
Soziale Systeme, Niklas Luhmann

Biologie

Die Nachtseite des Bewusstseins, Michel Jouvet
Piaget und der Radikale Konstruktivismus
Das Wunder des Menschseins – Gehirn und Geist, Eccles und Robinson
Die Erfundene Wirklichkeit, Paul Watzlawick
Wie wirklich ist die Wirklichkeit, Paul Watzlawick
Erkennen: Die Organisation und Verkörperung von Wirklichkeit,

Humberto Maturana
Der Diskurs des radikalen Konstruktivismus, Schmidt (Hrsg.)
Philosophie
Naturordnung und Zeichenprozess, Charles S. Peirce
Über die Klarheit unserer Gedanken, Charles S. Peirce
Handbuch philosophischer Grundbegriffe, (Hrsg.) Hermann Krings, Hans Michael Baumgartner, Christoph Wild, (mehrbändig)

Logik
Phänomen und Logik der Zeichen, Charles S. Peirce
Einführung in die moderne Logik, Kutschera

Physik
Chaos – die Ordnung des Universums, James Gleick
Die Zeit – vertraut und fremd, J.T. Fraser
Der Pulsschlag des Universums, George Leonhard
Körper, Geist und neue Physik, Fred Alan Wolf
Die Selbstorganisation des Universums, Erich Jantsch

Grenzwissenschaften
Religiöser Wahn und schwarze Magie, Aniela Jaffe
Die Seth-Bücher von Jane Roberts
Raja-Yoga, Jnana-Yoga, u.a., Swami Vivekananda
Werkzeuge der Erkenntnis, Peter Henningsen
Wissenschaft der Götter, Ash und Hewitt
Die Sphinx und der Regenbogen, David Loye
Info-Psychologie, Timothy Leary
Traum, Schlaf und Tod – Grenzbereiche des Bewusstseins,
Der Dalai Lama im Gespräch mit westlichen Wissenschaftlern, Francisco Varela

Wir könnten nun noch unglaublich viel hinzufügen ... aber beschränken wir uns auf ein paar allgemeine Anregungen: die Bücher von Robert Anton Wilson, nicht zu vergessen auch die übrigen von uns selbst geschriebenen bzw. herausgegebenen (... smile) Bücher, die Werke von: Immanuel Kant (!!!), Ludwig Wittgenstein, Karl Popper, Quine, Heisenberg, Bohr, Einstein, Plato, ‚Sokrates', Aristoteles, Euklid, ...

Hier können Sie unglaublich kreativ werden. Aber bleiben Sie beim Lesen all dieser Bücher immer offen und wach, seien Sie kritisch, im Positiven wie im Negativen, glauben Sie nicht einfach alles, was man Ihnen erzählt, lehnen Sie aber auch nicht einfach glattweg ab, prüfen Sie selbst (auch sich) und machen Sie ihre Erfahrungen!

Keine Erkenntnis ist wahr, im besten Falle ist sie funktional hinsichtlich des zu erzeugenden Phänomens!

3.2. Übungen zum Erlernen von Telepathie

Wir beginnen für gewöhnlich immer mit Präkognitionsübungen, da sie nicht so komplex sind und man schneller mitbekommt, was der Kasus Knacktus an der Sache ist. Wir empfehlen auch Ihnen, parallel zur Konzentrationsmeditation und der Bioenergetik natürlich, diese Übungen einige Wochen lang durchzuführen. Erfahrungsgemäß werden Sie die besten Ergebnisse erzielen, indem Sie immer erst dann zur nächst komplexeren Übung voranschreiten, wenn Sie die 70%-Treffer-Marke in der vorherigen sicher erreicht haben.

Sie sollten die 70% jeweils über mehrere Tage hinweg geschafft haben. Andernfalls könnten Sie vielleicht enttäuscht sein, dass die nächste Übung gar nicht klappt, und dann geben Sie auf, bevor es überhaupt richtig losgeht.

Allerdings können Sie auch gerne ab und zu mal eine schwierigere Übung ausprobieren, aber kehren Sie immer wieder zur Ausgangsbasis zurück und etablieren Sie Ihre Grundlagen.

TP ist eine Lernsache, wie jede andere Erkenntnisform auch. Man gibt einem Kind ein Dreirad und kein Mofa, und das hat gute Gründe. Ein Tischlerlehrling lernt erst das Schleifen und das Zuschneiden und das Leimen, usw., bevor er sich an schwierige Werkstücke heranwagen darf. Wenn wir Mathematik lernen wollen, fangen wir nicht mit Logarithmen an, sondern mit den Grundlagen der Arithmetik.

Der sinnvolle Ablauf ähnelt sich bei allen Dingen, die wir lernen.

Sicher, es gibt immer wieder Menschen, die für die eine oder andere Sache begabter (sozial besser vorbereitet oder auch körperlich oder psychisch besser vordisponiert) als andere sind. Aber dennoch kann jeder Mensch sich bemühen und es auch schaffen, Techniken oder Fähigkeiten, die anderen Menschen möglich sind, zu erlernen.[90] Mit TP ist es genauso.

Auch denjenigen, die meinen, schon telepathische Fähigkeiten zu haben, werden die folgenden Übungen sicher weiterhelfen, denn meistens wissen sie nicht, wie diese Fähigkeiten zustande kommen.

Da unsere Übungen alle recht einfach strukturiert sind, fällt es einem leicht, sich dabei selbst zu beobachten. Und so wird man eher herausfinden, welches Gefühl, welches Bild, welche Art von Ton, vielleicht gar welchen Geruch oder Geschmack man formen muss, um die richtige Einstellung für die erfolgreiche Ausführung zu entwickeln.

Jedoch: Erwarten Sie keine Bedienungsanleitung! Das Problem liegt darin, dass die kommenden Phänomene nicht unseren gewohnten Erwartungsmöglichkeiten entsprechen. Insofern legen wir uns jedes Mal, wenn wir meinen „ja, so muss es funktionieren" Steine in den Weg, da es dann garantiert beim nächsten Mal nicht mehr funktioniert. Die zu feste Meinung über die Modalitäten des Zustandekommens ungewohnter Phänomene orientiert unsere Erwartung auf einen ganz bestimmten Bereich unserer Erfahrungswirklichkeit. Das genau wiederum verhindert die Erkenntnis neuartiger Phänomene, denn genau dort können sie sich nicht abspielen ... es ist einfach nicht ihre Art, denn sie sind neu, ungewohnt, unerwartet. Kognitive Offenheit und Flexibilität, das ist der ‚Weg'.

90 Jeweils natürlich im Rahmen seiner persönlichen Limitationen. Aber wenn wir diese Einschränkung formulieren, sollten wir auch bedenken, dass der Mensch gewöhnlich viel mehr Einfluss auf das Ausmaß seiner persönlichen Limitationen nimmt, als er sich im Moment vorstellen kann.

3.2.1. Die Münz-Übung zur Vorbereitung

Diese nette kleine Übung können Sie noch wunderbar allein durchführen. Sie macht Spaß und ist auch genau das Richtige, wenn mal nicht soviel Zeit ist. Einfach zwischendurch zur Münze greifen und ausprobieren. Das regen wir sogar an, denn es geht ja darum, dass Sie selbst auch herausfinden, in welchem Geisteszustand Sie sich befinden müssen, um Erfolg zu haben. So erzielt mancher beispielsweise abends bessere Ergebnisse, ein anderer wiederum des Morgens. Der eine braucht vielleicht vorher noch ein Tässchen Kaffee, der andere einen Keks?

Viele Faktoren können eine Rolle spielen. Sie sind der Experimentator und unglaublich viele Dinge üben entscheidenden Einfluss auf den erfolgreichen Ausgang Ihres Experimentes aus. Es ist Ihre Aufgabe herauszufinden welche. Wir können Ihnen leider nicht sagen, welches Setting genau für Sie passt, jede Psyche ist anders, aber wir haben schon die tollsten Sachen dabei erlebt. Einer zum Beispiel hatte ernsthafte Schwierigkeiten, sobald jemand mit einem roten Kleidungsstück im Raum war. Putzig, nicht? Aber immerhin eine wichtige Information, wenngleich es natürlich auf Sicht gesehen gut ist, sich von solchen Einschränkungen zu befreien.

Wie dem auch sei, beginnen wir mit der Übung:

1. Besorgen Sie sich eine schöne Münze, vielleicht ein ausländisches Stück oder eine Sonderprägung? Es sollte jedenfalls eine Münze sein, die Sie nicht für andere Zwecke verwenden, damit Sie sich nicht mit der Frage ablenken, ob Sie nicht vielleicht doch mit Präkognition reich werden könnten ...
2. Machen Sie eine kleine Meditation, oder, wenn die Zeit dafür fehlt, lehnen Sie sich einen Augenblick in einem gemütlichen Sessel mit geschlossenen Augen zurück und atmen Sie tief und ruhig.
3. Nun nehmen Sie Ihre Münze hervor, neben Ihnen liegen ein Zettel und ein Stift.
4. Sagen Sie laut oder leise,[91] bevor Sie werfen, ob Kopf oder Zahl fällt.
5. Dann werfen Sie und schreiben das Ergebnis hinterher sofort auf. Schreiben Sie am besten ‚Ja' für Treffer und ‚Nein' für Fehlschlag.
6. Wiederholen Sie das 20x ganz schnell hintereinander. Je schneller Sie es machen, desto höher wird die Erfolgschance, da Sie dem Interpreter, der sich so gerne dazwischenklemmt, so ein Schnippchen schlagen.
7. Nach 20 Wiederholungen legen Sie eine kurze Pause ein und prüfen Ihr Ergebnis. Lassen Sie sich nicht entmutigen, wenn nur 50% oder gar noch weniger zutreffen.[92] Übungssache!

---

91 Probieren Sie aus, was besser ist, und wechseln Sie auch immer wieder. Nur nicht festfahren!

8. Wenn Sie dann nach der kurzen Pause meinen, Sie könnten noch weiter, machen Sie weiter. Wenn Sie aber leicht genervt oder gar wütend sind, dann hören Sie auf und fangen Sie später noch einmal an. Denken Sie an die Sache mit den Verspannungen! Vielleicht reicht es, einmal kurz den bioenergetischen Bogen zu machen, und schon sind Sie wieder fit?

Führen Sie die Übung täglich mehrfach durch, vielleicht so 3-4x. Wechseln Sie die Tageszeiten und schreiben Sie sich immer zusätzlich zu den Übungsergebnissen folgende Dinge auf:

- Wie fühle ich mich?
- Welches Wetter hatten wir heute?
- Gearbeitet ja/nein, hart ja/nein?
- Welche Uhrzeit haben wir?
- Hatte ich heute Besuch?
- War heute irgendetwas Aufregendes los?
- Verspannungsmuster momentan? Vor und nach der Übung?

Ergänzen Sie persönliche Punkte, über deren Relevanz für die Übung Sie sich im Laufe der Zeit klar werden. Vergessen Sie niemals Ihre Eintragungen!

---

92 Übrigens: 20% oder 30% (z.B.) sind auch ein ziemlich interessanter ‚Erfolg'. Einfach anders herum denken. 0% oder etwas darüber kann man häufiger bei hartnäckig ‚Ungläubigen' oder Menschen mit recht geringem Selbstvertrauen beobachten.

Die Auseinandersetzung mit den Experimentbedingungen ist wichtig für Ihre Einsicht darin, wie die ungewöhnlichen Phänomene von Ihnen zustande gebracht werden!

Was ist nun in der Übung passiert?
Sie werden vermutlich mehrfach das Gefühl gehabt haben, dass Sie „wissen, wie's geht", und genau danach kam dann ein Fehlschlag, stimmt's? Oder Sie waren ganz plötzlich unmotiviert oder ein wenig unkonzentriert und dann „hat's urplötzlich geklappt"? So etwas ist völlig normal. Im nächsten Kapitel werden wir erklären, wie das Ganze zusammenhängt. Also, dranbleiben!

3.2.2. Wie funktioniert Präkognition in dieser Form?

Wir legen ja normalerweise recht viel Wert auf Rationalität. Warum wir dies tun, dürfte Ihnen mittlerweile klar geworden sein, nicht wahr?
Wir verwenden etwas wissenschaftlichere Methoden, um feststellen zu können,

- wie diese ungewöhnlichen Erkenntnisse zustande kommen,
- wie wir denken müssen, um gute Ergebnisse zu erzielen,
- welche Experimentbedingungen (inklusive! des Experimentators selbst) sich wie auf die Ergebnisse auswirken,
- welche Grenzen menschlichen Denkens wir überschreiten, welche Vorurteile und Verspannungsmuster wir überwinden müssen, um noch besser zu werden.

Aber wir gehen nicht hin und sinnieren über die prinzipielle Möglichkeit oder Unmöglichkeit von Präkognition, Hellsichtigkeit, Telepathie und entsprechender Phänomene. Auch versuchen wir nicht, sie in Letztbegründungen einzubetonieren.[93] Wir mutmaßen (!) nicht über mystische Erleuchtung oder ähnliches, sondern nehmen die Möglichkeit des Ungewohnten und Ungewöhnlichen, des Unbekannten, des Unerwarteten und Neuartigen erst einmal als vorhanden an, um dann zu prüfen, inwieweit das Phänomen existenziell und inwieweit es real ist, und wie wir es sinnvoll und passend in unser Modell der Welt eingliedern können.

Menschliche Erkenntnis war schon immer grenzüberschreitend. Es ist noch gar nicht so lange her, da die Menschen dachten, die Sonne kreise um die Erde, und ebenso nicht so lange, da sie dachten, die Erde sei eine Scheibe. Bis kurz vor Einstein war die Newton'sche Anschauung von Welt ultimativ, seit Einstein ‚fließt' das Universum wieder.

Nach keiner einzigen Veränderung der Anschauung und Erklärung von Welt konnte man bisher sagen: „Dies ist die letzte Erkenntnis, und so funktioniert die Welt." Es scheint auch eher unwahrscheinlich, dass wir je an einen solchen Punkt kommen werden. Auch die Behauptung, die viele von uns ihrem Schulwissen entsprechend mittlerweile einfach als gegeben und wahr hinnehmen würden, „dass die Erde nicht im Zentrum des Universums steht" bedarf der genaueren Untersuchung und der Ergänzung um die Erklärung, in welcher Hinsicht das denn der Fall sei.

---

93 Letztbegründungen sind nur als Setzungen und nicht als Herleitungen möglich. Sie legen in sich selbst fest, nicht weiter hinterfragbar zu sein, und genau auf diese Art behindern Sie die Möglichkeiten weiterer Erkenntnis.

Nach allem heutigen Wissen gilt für jedes Erklärungsmodell, sei es in speziellem Sinne wissenschaftlich oder einfach dem Common Sense entsprungen: „Diese Beschreibung hier macht die Erklärung bestimmter Phänomene leichter und zusammenhängender als jene Beschreibung dort."

Ganz allgemein aus erkenntnistheoretischer Sicht und auch spezieller aus konstruktivistischer Perspektive wäre es unpassend zu behaupten: „Dass die Erde um die Sonne kreist, ist die einzig mögliche Sichtweise!", denn jede menschliche Erkenntnis ist immer beobachterabhängig, und jedes neue und passende Erklärungsmodell verbessert lediglich unsere Möglichkeiten, unsere Beobachtungen konsistenter und kohärenter zu beschreiben, nicht RICHTIGER!

Aus diesen Gründen und den bereits in den vorherigen Kapiteln genannten, entscheiden wir uns für die Verwendung von Modellen, die keine Letztbegründungsansprüche stellen. Wir wollen einen Beschreibungsrahmen erstellen, der uns dabei hilft,

---

die beabsichtigten Phänomene beobachtbar zu machen,
sie konsistent und kohärent in unsere Erfahrungswirklichkeit
zu integrieren, ohne dabei in entartete Modelle abzugleiten.

Entartete Modelle? Sind Modelle, deren Anwendungen überhaupt nicht oder nur teilweise beobachtbar sind.[94] Auch ein Modell, das

94 So ist zum Beispiel der Begriff „Entartete Kunst" aus dem dritten Reich ein entartetes Modell: Die Kriterien zur Entscheidung dessen, was als ‚entartet' galt und was nicht, lagen gänzlich im nebulösen Reich der neophoben Wahnvorstellungen jener, die diesen Begriff erfanden.

seinem Anwender ermöglicht oder ihn dazu verleitet oder gar dazu zwingt, das Modell und sich selbst nicht weiterhin zu überprüfen, würden wir als entartet bezeichnen. ‚Schwingungen', ‚Energien', ‚Geister', o.ä. errichten, wenn sie als nicht konkret referenzierte Konzepte verwendet werden, Mauern um die um Erkenntnis bemühte Psyche, die ihr die Einsicht in Welt versperren und ihr so das verunmöglichen, worum es ihr eigentlich geht: Selbsttransparenz!

Nun haben Sie vermutlich gerade bei Ihrem Münzwerfen bemerkt, dass Ihnen ab einem bestimmten Punkt Rationalität nicht mehr weiter hilft. Sie mussten den ‚Interpreter', den ‚Erklärer' ausschalten. Jedes Mal, wenn Sie meinten: „Ja, so muss es klappen!", klappte es beim nächsten Mal nicht mehr.

Wie kommt das?

Gewöhnlich passen wir all unsere Erfahrungen ganz automatisch in unser Modell der Welt ein. Die Verfahren, die wir hierfür verwenden, habe wir vielenteils unbewusst im Verlaufe unseres alltäglichen Handelns und Erlebens erworben, sie haben sich sozusagen an der Alltagswirklichkeit bewährt. Wenn wir mit anderen Menschen reden, stellen wir normalerweise nicht in Frage, dass diese Menschen vorhanden sind und dass das Gespräch wirklich ist. Doch Telepathie, Präkognition, Hellsehen, Astralreisen, Channeling – welches ungewöhnliche Phänomen auch immer wir nehmen – sind gesellschaftlich nicht gerade anerkannt. Zwar arbeiten Forscher an solchen Themen, doch finden die Ergebnisse ihrer Forschung selten, und wenn überhaupt dann nur sehr langsam und meist auch nur partiell, Eingang in den Kenntnisstand der breiten Masse. Unsere Schulweisheit und unsere gesellschaftlichen Konventionen hinken dem eigentlich möglichen Stand der Erkenntnis immer so um die 50 bis 100 Jahre hinterher – was so manche anbelangt, hat man das Gefühl, man könnte an diese Zahlen noch ein paar Nullen dranhängen.

In der Schule haben wir Darwins Evolutionstheorie gelernt, und wenn wir nicht gerade einen guten Biologielehrer hatten und das Abitur machten, wurden wir von Seiten der Schule mit keiner anderen Evolutionstheorie konfrontiert. Wir denken oftmals, die Evolutionstheorie Darwins sei die Wirklichkeit und die Wahrheit. Aber es gibt ein paar andere Evolutionstheorien, die ebenso stimmig (oder unstimmig) sind wie die Darwins. Kommt noch hinzu, dass wir gesellschaftlich darauf konditioniert worden sind, Lernen als unangenehm zu betrachten und insofern meist von den Schulmodellen auch nicht allzu viel behalten.

Doch das, was wir behalten haben, betrachten wir häufig als Wahrheit. So denken viele von uns, die Darwinsche Theorie würde besagen: „Der Stärkere überlebt – survival of the fittest!" Doch das besagt die Theorie nicht. Sie besagt, wie auch die Interpretation seines mittlerweile allseits bekannten englischsprachigen Ausspruches auf dem Hintergrund des Sprachgebrauchs seiner Zeit, die Fittness-Welle lag immerhin noch einige Jährchen in der Zukunft, nahelegt: „Der Angepasstere überlebt!", und das muss nichts mit Stärke zu tun haben.

Nun, all diese kleinen unstimmigen und unvollständigen Modelle haben wir gesammelt, wir leben und handeln danach. Wir passen uns mit unseren Anschauungen gesellschaftlich an, und je öfter wir über diese oder jene Anschauung mit anderen einen Konsens bilden, desto fester (und unschärfer, da Konsens sonst sehr schwer wird) wird sie.

Über die ungewöhnlicheren Erkenntnisfähigkeiten des Menschen haben wir mit anderen den Konsens gebildet, dass sie „wissenschaftlich nicht beweisbar" sind. Manche haben auch mit anderen den Konsens gebildet, dass sie „Aberglauben, gar Hysterie" sind. Jetzt gibt es aber einige, die mit wenigen anderen den Konsens bilden, dass diese Phänomene „doch wirklich sind“, und in der Folge stoßen sie hinsichtlich dieses Konsens auf ein paar Probleme:

- Die Erklärungsmodelle, die sie zur Verfügung haben, sind nicht dafür geeignet, diese Phänomene sinnvoll in ihr Modell der Welt einzusortieren.
- Nicht alle Menschen, mit denen sie Kontakt haben, akzeptieren die „Wirklichkeit dieser Phänomene“. Es liegt ein Anerkennungsproblem vor.
- Das eigentlich natürliche Bedürfnis zu lernen wurde im Laufe der Jahre abgetötet, sie entwickelten eine Abneigung gegen Lernarbeit, so dass sie häufig nicht mehr die Bereitschaft aufbringen können, sich für ihre Erkenntnisse anzustrengen.[95]

95 Das dürfte auch der Grund dafür sein, weshalb so viele auf Erleuchtung, die einen irgendwann ‚überfällt‘ hoffen. Sie denken, dass ungewöhnliche Fähigkeiten und mystische Erkenntnis Dinge seien, die irgendwie irgendwann vom Himmel fallen und den Menschen zu einem höheren Wesen machen. Mumpitz! Totaler Mumpitz! Lesen Sie hierzu einmal die großen Meister unserer Vergangenheit. Studieren Sie die Überlieferungen jener, die viele als erleuchtet anerkannt haben und anerkennen, wie z.B. Jesus Christus, Mohammed, Gautama Buddha, Swami Vivekananda, Pantanjali, Mohandas K. Gandhi und so weiter. Jeder Einzelne von ihnen hat hart und lange gearbeitet. Jeder machte eine Phase fürchterlicher gesellschaftlicher Einsamkeit, Härte, schwerster geistiger Not (die niederen Instinkte zu überwinden) durch, bis er endlich einen Kenntnisstand erlangte, der über das gewöhnliche Maß hinausging. Aber dieser Kenntnisstand fiel nicht vom Himmel. Buddha wurde nicht in einer einzigen Meditation ‚erleuchtet‘, sondern es wurde im Laufe harter Arbeit Tag für Tag ein wenig heller um ihn. Und keiner von ihnen war danach fehlerfrei. Jesus hat Menschen gespeist, die hungrig waren, obwohl er wusste, dass sie sich ihr Brot in Zukunft ohne ihn verdienen mussten. Mohammed hat Kriege angezettelt, obwohl er wusste, dass Hass falsch ist. Buddha hat Menschen seinen mittleren Weg erklärt, obwohl er wusste, dass ihn kein Normalsterblicher verstehen würde. Und so weiter und so fort. Jesus bat sein Höheres Selbst

So reagiert jeder von uns in dem Moment, da er mit neuen Phänomenen konfrontiert wird, mit althergebrachten Schematismen. Weil TP nicht anerkannt ist, MUSS ES ERKLÄRT werden. Doch die Erklärungen, mit denen wir dann ‚zuschlagen', sind häufig nicht rational sondern Rationalisierungen. Sie sind schein-rational, wie auch unsere etwas wacklige Anschauung zum „survival of the fittest".

Und sie behindern uns!

Der Interpreter schlägt nicht nur zu, um etwas zu erklären, er schlägt auch zu, um uns vor Neuem, vor ungewöhnlichen Aufregungen, vor einem WANKEN DES MODELLS DER WELT zu bewahren!

Haben wir Angst, nicht gut genug auszusehen, so tun wir viel, um das zu verstecken. Wir lassen uns eine schicke (oder ungewöhnliche oder betont natürliche) Frisur verpassen, ziehen uns modisch, elegant, ausgeflippt oder besonders natürlich an. Um unser innerstes Versteck herum stapeln wir Selbstbeschreibung auf Selbstbeschreibung, eine wackliger als die andere. Kommt nun einer daher und kritisiert unsere Selbstbeschreibung, so bauen wir die Mauern noch höher. Kritisiert ein Yuppie oder Konservativer einen Alternativo, so wartet der Alternativo mit „Geldgeiler Fatzke!" oder „Spießer!" so schnell auf, dass er selbst gar nicht merkt, was da vor sich geht. Es ist ihm oft gar nicht klar, dass er die Abwertung durch andere benötigt, um seine Selbstdarstellung weiterhin aufrecht zu erhalten. RATIONALISIERUNG! Das „geldgeiler Fatzke!" ist Interpreterschwachsinn.[96]

---

um Befreiung vom Kreuze. Mohammed verzweifelte immer wieder an der Dummheit der Menschen. Buddha äußerte manchmal, die Inkarnation aller Wesen zu sein. etc. etc.

96 Zumindest dann, wenn es so schnell kommt, dass kein Nachdenken mehr zwischen Aktion und Reaktion liegen kann – wenn es zum Reflex geworden ist.

Kritisiert ein nicht-an-Telepathie-Gläubiger einen an-Telepathie-Gläubigen, so spielt sich häufig etwas Ähnliches ab. In seinem Interpreterschwachsinn versteigt er sich in die unglaublichsten Rationalisierungen. „So was ist doch überhaupt noch nicht bewiesen", wobei er, selbst wenn er davon Kenntnis hat, gerne mit Vorliebe vernachlässigt, dass viele ernstzunehmende Wissenschaftler an diesem Thema forschen und Telepathie für möglich halten. Die sind dann plötzlich Pseudowissenschaftler oder ein Beleg dafür, dass auch gute Denker mal vom rechten Pfad abkommen können. Entweder vergisst oder weiß so mancher gar nicht, dass es bei keiner Erkenntnisform bislang ‚bewiesen' werden konnte, wie sie zustande kommt.

Doch auch der an-Telepathie-Gläubige hat es mit seinen Interpretationsreflexen nicht leicht. Einmal mit ernsthaften Übungen konfrontiert, bemerkt er recht schnell, wie wider Erwarten fest und starr sein eigenes Modell der Welt eigentlich ist. Hier, in diesem Moment, wo er Übungen durchführt, die ernsthaft vorbereitet wurden, wo er nicht in schwammige Konzepte ausweichen kann, hier macht sich bemerkbar, dass er vergleichbare Schwierigkeiten hat wie der nicht-an-Telepathie-Gläubige.

Der Interpreter will alles ordentlich verpacken, und die gewohnten Schematismen weigern sich, sich zu ändern. Dies ist der Punkt, an dem viele aufgeben. Klar, sie möchten gerne etwas Ungewöhnliches erleben, aber der Preis ist ihnen zu hoch.

„Was denn, was denn, das fällt nicht vom Himmel? Und ich soll dafür auch noch hart arbeiten und meine Selbstbeschreibung ändern? Ich bin nun einmal, wie ich bin, und es geht bestimmt auch anders."

Viele Motive entpuppen sich als das Bedürfnis, etwas Besonderes zu sein und sich darzustellen. Und das ist nicht nur hier so! An Faulheit gewöhnt neigen wir dazu, Meinungen zu haben, nicht Wissen. Sie können das überall beobachten.

Ein Beispiel:

Neulich kam Peter zu uns. Peter interessiert sich ungeheuer für Politik und für Ökologie. Die herkömmlichen Parteien haben ihn frustriert, und so entschied er sich dafür, eine neue Partei zu gründen. Nun war es bei Peter kein Motiv zur Selbstdarstellung, sondern es war wirkliches Arbeitsinteresse dahinter. Er sprach Menschen an, viele Menschen, und so um die 20 Leute waren total begeistert. Die Arbeit begann. Ungefähr einen Monat lang ging alles gut. Man erstellte Konzeptionen, leierte Vorgespräche mit anderen Politikern und Sachverständigen sowie Informationsgespräche für die Bürger an. Alles war super.

Doch nach und nach merkten die 20 anderen, dass die Sache in Arbeit ausartet. Sie erschienen weiterhin zu den Treffen und redeten, doch die Arbeit wurde immer mehr Peter allein aufgehalst. „Ich habe ziemlich viel mit meinem Job zu tun." „Ich habe Kinder, die brauchen sehr viel Aufmerksamkeit." „Ich muss mich nebenbei noch um meine alte Mutter kümmern, da ist nicht soviel Zeit."

Nun, Peter ist Gastronom, und wenn Sie, lieber Leser, diesen Beruf kennen und noch dazunehmen, dass Peter auch zwei Kinder hat, und er dennoch die Zeit aufbrachte, dann werden Sie den Unterschied zu den anderen gut beobachten können.

Peter verwendete keine Ausflüchte, keine Scheinrationalisierungen. Es war ihm bewusst, dass er von Politik trotz jahrelanger intensiver Beschäftigung nur sehr wenig wusste. Er war bereit dazuzulernen und tat dies auch. Die anderen nicht!

Er war bereit, sich selbst, sein Modell der Welt und auch seine Selbstanschauung in Frage zu stellen!

Die anderen nicht.

Wir sollten sie dafür nicht verurteilen und sagen: „Ja, so sind die meisten Menschen!“, bevor wir nicht genauestens geprüft haben, wie es denn so bei uns ausschaut. Tatsächlich werden Sie feststellen, dass dies bei Ihnen in vielen Fällen genauso ist.

Peter hat dieses „ich-habe-meine-Meinung-und-die-ist-richtig“ in Bezug auf Meditation. Er hat schon meditiert und meint, es zu können. Unserer Ansicht nach verwechselt er, wie fast alle, Meditation mit Tagträumerei. Er verwendet diesen Punkt, um sich selbst darzustellen, während er in Bezug auf Politik bereit ist, diese Selbstdarstellung zu ändern.

Und das ist ganz, ganz, ganz normal.

Hineingeboren in diese komplexe Welt haben wir anfangs unsere Eltern, die unser Bedürfnis nach Streicheleinheiten befriedigen (meist). Doch nach und nach ‚sollen' wir lernen, dass das nicht immer so weitergeht, und wir beginnen, die körperlichen Streicheleinheiten durch Anerkennung zu kompensieren. Dieses Bedürfnis aber motiviert uns dazu, uns zu verstecken, denn wir werden oft genug für unseren Wunsch abgelehnt. So legen wir uns Schutzmechanismen zu, die verhindern sollen, dass wir verletzt werden. Wir beginnen mit der Selbstdarstellung, die allzu oft Selbstlüge ist. Wir tun so, als wüssten wir dieses und jenes, wir tun so, als seien wir so-und-so.

Um das aufrechterhalten zu können, müssen wir uns auch uns selbst gegenüber so darstellen, was dazu führt, dass wir die Bereitschaft aufgeben, uns ins Gesicht zu schauen, die Augen zu öffnen und unser Versteck zu erkennen.

Denken Sie noch einmal an Thomas zurück, der in der Psychiatrie gelandet war. Wir behaupten, dass Thomas nicht in dem Sinne verrückt ist, dass er geistig krank sei. Wir behaupten, dass er genau das tut, was jeder von uns tut (oder lange genug getan hat): Er hat sich ein Versteck gebaut, Mauern der Selbstdarstellung hochgezogen, um nicht für das Bedürfnis nach Anerkennung abgelehnt zu werden. Seine Art und Weise das zu tun wird als verrückt erklärt, und das nur deshalb, weil er es etwas anders als alle anderen macht. Kommt er jetzt in die Psychiatrie, können die Ärzte und Therapeuten eigentlich nur dafür sorgen, dass er die ungewöhnlichen Mauern durch gewöhnlichere Mauern ersetzt. So was nennt man dann „soziale Integration".

Es ist scheußlich!

Doch zurück zum Ausgangsthema:

Wir verwenden Rationalisierungen, um unser Modell der Welt so zu bestätigen, dass wir unsere Selbstbeschreibung aufrechterhalten können. Wir tun dies aus Selbstschutz, denn wenn wir die Rationalisierungen, den Interpreterschwachsinn aufgeben müssten, sähen wir uns dazu gezwungen zu bemerken, dass ein Großteil dessen, was wir für „uns selbst" hielten nichts weiter als eine Maske der Sozialisation ist, ein durch jahrelanges Training erworbener Automatismus der Selbstlüge.

Und gerade dann, wenn wir uns mit Themen konfrontiert sehen, die gesellschaftlich nicht so anerkannt sind wie „gutes Essen" oder „das schlechte Wetter", gerade dann schlägt der Interpreter zu.

Aus diesem Grunde ist es wichtig zu lernen, den Interpreter zu beobachten und während der Übungen kreativ zu werden, ohne gleich alles zu erklären!

Unser Modell bezüglich der Präkognition (Umgestalten des Zeit-Konzeptes innerhalb von Psyche) reicht aus, individuell und assoziativ ausgeformt, um das Phänomen erklärend zu beschreiben. Es reicht natürlich nicht aus, um es „dem Mann von der Straße, der nach Darwin lebt" plausibel zu machen. Aber, wenn man gewillt ist, sich einzulassen, versetzt es einen in die Lage, seine eigenen Rationalisierungsmechanismen zu durchbrechen und den Grundstein zu jener Offenheit zu legen, die es einem ermöglicht, tatsächlich neue Erkenntnisse, Einsichten und Erfahrungen zu formen!

Vertiefen können wir das Modell noch durch die folgende kleine Anschauung:

Psyche ist selbstreferenziell, selbstkonstituierend und selbstorganisierend, sowie (sehr wichtig!) informationell geschlossen.[97] Ob es Umwelten außerhalb von Psyche WIRKLICH gibt, steht in Frage, aber

97 Formt ihre Informationen an sich selbst und aus sich selbst heraus. Gedanken und Vorstellungen formen sich an Gedanken und Vorstellungen, nicht an Schwingung oder so. Obwohl man sich natürlich ‚Schwingung' vorstellen kann, an diese Vorstellung denken kann und in diesem Prozess (psychische) Informationen erzeugt. Nicht der Stromschlag, wenn man in eine Steckdose fast, informiert die Psyche, sondern die Vorstellung daran, vorher (‚währenddessen?) und für einige auch noch nachher, bringt einen auf neue Gedanken und Vorstellungen.

Psyche beobachtet Umwelten und formt an Umwelten Erkenntnis, wobei diese Erkenntnis und Das-Formen-An immer gedanklich, also innerhalb von Psyche selbst, geschieht.

Wenn wir nun gelernt haben, uns zu konzentrieren, gewinnen wir Abstand zu unseren gewohnten Konzepten von Umwelt. Ein passendes Bild ist, dass Psyche eine Art von Umweltrauschen wahrnimmt/erzeugt, an dem sie Erkenntnisse formt. Und der Meditierende weiß:

Erkenntnisse sind immer auch anders möglich!

Durch zunehmende Offenheit (sich selbst und den möglichen Umwelten gegenüber) wird dieses Umweltrauschen vielfältiger (wie gesagt, ein Bild!!!). Wir nehmen mehr wahr (konstruieren!!! mehr), wir formen neue Erkenntnisse. Wir setzen bestimmte Gedanken auf neue Art und Weise zu anderen Gedanken ins Verhältnis und erhalten so eine neue Konzeption.

Dass diese Konzeption nun mit Folgebeobachtungen übereinstimmt, liegt nicht an der Wirklichkeit, sondern an unserer Beobachtung.

Gelingt es uns, die neue Konzeption mit unserer Alltagswirklichkeit (auch eine Vorstellung) so zu verbinden wie zum Beispiel im Übereinstimmen der Vorhersage von ‚Kopf' mit dem existenziellen/realen Fallen von ‚Kopf', haben wir

eine existenziell/real anschlussfähige Konzeption erstellt.

Gelingt uns das nicht, haben wir keine existenziell/real anschlussfähige Konzeption erstellt. Wir nennen das dann Halluzination.[98]

Erkenntnis ist nur möglich auf Basis von Anschlussfähigkeit an andere Erkenntnisse.

Ein Mensch, der denkt: „Gleich sehe ich ein Einhorn!", und dann danach ein Einhorn sieht, hat existenziell anschlussfähig gedacht. Sieht er das Einhorn in der Folge aber nicht, war seine Vorstellung nicht existenziell anschlussfähig.[99] Ein Mensch, der in einer Gruppe von Menschen steht und denkt: „Gleich sehe ich ein Einhorn!", dies äußert, indem er sagt: „Gleich kommt ein Einhorn!", und kurz darauf das Einhorn sieht, die andern aber nicht, hat existenziell anschlussfähig gedacht, real aber nicht. Sehen die anderen jedoch auch gemäß seiner Erwartung das Einhorn, war seine Vorstellung sowohl real wie auch existenziell anschlussfähig.

Ein Mensch, der meint, Telepathie zu beherrschen, dies aber nicht überprüft, halluziniert und denkt und verhält sich zumindest real nicht anschlussfähig. Möglicherweise ist dieses Meinen für ihn wichtig, um wenigstens existenziell funktionsfähig zu bleiben, allerdings

98 Wir verwenden den Begriff ‚Halluzination' natürlich nur in dem Zusammenhang, dass ein Abgleich mit der Alltagswirklichkeit beansprucht wird bzw. erforderlich ist. Sonst müssten wir jeden Traum, Gedankengang, Tagraum, jede Phantasie, ... erst einmal als Halluzination auffassen, was unsinnig ist. Ein Traum über die Zukunft jedoch beansprucht Abgleich mit der Alltagswirklichkeit. Kann der Abgleich nicht erfolgen, war der Traum über die Zukunft eine Halluzination.

99 Obwohl der Gedanke rein technisch natürlich anschlussfähig war.

real ist seine Selbstbeschreibung unpassend. Sein Meinen macht aber auch deutlich, dass er einen realen Anspruch stellt, und solange er nicht entweder diesen einlöst oder aber das Meinen aufgibt, wird er gezwungen sein, im Widerspruch mit sich selbst zu leben.

Einfach zu sagen: „Präkognition heißt, vorher zu wissen, was später passiert“, wird möglicherweise der Komplexität des Vorgangs der Präkognition nicht hinreichend gerecht. Denn diese Beschreibung legt nahe sich vorzustellen, es gäbe eine determiniert funktionierende Wirklichkeit mit eigenem Timing und wir könnten sozusagen außerhalb ihres Ablaufes stehen und unabhängig, jetzt im Moment sagen, was später passiert. Das Dumme ist: So einfach funktioniert die Sache nicht! Denn wir sind in der Wirklichkeit enthalten, wir bilden uns und die Wirklichkeit ab und bestimmen mit (beeinflussen), was in der Wirklichkeit passiert. Unser Beobachten verändert die Wirklichkeit! Und die Erkenntnis der kreativen Verwobenheit von Beobachter und beobachteter Wirklichkeit ist die Grundlage, die das Funktionieren von Präkognition überhaupt erst ermöglicht. Kognition ist die Beobachtung des Wechselspiels von sich veränderndem Beobachter und sich verändernder Wirklichkeit. Gelingt es uns den Prozess der wechselseitigen Veränderung zu regulieren (orientieren) und zu synchronisieren, können wir im Nachhinein ein ‚Prä‘ vor die ‚Kognition‘ schreiben und erhalten: Präkognition.

Und so lautet ein Vorschlag von uns, sich den Vorgang der Präkognition für die Praxis verbal zu veranschaulichen:

Umweltrauschen anders konzeptualisieren und folge-beobachten, wie das neue Konzept in Zukunft eintrat.

Auch wenn Sie jetzt bereit sind, unsere Beobachtungsvorschläge anzunehmen und auszuprobieren, hüten Sie sich vor Ihren ach so gewohnten Alltagserklärungen und Rationalisierungen, denn die schlagen oftmals schneller zu, als man damit rechnet. Wie schnell die Biester sind, soll das folgende kleine Beispiel demonstrieren:

Susanne und die Telekinese[100]

Vor so 7 Jahren in etwa begannen wir, unsere Telekinese-Experimente mit anderen Personen zusammen zu machen. Dies war für uns aus mehreren Gründen wichtig:

Zum einen wollten wir anschlussfähig bleiben und sehen, inwieweit diese Phänomene unter den gleichen Experimentbedingungen auch bei anderen auftreten.

Zum anderen wollten wir herausfinden, wie sich der Experimentverlauf ändert, wenn man mit Unerfahrenen zusammenarbeitet.

Einer der Teilnehmer war Susanne. Ein nettes, aufgeschlossenes Mädchen, überhaupt nicht esoterisch ‚vorbelastet' und recht intelligent. Susanne zweifelte nicht, aber sie glaubte auch nicht. Sie ging völlig unbefangen an diese Arbeit heran, bereit zu schauen, ob etwas geschehen würde, ohne hinterher enttäuscht zu sein, wenn nichts passiert.

Wir setzten uns also an unseren Tisch, führten gemeinsam ein paar Minuten lang eine Atemübung durch und begannen dann mit der Arbeit. Zuerst blieben die Hände auf dem Tisch liegen, dann wurden die Handflächen angehoben (als sich die ersten leichten Dreh- und Schwankbewegungen einstellten), so dass nur noch die Fingerspitzen

100 Zeitangaben beziehen sich auf das Jahr der Ersterscheinung dieses Buches: 1994.

auflagen. Letztlich wurden auch die Finger ganz vom Tisch weggenommen. Es versteht sich, dass keiner von uns mit den Beinen oder so den Tisch berührte. Und: Er drehte sich, tanzte ein wenig, ruckartig, vorsichtig, nur wenig.[101] Aber er bewegte sich! Wir hatten vor Experimentbeginn die ursprüngliche Position des Tisches auf dem Fußboden mit Strichen markiert, so dass wir nach der Übung prüfen konnten, was Halluzination war und was tatsächlich geschehen war.

Nun stelle man sich solche Übungen bitte nicht so vor, wie das in schlechten Filmen dargestellt wird, mit hart-konzentrierten Gesichtern und fürchterlichen Beschwörungen. Wir haben vielmehr im Laufe der Zeit gelernt, dass Spaß, Ausgelassenheit und kindliche Freude für das Gelingen entscheidend sind. Sie schalten den Interpreter ab und helfen einem, bei der Sache zu bleiben, ohne GIER NACH ERGEBNIS.

Wie gesagt, der Tisch hatte sich bewegt.

Natürlich schrieb nach der Übung jeder für sich seine Beobachtungen auf. Und jetzt kam Susanne mit ihrer Beschreibung: „Ich fühlte, wie die Energie aus meinem Körper in den Tisch floss. Es war, als wäre ich eins mit dem Tisch, so als würde ich mich bewegen und energetisch durch die Gegend hopsen und wandern. Ich wusste, dass dieser Energiefluss aus mir heraus der Grund dafür war, dass der Tisch sich bewegte."

An die nächste Telekinese-Übung ging sie dann genau mit dieser Einstellung heran, wobei sie, im guten Glauben nun zu wissen, wie's funktioniert, allein arbeiten wollte.

101 Als wir alleine arbeiteten, tanzte er richtig lustig Polka, doch zusammen mit anderen war das schwerer zu erreichen. Dies nicht deshalb, weil „die anderen negativ auf uns eingewirkt hatten", sondern weil es eine neue Erfahrung war. Es war für uns alle eine neue und andere Situation, an die wir uns anpassen mussten.

Es klappte gar nichts. Keinen Fatz hat sich das verflixte Ding gerührt.

Susanne war total unglücklich, und: Die nächsten Rationalisierungen schlugen zu, wobei sie nun eine Erklärung nach der anderen abspulte, bis sie wieder mit ihrem Modell der Welt zufrieden war. Zuerst meinte sie, nur wir hätten den Tisch bewegt und alle anderen nicht, weil „wir so starke Telekineten sind" ... Dann erklärte sie, felsenfest überzeugt, dass ihre Energie an diesem Tag nicht groß genug gewesen sei. Als nächstes meinte sie, irgendjemand hätte nicht gewollt, dass es dieses Mal klappt. Dann, letztlich, gelangte sie zu der Überzeugung, dass alles beim ersten Mal nur pure Einbildung war.

Keines!!! dieser Erklärungsmodelle ist in irgendeiner Weise rational – ebenso wenig wie die Rationalisierung, die im Moment, als es klappte, zuschlug.

Glücklicherweise siegte bei der ganzen Geschichte aber Susannes natürliche Einstellung zum Leben und ihre Offenheit. Sich daran erinnernd, dass ja eine Markierung auf dem Fußboden gewesen war, die auch – sogar von ihr selbst! das war gut! – vor Übungsbeginn noch einmal überprüft worden war, und dass der Tisch zum Schluss der Übung mehr als 6 cm von der Markierung entfernt gestanden hatte, lernte sie, ihre Erfahrung zu akzeptieren.

Sie hat dann eine ganze Weile lang nicht mehr an solchen Phänomenen gearbeitet, sondern kam zu dem ganz vernünftigen Schluss, dass sie erst einmal sich selbst und ihre Modellanschauungen prüfen musste. Heute studiert sie Philosophie und meditiert regelmäßig und verwendet, so wie wir es auch tun, Telekinese- oder auch Telepathieübungen zur Überprüfung ihrer Offenheit und ihrer Fähigkeit, Freude bewusst zu formen.

Zurück zur Münz-Übung

Sie konzeptualisieren also neu. Sie können zwar versuchen, althergebrachte Konzepte zur Erklärung zu verwenden, doch Sie werden feststellen, dass sie nicht funktionieren.

Die Münz-Übung motiviert Sie dazu, am Umweltrauschen neue Erkenntnisse zu formen. Dass das mit der Münz-Übung erstmal am leichtesten geht, liegt nicht nur daran, dass die Wahrscheinlichkeit eines Treffers höher ist, es kommt auch noch ein psychologischer Faktor hinzu: Gewöhnlich fällt uns leichter, Ja/Nein-Fragen zu beantworten, als Fragen, deren Beantwortung die parallele Behandlung einer Vielzahl möglicher Szenarien erforderlich macht. Bei der Münze interpretieren Sie binär am Umweltrauschen, nach einem 0/1-Schema. Dieses Rauschen = 0, jenes Rauschen = 1. Keine weiteren Interpretationsmöglichkeiten, was die Sache vereinfacht.

Wir wollen nun konkret ein solches symbolisches Binärschema verwenden, um die obige Übung zu erweitern:

Erweiterte Münz-Übung

Schreiben Sie alle 20 Würfe auf, bevor Sie die Münze werfen!

1. Setzen Sie sich bequem hin, atmen Sie ein paar Minuten mit geschlossenen Augen.
2. Nun nehmen Sie Zettel und Stift zur Hand und schreiben ruckzuck (ohne Nachdenken, Achtung Interpreter!) Ihre 20 Würfe in folgender Notation auf: 0 = Kopf, 1 = Zahl.
   Damit abstrahieren Sie mehr von der bevorstehenden Handlung und geben so dem Interpreter weniger Möglichkeiten,

denn jetzt müsste er seine Wenn-und-Abers versuchen, an 0 und 1 zu generieren, was sich aber recht leicht abschalten lässt, da diese Vorstellungen nicht so schnell Anlass zu erratischen gedanklichen Verflechtungen geben.

3. Dann werfen Sie die Münze und notieren die Ergebnisse – ohne auf Ihre Vorhersage zu schauen – entsprechend mit 0 für Kopf und 1 für Zahl.
4. Nach den 20 Wiederholungen vergleichen Sie Ihre Vorhersagen mit den Resultaten der Münzwürfe.
5. Wenn Sie mögen, führen Sie diese Übung ein paar Mal hintereinander durch.
6. Achten Sie auf Ihre Verspannungen. Sobald sie sich bemerkbar machen, einmal den bioenergetischen Bogen zwischendurch oder eine kleine Entspannungs- oder Konzentrationsmeditation.
7. Machen Sie die Übung ca. 3x täglich, je zu unterschiedlichen Tageszeiten, und achten Sie auf die Experimentbedingungen! Bekommen Sie heraus, mit welcher Geisteshaltung Sie am erfolgreichsten sind.
8. Wechseln Sie diese Übung immer wieder mit der vorherigen ab, bis Sie bei beiden sicher auf eine 70% Trefferquote oder höher kommen, und vergessen Sie die Konzentrationsmeditation und das Denktraining nicht. Wenn Sie bei der einen Übung erfolgreicher sind als bei der anderen, belassen Sie es nicht dabei und sagen Sie nicht: „Ich kann's nun mal eben so besser als anders", denn es geht hier um Sie und um Ihr Lernen. Wenn Sie sich hier schon Grenzen setzen, wie soll das dann erst bei TP werden? Wenn Sie schon hier solche (V)Erklärungsmodelle verwenden,

> werden Sie dann später vielleicht sagen: „Ich kann eben besser mit Frauen als mit Männern?“ – Sie sehen, der Schritt zu Folgeerklärungen, Scheinrationalisierungen und Interpreterschwachsinn ist nicht weit. Als nächstes sagt man dann vielleicht: „Frauen sind eben offener als Männer, weil sie mehr Gefühle haben“, oder so ...

Gut. Wenn Sie täglich meditieren und Ihre Meditationszeiten steigern, werden Sie nach ungefähr 6 Wochen in beiden Übungen 70% erreicht haben. Allerdings würden wir nicht damit rechnen, dass dieser Prozentsatz erhalten bleibt, wenn man dann eine zeitlang gar nichts mehr tut.

Die Fähigkeiten nehmen wieder ab. Man verliert sie zwar nie, so wie man auch Fahrradfahren nicht verlernt, man bleibt aber nicht auf dem gleichen Stand. Wenn wir eine Weile nicht geübt haben, dann sind wir meistens beim ersten Mal ganz gut, doch dann wird's wieder schlechter, denn: Auch bei uns schlägt der Interpreter immer wieder zu, wenn auch nicht ganz so oft, wie das noch vor ein paar Jahren der Fall war. Man gewöhnt sich allzu schnell bestimmte Anschauungen zu Welt an, ohne eigentlich genau zu merken, wie das vonstatten geht. Mangelnde Bewusstheit!

Gut, dies war dann der erste Streich, und der zweite folgt sogleich.

3.2.3. Präkognition: Trigrammscheiben mit Münze

Haben Sie schon einmal ein I-Ging-Buch in den Fingern gehabt? Ein Buch über dieses alte Orakelsystem der Chinesen? Dann haben Sie ja auch sicher schon einmal ein Hexagramm gesehen? – Nein? Dann die folgende Abbildung:

Sie sehen, ein Hexagramm ist aus 6 Strichen gemalt, wobei einige der Striche durchbrochen andere durchzogen sind. Gehen wir hier mal nicht inhaltlich auf das I-Ging ein, sondern gucken wir aufs Prinzip:

Wie bei unserer Münztechnik erkennen wir ein Binär-, ein 0/1-Schema. Wir setzen die durchzogene Linie als 0, die durchbrochene Linie als 1.

Wir haben uns lange Zeit intensiv mit solchen Binärschemata im Zusammenhang mit Präkognition beschäftigt und festgestellt, dass sie wegen der mit ihnen verbunden Abstraktion vom gewöhnlichen Denken und wegen ihrer recht einfachen Struktur sehr leicht vorhersagbar sind, entschieden leichter als verschnörkeltere und vielschichtigere Strukturen und Zusammenhänge.[102]

Was Sie jetzt lernen werden, ist komplexere Muster als nur das einfache 0/1 der Münze vorherzusagen, zu präkognizieren. Und als Basis können wir hierfür auf das einzelne 0/1-Muster aufbauen und so dafür sorgen, dass es Ihnen möglich wird, neue Erfahrungen und Erkenntnisfähigkeiten relativ glatt an bisher gelerntes anzuschließen.

Bitte tun Sie uns den Gefallen und beginnen Sie nicht damit, Ihre Vorhersagen nun auf das I-Ging zu übertragen! Das Risiko besteht bei dieser Arbeit und wir wollen es von vornherein ausschalten. Warum dies?

So mancher mag, wenn er die folgende Übung durchführt, bei Misserfolgen dazu tendieren, sich zu denken: „Die Götter wollen mir damit etwas mitteilen, also sollte ich mal ins I-Ging gucken." Götter, die einem störend dazwischenfunken, wenn man gerade mit einer wichtigen Bewusstseinserweiterungsarbeit beschäftigt ist, können wir hier nicht brauchen. Ein Gott, der so etwas tut, ist einfach ein störender Gott, der nicht an unserer Weiterentwicklung sondern an unserer Stagnation interessiert ist. Diese Einstellung sollte Ihnen in einer solchen Situation eigentlich weiterhelfen.

„In deiner Meditation sollte dich nichts von deinem Ziel (dem MO) abbringen. Und wenn Gott selbst in all seiner Pracht erscheint, behandle ihn als eine Störung, denn nur so wirst du die völlige Kontrolle deiner Gedanken erlangen können."[103]

---

102 Im Laufe dieser Arbeit mit Binär-Strukturen, unter anderem eben Trigrammen und Hexagrammen, haben wir eine Neubearbeitung des klassischen I-Ging erstellt. Wir haben eine Anpassung an moderne Bedürfnisse vorgenommen und ein Deutungssystem entwickelt, welches es ermöglicht, in kritischen Entscheidungssituationen passende und moralisch sinnvolle Verhaltensperspektiven zu generieren (orakeln) – ähnlich wie es ja auch das ursprüngliche Yi Jing intendierte, was heutzutage bei vielen leider in Vergessenheit geraten ist. „I-Ging, Ethik der Freiheit", Löffler & Peyn ,93. Derzeit planen wir eine Überarbeitung und Neuauflage. Stand 2007.

103 Frei nach Aleister Crowley.

Und das gilt für jede Übung, außer vielleicht beim Channeling.[104]

Also bitte, diese Übung hat nichts mit irgendwelchen Deutungen des I-Ging, nichts mit irgendwelchen „übersinnlichen Wesenheiten" zu tun. Es ist eine Übung, um die Fähigkeiten der Präkognition und der Telepathie zu verbessern, um zu lernen, auch komplexere Strukturen präkognizieren zu können.

Und, los geht's:

Trigramm-Scheiben bauen

1. Nehmen Sie sich ein großes, weißes Stück Pappe. Schneiden Sie aus dieser Pappe zwei Kreise mit einem Durchmesser von mindestens 20 cm aus.
2. Nun besorgen Sie sich ein Stück Holz mit einer Seitenlänge von wenigstens 40 cm, so dass Sie Ihre beiden Kreise darauf befestigen können.
3. Malen Sie auf Ihre Pappe die Trigramme, wie auf der nächsten Abbildung dargestellt. Sie sehen, auf jeder Scheibe sind alle Trigramm-Kombinationen abgebildet, so dass, wenn sich zwei Trigramme der beiden Scheiben gegenüber liegen, sie ein Hexagramm bilden. Bei je 8 Trigrammen ergibt das eine Kombinationsmöglichkeit von 64 Hexagrammen.

104 Wobei es auch hierbei wichtig ist, sich ganz exakt an das zu halten, was wir mit uns selbst vereinbart haben. Das Risiko des Abdrehens und Abdriftens besteht immer und überall. So wie die Rationalisierungen uns wieder auf den alten Stand bringen, so tun es auch die Mystifizierungen! (Nicht dass wir uns missverstehen, wir lehnen Mystik keinesfalls ab, aber damit sie ihre inspirierende Wirkung entfalten kann, muss man sie im rechten Maß, am rechten Ort und zur rechten Zeit praktizieren.)

4. Nun hämmern Sie zwei Nägel in das Holz, so im Abstand zueinander, dass die Scheiben, legt man sie mit ihrem Mittelpunkt auf die Nägel, einander nicht berühren. Die Nägel sollten also einen Abstand von ca. 21-22 cm zueinander haben (um Spielraum zu lassen).
5. Stechen Sie jetzt ein kleines Loch in die Mitte (genau sein!) Ihrer Scheiben.
6. Dann nehmen Sie sich zwei alte Kugelschreiber – die aus Plastik – und bauen sie auseinander. Der Drücker oben ist meist ein ungefähr 1 cm langes Plastikstück. Dieses benötigen Sie.
7. Schieben Sie den Drücker (vorsichtig!) durch die Löcher in den Scheiben, die Scheiben sollen nicht reißen, die Löcher sollten nicht zu groß sein.
8. Befestigen Sie die Drücker mit ein wenig Tesa oder Klebefolie so, dass die Scheiben gerade daran sitzen und die ganze Geschichte nicht wackelt.
9. Jetzt stülpen Sie die Scheiben über die Nägel – der Drücker hat unten ein Loch – das über den Nagelkopf schieben.
10. Die Drücker sollen oben aus den Scheiben herausgucken, die Nägel gleich lang sein, so dass Sie nun beide Scheiben drehen können, ohne dass sie auf dem Holz schleifen und frei laufen. Es macht nichts, wenn sie ein bisschen eiern.[105]

---

105 Diese Konstruktion ist eher provisorisch, kann dafür aber schnell und leicht auch von Nicht-Handwerkern gebaut werden. Bei häufiger Benutzung dieses Werkzeugs empfiehlt es sich allerdings, die Konstruktionsprinzipien in einem stabileren Design zu realisieren.

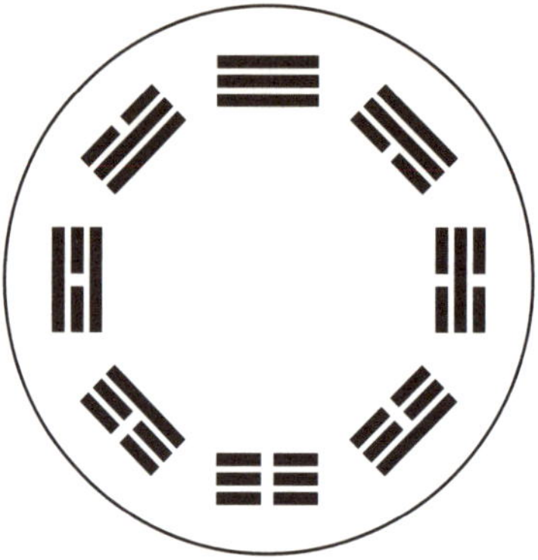

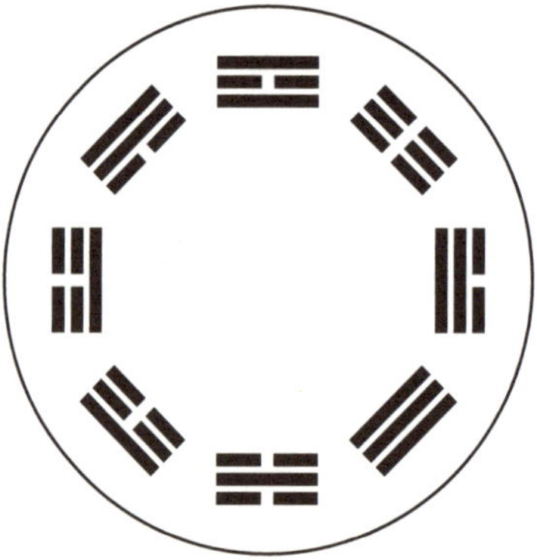

Präkognition Münz-Hexagramm

1. Setzen Sie sich wieder bequem hin und entspannen Sie sich.
2. Nun nehmen Sie Ihre Münze und werfen sie 6x.
   Kopf = 0, Zahl = 1.
3. Für Kopf zeichnen Sie eine durchzogene Linie auf ein Blatt Papier, für Zahl eine durchbrochene. Von UNTEN nach OBEN!
4. Werfen und malen Sie schnell, um den Interpreter zu überlisten.
5. Dann ergreifen Sie die beiden Drücker der Scheiben und drehen die Scheiben.
6. Schreiben Sie das Hexagramm auf, welches sich durch die Trigramme ergibt, die einander an der Stelle, wo die Scheiben den geringsten Abstand zu einander haben, gegenüberliegen. Das linke Trigramm ist im Hexagramm das untere Trigramm, das rechte das obere, lesen Sie von links nach rechts (Sie können auch das untere von links nach rechts und das obere von rechts nach links lesen, aber gewöhnen Sie sich an eine bestimmte Lesweise und passen Sie auf, dass Sie sich keinen Knoten ins Hirn machen).
7. Wiederholen Sie diese Übung so oft, wie Sie möchten.
   Auf Verspannungen etc. achten!

Ein Beispiel:
Sie haben die Trigramme

☰

rechts und oben
und

☳

links und unten
einander gegenüber liegen, so dass sich das Hexagramm

䷘

ergibt.

Praktizieren Sie diese Übung ebenso wie die vorherigen Übungen regelmäßig und häufig über eine längere Zeitspanne hinweg. An dem Tag, an dem Sie sicher eine Trefferquote von 70% erzielen, sind Sie gut genug.

Was ist jetzt passiert?

Das Erklärungsmodell für das Funktionieren dieser Übung entspricht den zuvor beschriebenen Konzepten. Die Münze verwenden sie lediglich als Mittel, um ihre Gedanken zwecks Angleichung an den zu präkognizierenden Sachverhalt zu externalisieren (materialisieren). Man könnte auch sagen: „Sie denken mit der Münze und mal nicht mit ihrem Kopf." Oder: „Sie lassen die Münze vorhersehen." Vergessen Sie nicht: Ihr Kopf ist viel zu klein, um ihre ganze Psyche darin unter zu kriegen. Mit all seinem Inhalt ist er nur ein Teil ihrer Psyche. Wenn Sie schon mit etwas denken müssen, dann tun Sie es mit ihrer gesamten Erfahrungswirklichkeit.

Nun kann es manchmal vorkommen, dass Sie nur ein Trigramm danebenlagen. Oder dass die Trigramme nicht einander gegenüber sondern genau an der entgegengesetzten Position lagen. Vieles ähnliches kann passieren und das gar nicht mal so selten, und:

So schnell schlägt der Interpreter zu ...

... um sich eine Struktur, die eigentlich gar nichts mit dem intendierten Ziel zu tun hat, in Hinsicht auf das Ziel passend zu machen.

Nehmen Sie solche Dinge zur Kenntnis, denken Sie auch darüber nach, aber steigern Sie sich nicht hinein, lassen Sie wieder los, und bewerten Sie so etwas auf keinen Fall als Erfolg. Es war kein Erfolg, sondern ein Fehlschlag. Allerdings haben solche Fehlschläge eine besondere Eigenart im Gegensatz zu denen, bei denen wir völlig daneben liegen: Auf der einen Seite „tun sie so, als seien sie doch ein Erfolg", auf der anderen Seite wirken sie so, als wollten wir einen Erfolg nicht zulassen.

Wenn das häufiger geschieht, versuchen Sie herauszubekommen, wie Sie dabei gedacht haben.

Versuchen Sie nicht, den Sachverhalt zu modifizieren und eine Methode der Zielnäherung zu entwickeln. Erfahrungsgemäß klappt das nicht. Es führt nur dazu, dass man immer wieder knapp am Ziel vorbeischießt. **BEGINNEN SIE IMMER WIEDER NEU.** Präkognition und Telepathie funktionieren nicht nach linearen Prinzipien.

Denken Sie daran: Wir machen hier keine Experimente mit Dingen außerhalb von uns selbst, sondern wir machen Experimente mit unserer eigenen Psyche. Und die ist ganz schön komplex und hat so einige Tricks und Schliche auf Lager.

Leider können wir Ihnen nicht sagen, **WIE GENAU** nun gerade Sie denken müssen, denn wir haben nicht Ihre Psyche. Wir können Ihnen nur sagen, wo Probleme auftreten werden und welchen Charakters diese Probleme bei den meisten von uns sind. Den Rest müssen Sie machen.

Gut. Alles klar? Dann zur nächsten Übung.

3.2.4. Präkognition: Trigrammscheiben ohne Münze

Bislang haben Sie mit einer Münze gearbeitet. Sie ist Ihnen vertraut geworden. Sie haben einen Bezug zu der Münze und über die Münze einen Bezug zu sich selbst und zu ihren Fähigkeiten entwickelt, zum „wie muss ich denken – oder nicht-denken". In der nächsten Übung sollen Sie lernen, ohne die Münze als Mittler auszukommen, was die Sache etwas schwerer macht.

Auch wenn es nun etwas schwieriger wird, bedenken Sie: Die Übungen, die wir hier in diesem Buch beschreiben, bauen alle aufeinander auf. Sicher können Sie die eine oder andere auch mal so zwischendurch ausprobieren, aber wenn Sie konkrete und sichere Ergebnisse haben wollen, halten Sie sich an den vorgegebenen Ablauf. Weichen Sie zu stark davon ab, kann das die Stabilität der Ergebnisse beeinträchtigen, bleiben Sie hingegen dabei, loten Sie ihre Möglichkeiten optimal aus und werden absehbar auch Erfolge erzielen. Wir haben den Ablauf immer wieder getestet, so dass wir mit ziemlicher Sicherheit behaupten können, dass er für die meisten funktioniert. Probieren Sie's also erstmal nach dieser Methode.

Wenn ein Fahrschullehrer seinem Schüler sagt: „Du musst erst den Zündschlüssel umdrehen und so den Motor starten. Danach musst Du die Kupplung treten und den ersten Gang einlegen, und dann kannst Du die Kupplung langsam kommen lassen, dabei vorsichtig Gas geben und losfahren!“, so hat er für die Wahl dieses Ablaufs vernünftige Gründe. Denkt der Fahrschüler nun einfach: „Nein, ich mach's anders!“, und weicht vom vorgeschlagenen Verfahren ab, ohne den Um fang der Lernsituation überhaupt ermessen zu können, braucht er sich nachher auch nicht zu wundern, wenn's nicht klappt.

Dieses Vergleichsbeispiel soll keinesfalls Eigenkreativität abwürgen, denn Eigenkreativität ist für das Begreifen neuer Sachverhalte und neuer Methoden wichtig! Allerdings bringt Eigenkreativität auf Kosten des zielführenden Weges hinsichtlich des eigentlichen Ziels überhaupt nichts.

Jetzt aber auf zur nächsten Übung ...

Und los:

1. Setzen Sie sich bequem hin, atmen Sie mit geschlossenen Augen bis zum Reflexpunkt ein und aus. Bis Sie ganz ruhig sind und nur noch an das Atmen denken.
2. Nehmen Sie Ihren Zettel und Ihren Stift, die Sie sich vorher bereit gelegt haben.
3. Malen Sie jetzt schnell hintereinander von links nach rechts 6x6 Zahlenreihen in 0/1er-Kombinationen auf. Beispiel:

   011100
   111110
   010111
   000010
   001101
   100100

4. Drehen Sie 6x die Trigrammscheiben. Nach jeder Drehung schreiben Sie das erhaltene Hexagramm auf den Zettel auf, ohne dabei auf Ihre Vorhersage zu schauen.
5. Nach der sechsten Runde vergleichen Sie Ihre Ergebnisse. Sie wissen noch? 0 = durchzogen, 1 = durchbrochen.
6. Wiederholen Sie auch diese Übung noch 2x. Dann kurze Pause, und wenn Sie möchten, probieren Sie es noch ein paar Mal.
7. Sie sollten diese Übung wenigstens 3x täglich machen.

Ist es Ihnen jetzt passiert, dass Sie einige der Hexagramme hatten, aber in falscher Reihenfolge? – Dann wie üblich zur Kenntnis nehmen und nicht dran rumdeuteln. Kommen Sie bloß nicht auf die Idee,

Sie wären im „falschen Zeitstrang“ oder so gelandet: „Sie hätten die richtigen Hexagramme zur falschen Zeit gewusst.“ Fehler bleibt Fehler. Wenn wir zu besseren Ergebnissen kommen wollen, sollten wir so etwas gar nicht erst machen.

Mal wieder eine kleine Geschichte dazu?

Gut. Als wir selbst noch materieller „drauf waren“, als wir noch dachten, wir könnten so gut sein, dass unsere materiellen Bedürfnisse nicht zuschlagen, probierten wir es aus, die Lottozahlen vorherzusagen.

Wir waren in den Übungen ganz gut und hatten uns lange Zeit auf den „Ernstfall“ vorbereitet. All die Übungen, die in diesem Buch stehen plus noch ein paar weitere, die aber nicht so wichtig sind, hatten wir durchgeführt. So ging es dann in medias res.

Und es kam insgesamt 8x bei 30 Versuchen vor, dass wir 5 richtige für die übernächste Woche hatten. Schiet wat auch ... eine Freundin von uns, die zur gleichen Zeit übte, hatte sogar einmal einen Sechser.

Tja, und da ging's dann auch bei uns ganz schnell, dass wir glaubten, wir hätten richtig vorhergesagt, nur die Zeiteinschätzung funktioniere nicht.

Mensch, Mensch, wie schnell du doch zu seltsamem Interpreterschwachsinn kommst, wenn deine Ziele mal nicht so sauber sind!!! Man wird so schnell blind dabei. So schnell bildet man sich etwas ein, möchte doch ganz gerne was Besonderes sein, sozusagen ein verkanntes Genie ...

Das Erklärungsmodell, das wir uns zusammengebastelt hatten, hatte eindeutig die Funktion, uns vor uns selbst zu entschuldigen und unsere Fehler als Erfolge zu deuten. Wir dachten in etwa: „Wir können die Zukunft vorhersagen, doch da Zeit so komplex ist, vertun wir uns noch manchmal mit der Interpretation.“

Absoluter Blödsinn! Doch dummerweise ist dieser Blödsinn unter Esoterikern total anerkannt, so dass wir hierfür von anderen auch immer wieder Bestätigung bekamen. Viele Astrologen, Hellseher und wie sie auch immer heißen, machen Vorhersagen für die nächste Woche oder den nächsten Monat, und wenn das „vorhergesagte Ereignis" dann etwas später eintrifft behaupten sie, „es doch vorhergesagt zu haben, nur mit der Zeit sei das halt eben so ein Problem."

Klingt, als wäre Zeit etwas Substanzielles außerhalb unserer Möglichkeiten, als sei Zeit materiell und schwer erforschbar. Prch ...

In etwa das gleiche läge vor, wenn ein 100m-Läufer, der statt der angestrebten 10,3 Sek. nur 10,5 gelaufen ist, daraufhin erklären würde, es läge daran, dass das Ei, das er am Morgen gegessen hatte, durch besondere chemische Abläufe eben uneinsehbare physische Wirkungen hervorgebracht hätte ...

Aus Fehlern jedoch lernt man, und wir haben gelernt, dass dergleichen Rationalisierungen Misserfolge provozieren: Man muss sich nicht mehr so anstrengen, sich nicht mehr soviel Mühe geben, da man doch so erfolgreich ist, und nur die widrigen Umstände der Umwelt einen daran hindern, noch erfolgreicher zu sein. Eine derartige Einstellung bringt Sie nicht weiter, sie führt Sie in Stagnation.[106]

106 Solche Entschuldigungen gibt es viele. Neulich meinte einer sinngemäß, dass „magische" Experimente auch dem so genannten „Vorführeffekt" unterlägen, so dass sie eben aus „magischen Gründen, die nicht weiter erklärt werden können", genau dann nicht funktionieren, wenn man sie vor anderen machen muss. Unsinn! Einen Fehler mit Unerklärlichem zu erklären, führt dazu, dass der Fehler immer wieder gemacht wird. Betrachtet man ihn jedoch einfach als Fehler, kann man seine Einstellung ändern. Vor allem kann man dann auch zu ihm stehen und seine Schwächen offen äußern. Keine Versteckspielerei!!!

Wenn Sie in dieser Übung zwischen 60% und 70% sicher erreicht haben, besser natürlich mehr, können Sie zur nächsten Übung übergehen.

3.2.5. Präkognition: Trigramme mit vollen Hexagrammen

Nachdem Sie ausreichend Erfahrungen mit den vorhergehenden Übungen gemacht haben, so ausreichend, dass Sie Ihren Interpreter und seinen Schwachsinn besser kennengelernt haben, sich besser konzentrieren und frei freuen können, sind Sie nun gut vorbereitet, um mit der folgenden Übung vorwärts zu kommen.

Sie ist wieder ein bisschen schwieriger. Insofern als Ihnen nun die Möglichkeit der Abstraktion über das 0/1-Ziffer-Schema genommen wird. Sie sollen direkt vollständige Hexagramme malen und vorhersagen. Das ist gar nicht so einfach, da Sie beim Malen der Striche und Hexagramme wahrscheinlich eher zum Sinnieren tendieren werden als beim Aufschreiben der Ziffern: „Was male ich denn nun, so dass es gut klappt." Und wie Sie bisher erfahren haben, behindert genau dies den Erfolg.

Sind Sie soweit? Dann los.

1. Wieder bequem hinsetzen und kurz entspannen.
2. Dann greifen Sie zu Zettel und Stift.
3. Malen Sie jetzt 6 Hexagramme von unten nach oben auf. Malen Sie so schnell wie möglich. Halten Sie dabei ihren Kopf frei.

Es kann helfen, einfach schöne Hexagramme malen zu wollen, ohne dabei an den eigentlichen Sinn der Übung zu denken.

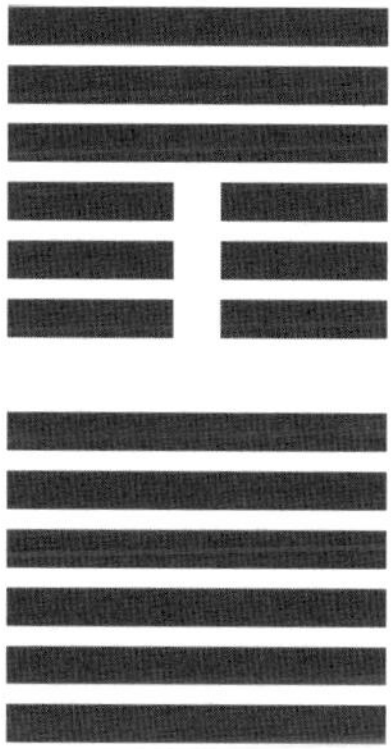

4. Drehen Sie nun die Trigrammscheiben 6x. Schreiben Sie die Ergebnisse der Drehungen auf. Um sich nicht zu stören und abzulenken, sollten Sie weder beim Drehen noch beim Aufschreiben der Ergebnisse ihre zuvor gemachte Vorhersage sehen können.
5. Vergleichen Sie Vorhersage und Ergebnisse.
6. Wiederholen Sie noch 2x. Dann machen Sie eine kurze Pause, entspannen Sie, wiederholen Sie den gesamten Vorgang noch 2x.
7. Auch diese Übung wieder wenigstens 3x täglich zu verschiedenen Zeiten.

Machen Sie Ihre Tagebuchaufzeichnungen noch? Denken Sie noch an die Experimentbedingungen? Ist Ihnen noch klar, dass Sie umkonzeptualisieren? Fein!

Auch hier gilt wieder die 60%-70%-Marke. Auch hier sollten Sie ab und zu wieder 100% erreichen, bevor Sie zur nächsten Übung voranschreiten.

Vielleicht an dieser Stelle noch etwas zu der Frage, warum wir eigentlich solche Übungen machen, anstatt zum Beispiel vorherzusagen, was der Postbote morgen bringt:

Jedes Lernen einer neuen Fähigkeit sollte wohlstrukturiert vor sich gehen, damit man später genau weiß, welche Handlungen zielführend sind und welche nicht. Es gibt viele Menschen, die sich mit Telepathie und Präkognition beschäftigen und die ihre Erfahrungen an Alltagserlebnissen machen. Das Problem ist, dass sie ihre Fähigkeiten nicht gezielt einsetzen können, sondern sozusagen „darauf warten müssen, wann es das nächste Mal passiert".

Alltagserlebnisse sind viel zu komplex, um konkret sagen zu können, wie man denken muss, um Erfolg zu haben. Viel zu viele Faktoren spielen hier eine Rolle. Und da man gewöhnlich stark in seinen Alltag involviert ist, fehlt einem in Alltagssituationen ohne spezielles Training auch die rechte Bewusstheit – die Fähigkeit, sich genau zu beobachten – um das WIE klären und für die Zukunft sicher gestalten zu können.

Außerdem kommt noch hinzu, dass durch ein Darauf-Warten-Müssen, dass es einen überkommt, die präkognitiven und telepathischen Fähigkeiten eine gewisse Form von Unkontrollierbarkeit annehmen können. Es ist, als müsse man ab und zu zwanghaft reden und als würde das Reden einen dann beherrschen. Eine sehr unangenehme Situation und keinesfalls sozial gesund ...

Wir wollen nicht zu einer Art „erleuchtetem Monster" werden, das immer wieder vom heiligen Geist überfallen wird. Wir wollen ganz gezielt eine weitere menschliche Fähigkeit trainieren und auch kontrollieren können. Stellen Sie sich mal vor, Sie müssten immer mal wieder zwanghaft, weil der heilige Geist Sie überfällt, ins Auto springen und durch die Gegend rasen ... oder 10x die Treppe rauf- und runterlaufen ... oder ein Gedicht schreiben ...

Ah, da ist es ... das Künstlertum ... nicht der Mensch ist ein wahrer Künstler, der „seine Intuitionen hat und ihnen dann folgen muss". Wäre das so, wäre jeder Hund ein Künstler. Ein wahrer Künstler ist ein Mensch, der sein Fach genau kennt, seine Werke planen kann, über eine große symbolische Vielfalt verfügt und auf dieser Grundlage Intuition hervorbringen und einsetzten kann. Wir halten Künstler oft für Genies, wir denken, sie seien besonders begabt, ja etwas Besonderes an sich. Gut, viele Künstler leben davon, doch wir persönlich halten diese Anschauung für unkreativ. Ein Meister lernt sein Fach, und er fängt von der Pike auf an. Die meisten großen Künstler mussten irgendwann feststellen, dass gerade dieses ‚Einen-Überkommen' sie behindert, wenn sie wirklich gute Werke erschaffen wollen. Die besten Musiker sind oft auch Mathematiker, die minutiös planen und strukturiert vorgehen können. Der Schriftsteller, der nur seinen Intuitionen folgt, wirkt platt, gar vulgär.

TP, Präkognition, die Fähigkeit zur Konzentration und Meditation, all diese Dinge fallen nicht vom Himmel. Und gerade auch die wichtige Fähigkeit der Intuition wird, anders als viele denken, durch deutliche Zielsetzung, strukturiertes Vorgehen und gründliches Planen nicht abgetötet sondern verbessert. Lesen Sie einmal Douglas R. Hofstadter's „Metamagicum" oder Marvin Minsky's „Mentopolis". Beide gehen auf Lernen und auch auf Genialität ein, und beide zeigen, dass Lernen und Genialität eng miteinander verknüpft sind, dass Genies weder vom Himmel fallen noch unbedingt besonders erblich begabt sind und auch nicht nur unter irgendwelchen speziellen Sozialisationsbedingungen aufwachsen können.

Um das zu klären: ‚Genie'-Gläubigkeit ist die Entschuldigung für die eigene Unfähigkeit.

„Müssen die einen denn immer so ermahnen?" – Sie interessieren sich für Außergewöhnliches, wollen vielleicht so gar Außergewöhnliches leisten, das erfordert außergewöhnliches Denken, außergewöhnliches Erleben und außergewöhnliches Handeln!

Wir haben schon zu viele „magische Unfälle" gesehen haben, um nicht zu wissen, wie wichtig das rationale, gründliche und lernbezogene Vorgehen ist. Außerdem finden wir unsere Vorgehensweise in vielen alten und tradierten mystischen Erkenntnislehren und -schulen bestätigt. Durch die Meditation haben wir viele Dinge erlebt, wie unter anderem das berühmte Aufsteigen der Kundalini. All unsere Erfahrungen machen nur Sinn, wenn sie unsere Freiheitsgrade in der Zukunft erhalten und erhöhen, nicht wenn sie sie verringern. Um festzustellen, was der Fall ist und was nicht, sind gesunder (!) Zweifel und gesunder (!) Selbstzweifel sehr nützlich.

Viele behaupten von uns, wir seien zu schwer verständlich, zu rational. „Es kann doch nicht jeder so klug sein ..." hören wir oft. Nun, wir sehen uns selbst überhaupt nicht als soooo rational und dieses Buch hier ist ja auch in einer recht verständlichen Sprache geschrieben. Das geht teilweise etwas auf Kosten der Schärfe, und unscharfe Begriffe zu verwenden bedeutet, das Risiko einzugehen, unscharfe Erfahrungen zu machen. Aber wir denken, dass jeder klug sein oder klug werden kann. Es ist eine Frage des Willens, eine Frage der Bereitschaft, über sich selbst hinauszuwachsen. Gittas Turnlehrerin, eine faszinierende Frau, sagte immer wieder: „Sage niemals ‚das kann ich nicht', sage immer ‚ich werde es versuchen'."

Wenn du jetzt nicht weißt, wie's geht, dann lerne dazu!

3.2.6. Das Hemisphärenmodell

Da war die ganze Zeit die Rede von Freude, vom Interpreter, vom Interpreterschwachsinn und von Rationalisierungen. Was haben diese Dinge miteinander zu tun? Wie kann man ein biologisches bzw. verhaltenspsychologisches Modell zu Hilfe nehmen, um sich die Umstände des Zustandekommens telepathischer Phänomene detaillierter zu veranschaulichen? Wie kann man erklären, dass TP genau dann nicht funktioniert, wenn wir nach Begründungen und nach linearen Verlaufsplänen suchen? – Mit dem Hemisphärenmodell.[107]

Das menschliche Hirn kann als „aus zwei Hirnen bestehend" beschrieben werden: Das linke Hirn (linke Hemisphäre) und – logo – das rechte Hirn (rechte Hemisphäre).

---

107 Vergleichen Sie hierzu „Ansichten eines Hirns", Hunziker & Mazzola. Das Hemisphären-Modell kann auch heutzutage noch mit positivem Nutzen zur Veranschaulichung der Verarbeitungsweisen des menschlichen Gehirns verwendet werden, obwohl moderne Ergebnisse der Hirnforschung seine tatsächliche Übertragbarkeit auf die materiellen Gegebenheiten im Gehirn fraglich erscheinen lassen. Die Funktionsweise eines Systems lässt sich häufig recht genau mittels konstruierter schematischer Funktionskomponenten beschreiben, auch wenn man nicht oder noch nicht weiß, wie oder ob diese schematischen Funktionskomponenten im System materiell realisiert werden. Das Hemisphärenmodell ist besonders gut dazu geeignet, das parallele Prozessieren von Gedanken der Psyche und Erregungen des Nervensystems zu veranschaulichen und verständlich zu machen.

An beiden Hemisphären können unterschiedliche Erregungszustände gemessen werden, welche mit sehr unterschiedlichen Arten von Gedanken korrespondieren.

Aufgepasst, nicht auf die Idee kommen, dass wir mit dem Hirn denken! Das wäre zu weit hergeholt.

Bestimmte Arten von Gedanken korrespondieren mit dem linken Hirn, bestimmte andere mit dem rechten Hirn.

So korrespondiert mit dem linken Hirn:

- Lineares Denken
- Strukturiertes Denken
- Digitales Denken
- Das Analysieren von Mustern
- Das Erklären von Zusammenhängen
- Vorher-Nachher-Sortieren
- Räumliches Sortieren
- Rationalität
- u.ä.

Und mit dem rechten:

- Kreativität
- Spontaneität

- Ganzheitliches Erfassen
- Analoges Denken
- Intuition
- Tagträumen
- Gefühle
- u.ä.

Tagträumen Sie und wären Sie währenddessen an ein EEG-Messgerät angeschlossen, würden mehr Erregungen Ihrer rechten Hemisphäre gemessen werden, lösen Sie allerdings eine logische Aufgabe, mehr Erregungen Ihrer linken. Es kommt allerdings nie vor, dass sich ausschließlich die eine Seite in einem angeregten Zustand befindet, während die andere überhaupt nicht (re)agiert.

Es sieht ganz so aus, als könnten wir zwei Kategorien des Denkens festsetzen und diese den beiden Hemisphären des Hirns getrennt zuordnen.

Als gewöhnliche Europäer denken wir meist auf eine Weise, die mit stärkerer Erregung der linken Hemisphäre korrespondiert. Beim Buschmann oder Yogin hingegen wird man viel häufiger stärkere Erregung der rechten Hemisphäre messen.

Wir sind darauf konditioniert, rational, sachlich und linear zu denken, während Intuition, Kreativität und ganzheitliches Erfassen in unserer Gesellschaft wesentlich weniger als zum Beispiel in Indien trainiert werden.

Und genau den Erregungszuständen der
linken Hemisphäre ordnen wir den Interpreter zu!
Während der rechten Hemisphäre die Freude zugeordnet wird,

---

wobei diese Freude unabhängig von Gier nach Ergebnis sein muss. Kann sich ein Mensch aus sich selbst heraus, völlig ohne Anlass und ohne das Bedürfnis nach Erklärung freuen, so denkt er anders, völlig anders, als wenn er rational vorgeht.

Nun ist Rationalität ja aus vielen Gründen, die wir schon genannt haben, ungeheuer wichtig für unser Überleben, unsere geistige Gesundheit, unsere Anschlussfähigkeit. Dennoch benötigen wir die Kenntnisse, Fähigkeiten und Fertigkeiten, welche eher mit der rechten Hemisphäre korrespondieren, um Neues zu erlernen! Und um hierin erfolgreich zu sein.

Ein Kind, das seinen Bauklotzturm baut, geht dabei teilweise rational vor, damit es einen Klotz auf den anderen setzen kann und der Turm nicht umkippt. Auf der anderen Seite aber benötigt es die Freude an der Sache, um diesen Turm überhaupt fertig zu bekommen. Baut ein Kind einen Turm nur, weil es hofft, so seinem Vater zu gefallen, wird der Turm nicht so schön, und es hat auch nicht soviel Spaß daran. Lernt ein Schüler die binomischen Formeln nur auswendig, um in der nächsten Mathearbeit gut abzuschneiden und nicht von Muttern eins drüber zu bekommen, wird er nicht verstehen, was ihm die binomischen Formeln überhaupt bringen können.

Die Freude an der Sache ist in unserer Gesellschaft ein ernsthaftes Problem. Wir leben mit Frustrationen und können kaum noch etwas aus Spaß an der Sache selbst tun, ausgenommen vielleicht die Dinge, die gesellschaftlich völlig akzeptiert sind und für die uns keiner bestraft. Lesen wir einen Roman und hat niemand etwas dagegen, tun wir es dann vielleicht auch aus Spaß daran. Doch lesen wir ein sachliches Buch, zum Beispiel über Konstruktivismus, so müssen wir befürchten, dafür ‚geschlagen' zu werden. Erzählen wir einem Bekannten, dass wir

Maturanas und Varelas „Baum der Erkenntnis"[108] gelesen haben, passiert es eher selten, dass er uns dafür lobt – es sei denn, wir bevorzugen die Gesellschaft sogenannter ‚Intellektueller' ... also lassen wir es gleich oder tun es heimlich und können uns nicht so recht daran erfreuen. Als Erklärung geben wir dann schnell mal, es sei uns zu schwer.

Dass uns etwas schwer oder gar langweilig vorkommt, liegt nur an unserer Unfähigkeit, es interessant zu gestalten!!!

Mit anderen Worten: „Wir verwenden die rechte Hemisphäre zu wenig." (wenn wir uns mal so unscharf ausdrücken dürfen)

Wenn wir etwas Neues erlernen möchten, benötigen wir auch die Freude daran. Tun wir es lediglich, um damit etwas anderes zu erreichen, wie Anerkennung oder Geld, werden wir nicht so erfolgreich sein wie derjenige, der es aus Freude an der Sache macht. Der Forscher in der Pharmazie, der Anerkennung will, wird gar eher mal geneigt sein, seine Ergebnisse ein wenig zu fälschen, um seine Streicheleinheiten zu bekommen ... derjenige aber, der aus Freude an der Sache forscht, wird gute Ergebnisse erzielen, und zwar nur für sich und für die Sache!!!

Neurobiologen haben insbesondere in neuerer Zeit eine zunehmende Anzahl von Tests durchgeführt, um herauszufinden, was auf Ebene des Nervensystems geschieht, wenn jemand meditiert, Telepathie trainiert, präkogniziert, Autogenes Training macht, usw.

Und es wurde festgestellt, dass bei derartigen Tätigkeiten die rechte Hemisphäre wesentlich stärker erregt ist als die linke.

[108] Ein ausgezeichnetes Einführungsbuch in den Konstruktivismus.

Und es wurde weiter festgestellt, dass diejenigen, die beide Hirnhälften trainieren (also Denktätigkeiten üben, die mal mit Erregungen des linken, mal mit Erregungen des rechten Hirns KORRESPONDIEREN), wesentlich leichter in einen tiefen meditativen Zustand gelangen und in der Telepathie wie auch in der Präkognition wesentlich erfolgreicher sind als diejenigen, die nur eine Art des Denkens optimieren.

Es geht ja häufiger das Gerücht, dass gerade die etwas weniger Gebildeten unter uns die besonders guten Heiler, Hellseher, o.ä. sind. Nun, das trifft vorab möglicherweise sogar zu, doch kann keiner von ihnen gezielt seine Fähigkeiten steigern, da sie das linkshemisphärische Denken mit seinen Möglichkeiten zur Erweiterung ihres Modells der Welt nicht trainieren. Ihre Fähigkeiten bleiben gewöhnlich auf das Hervorbringen eher sporadischer, nicht weiter erklärbarer Phänomene beschränkt. Ähnlich wie dem talentierten Gelegenheitsmusiker auch mal eine nette Melodie gelingt. Es kommt nicht zu gezielter

Bewusstseinserweiterung.

Es ist absolut typisch, wenn so jemand auf die Frage hin, wie er es denn macht, antwortet: „Das weiß ich nicht!" Kreativität, Intuition und Freude haben, wenn sie aus Begeisterung für die Sache motiviert sind, mit Erklärungsmodellen eben wenig am Hut.

Was kann man nun tun, um sein rechtshemisphärisches Denken zu verbessern und zu steigern?

Man lernt, den Interpreter zu überlisten.

Dieses mistige kleine Vieh, das wir uns ansozialisiert haben, ist zwar ganz gut, um den Einkaufszettel zu erstellen und eine Logikaufgabe zu lösen, aber es hat die gemeine Angewohnheit, uns bei kreativen rechtshemisphärischen Tätigkeiten unangenehm dazwischen zu funken. Durch Gewohnheit ist es stark geworden. So stark, dass es sich von hinten anschleicht und wir es immer erst bemerken, wenn's schon zu spät ist.

Um diesbezüglich Abhilfe zu schaffen, hat uns David Loye, ein Wissenschaftler aus den Vereinigten Staaten, mit seinem Buch „Die Sphinx und der Regenbogen" auf so einige geniale Ideen gebracht, und: Sie funktionieren!

Einerseits hilft natürlich die Konzentrationsmeditation immens beim Erwerb der Fähigkeit, den Interpreter abzuschalten. Denn in ihr lernen wir, ohne Anlass Freude zu erzeugen und über unsere gewohnten Konzepte hinauszugehen wie auch nur einen einzigen Gedanken zu denken, und zwar den, den wir denken wollen.

Andererseits – und dieser Ansatz geht insbesondere auf Loyes Konzepte zurück – kann man den Interpreter überlisten, indem man Präkognitions- und TP-Übungen macht, die vom Aufbau her so komplex sind, dass der Interpreter da nicht mehr durchblickt. Und zwar mit statistischen Verfahren.

Das Ziel ist, die Übungen so komplex zu gestalten, dass man nun wirklich überhaupt nicht mehr erklären kann, wie man das mit der Präkognition oder der Telepathie jetzt zustande gebracht hat.

Der Witz an der Sache ist, dass die Ergebnisse durch eine Verwirrungstechnik besser werden.

Wir werden einige solcher Übungen im folgenden Kapitel vorstellen, bitten aber Sie, lieber Leser, bevor Sie ernsthaft an diese statistischen Vorhersagemethoden herangehen, in den zuvor beschriebenen Übungen hinreichende Erfahrung zu sammeln, denn: Wenn man den Interpreter überlisten möchte, ist es sinnvoll, ihn zuerst kennen zu lernen. Wir kennen uns selbst, unsere Tücken und Macken viel zu wenig, da wir im Laufe der Jahre gelernt haben, sie als natürlichen Bestandteil eines So-bin-ich-eben zu betrachten. Loten Sie diesen Umstand nicht genügend aus, umgehen Sie einen wichtigen Punkt in Sachen Selbstehrlichkeit und Selbsttransparenz. Sie können zwar mit den statistischen Techniken, auch ohne diesen Schritt gemacht zu haben, Erfolge erzielen, werden dafür aber mit einigen anderen Übungen überhaupt nicht klarkommen.

Und wie so oft liegt auch hier der kleine Selbstbetrüger auf der Lauer: der Mensch auf der Suche nach Anerkennung und Selbstdarstellungsmöglichkeiten.

3.2.6. Statistische Vorhersagemethoden

Wir haben eine Vielzahl statistischer Vorhersagemethoden ausprobiert und stellen Ihnen in diesem Buch eine Auswahl jener vor, die im Allgemeinen am besten funktionieren und am leichtesten zu praktizieren sind. Schauen Sie sie sich gut an, führen Sie sie regelmäßig und sorgfältig durch und bemühen Sie sich, das Prinzip zu begreifen. Dort angelangt, können Sie selbst kreativ werden und eigene statistische Vorhersagemethoden konstruieren. Präkognition und Telepathie sind weite Forschungsfelder, an denen jeder seine Kreativität voll austoben kann.

Roulette-Spielen

Diese Technik haben wir angewandt, als wir die Präkognitionen für das Roulette gemacht haben. Mal abgesehen von dem etwas fragwürdigen ursprünglichen Verwendungszweck, funktioniert sie wunderbar und macht riesigen Spaß.

Sie können die Übung allein oder zu zweit oder zu mehreren durchführen. Zu zweit ist aber erstmal besser: a) bei mindestens zwei Personen bekommt der Interpreter noch viel weniger Chancen, mit irgendwelchen dubiosen Erklärungen dazwischen zu funken, als bei einer Person alleine; b) bei noch zwei Personen bleibt die praktische Durchführung für den Anfang überschaubarer als bei mehreren. Wir haben die Übungsbeschreibung für zwei Personen abgefasst, Sie können Sie leicht für eine oder für mehr als zwei Personen abändern.

1. Schreiben Sie auf ein Blatt Papier von links oben nach links unten die Zahlen von 1 bis 36 und von links oben nach rechts oben ebenso die Zahlen von 1 bis 36 und danach ein P (für Präkognition), so dass sich die Koordinaten für eine Tabelle ergeben.
2. Nun ziehen Sie die Spalten und Zeilen der Tabelle nach.
3. Setzen Sie sich einander gegenüber. (Machen Sie sich klar, dass Sie im folgenden Vorgang die 36 Roulette-Würfe vorhersagen, die Sie danach dann tatsächlich auch werfen werden.)
4. Person A, das Blatt auf dem Schoß, fordert Person B auf, hintereinander weg Zahlen zwischen 0 und 36 zu nennen (die möglichen Zahlen des Roulettes). A schreibt die Zahlen in der Reihenfolge ihrer Nennung untereinander in die 1. Spalte. Ist die Spalte voll:
5. Dann wird gewechselt. B nimmt das Papier und fordert A auf, hintereinanderweg Zahlen zwischen 0 und 36 zu nennen, welche B jetzt in Reihenfolge ihrer Nennung in die 2. Spalte einträgt, bis die wieder voll ist. Von oben nach unten!
6. Dies wird solange wiederholt, bis alle Spalten gefüllt sind.
7. Nun nehmen Sie sich das Blatt und prüfen Zeile für Zeile, welche Zahl in einer Zeile am häufigsten auftritt. Diese häufigste Zahl der Zeile tragen Sie am Ende der Zeile in die Spalte P ein. Die Spalte P ergibt ihre gemeinsame Vorhersage in der korrekten Reihenfolge von 1-36 für die kommenden 36 Roulette-Würfe. Soweit klar?

0	1	2	3	4	5	6	7	8	9	10	...	36	P
1	8	20	21	15	1	3	8	2	7	8	...	1	8
2	9	17	21	2	14	9	12	4	3	1	...	9	9
3	4	3	23	11	2	3	4	7	19	33	...	8	4
4	7	11	19	36	0	3	5	11	13	2	...	8	11
5	...												
6		...											
7			...										
8				...									
9					...								
10						...							
11							...						
12								...					
13									...				
...													...
36													

8. Jetzt nehmen Sie entweder ein gekauftes Roulette-Spiel oder aber die zu diesem Zwecke selbstgebaute Apparatur zur Hand (Bauanleitung, siehe weiter unten).
9. Drehen Sie das Roulette und werfen Sie die Kugel bzw. drehen Sie die Roulette-Scheibe 36x hintereinander, schreiben Sie sich die Ergebnisse auf.
10. Vergleichen Sie die Ergebnisse mit ihren Vorhersagen in der Spalte P Ihrer Tabelle – den pro Wurf am häufigsten genannten Zahlen.

Na, wie war's? So ab 5 Richtigen wird die Sache interessant. Unser bestes Ergebnis lag bislang bei 50%, also 18 von 36 Richtigen, im Durchschnitt mehrer Übungsdurchgänge. Wenn wir eine Weile nicht geübt haben, waren 5 eigentlich immer drin. Sollten Sie jetzt beim ersten Mal weniger haben, macht das nichts. Lassen Sie einmal die Erklärungsmodelle beiseite und vertrauen Sie Ihrer „rechten Hemisphäre". Im Laufe der Übung wird das Ergebnis immer besser.

Und, der Gag an der Sache ist, dass Sie das nun wirklich nicht mehr erklären können, nicht durch Zufall – zumindest dann nicht, wenn Sie kontinuierlich wenigstens 5 Treffer haben – und auch nicht durch Wahrscheinlichkeitsrechnung.

Bei uns war das, wie bei allen Übungen, interessanterweise so, dass die Freude daran mal wieder eine Riesenrolle spielte. Je euphorischer wir bei der Sache waren, spielerisch damit umgingen und nicht daran dachten, was wir eventuell damit so alles erreichen könnten, desto besser wurden die Ergebnisse.

Bauanleitung Roulette-Scheibe

1. Besorgen Sie sich noch ein Holzbrett, ca. 40 cm.
2. Nehmen Sie ein Stück Pappe, schneiden Sie einen Kreis mit einem Umfang[109] von 37 oder 74 cm oder einem Vielfachen von 37 aus.
3. Zeichnen Sie in diesen Kreis 37 gleich große Felder/Segmente ein. Wer da Probleme hat, nimmt 36 Felder und lässt die Null sowohl hier wie auch bei der Übung!!! aus.

---

109 Kreisumfang = $2r \times \pi$ (r = Radius, $\pi = 3{,}141592654$)

4. Tragen Sie in die Felder der Reihenfolge nach die Ziffern von 0 bis 36 bzw. von 1 bis 36 ein.
5. Wieder einen Nagel nehmen, diesmal in die Mitte des Brettes schlagen. Wieder einen Kuli demolieren und den Drücker durch die Mitte der Scheibe ziehen. Aufstecken, fertig.
6. Einen höheren, größeren Nagel mit einem dicken Kopf einfach neben der Scheibe einschlagen, der dient dann als Zeiger auf die jeweils gefallene Zahl.

Not macht erfinderisch, gelle? Und das Holz muss ja nicht gerade Mahagoni sein, es kann irgendein Rest von einer Baustelle benutzt werden, den Sie dann aber ein wenig aufpolieren, damit Sie nicht an Schmutz denken, wenn Sie solch ‚heilige' Arbeiten durchführen ...

Binär-Abfolgen-Präkognition

Diese nette kleine Übung ist mit den Hexagramm-Übungen verwandt. Genau genommen entstand sie daraus. Am besten wieder zu zweit![110]

1. Sie sitzen einander wieder gegenüber. Einer hält Zettel und Stift.
2. A fordert nun B auf, hintereinanderweg 0 oder 1 zu sagen. Und zwar insgesamt 132x. B soll schön schnell sprechen, ruckzuck.

110 Nachdem Sie die Übungsbeschreibung gelesen haben, machen Sie sich vor der Durchführung der Übung klar, worum es geht. Es kann durchaus wichtig sein, sich bewusst zu machen, dass Sie präkognizieren. Die Sache ist nicht nur ein nettes Spiel.

A kann ruhig ab und zu mal lustig sagen: „Schneller, schneller, na los ...“, um B ein wenig mehr zu verwirren und ihm die Chance zum Rationalisieren zu nehmen.
Beispiel:
000100/110101/011111/100011/110101/000001/110110/...

3. Dann wird hinter jeder 6. Ziffer ein Strich in einer zweiten Farbe gezogen, so dass letztlich 22 6er-Kombinationen auf dem Zettel stehen.
4. Nun nehmen Sie die Trigramm-Scheiben und drehen 22x. Wie gewohnt schreiben Sie die Ergebnisse auf, ohne auf die Präkognition zu blinzeln.
5. Vergleichen, Ergebnis notieren.
6. Dann Wechsel.
7. Sie können auch den Wechsel vor der Prüfung vornehmen. Probieren Sie mal die eine, mal die andere Variante aus. Gibt‘s Ergebnisunterschiede? Aufzeichnen!
8. Tagebuchaufzeichnung inklusive Experimentbedingungen nicht vergessen.

Binärfolgen-Münze

Auch für diese Übung sind zwei Personen besser geeignet als eine. Führen Sie sie allein durch, unterscheidet sie sich kaum von den bereits bekannten Münzübungen. Führen Sie sie aber zu zweit durch, wird's schon interessanter, denn jetzt soll der eine präkognizieren, welche Münze der andere wirft. Vorsicht: Man neigt hier schnell mal zu solchen Annahmen wie der, dass der Werfer durch sein Werfen oder gar seine Gedanken (absurd!) die Präkognition beeinflusse.

Einerseits hilft hier unser obiges Modell. Andererseits ist es sinnvoll, diese Zweierübungen mit einer vertrauenswürdigen Person durchzuführen. Vertrauen ist aber ein Paradox: Ich kann nur demjenigen vertrauen, der sich meines Vertrauens als würdig erweist. Insofern müsste jemand mein Vertrauen erst missbrauchen, damit ich sagen kann „der ist es nicht". Sie lachen? Aber so funktionieren leider die meisten menschlichen Beziehungen.

Setzen Sie das Vertrauen bei sich selbst an. Begegnen Sie dem anderen mit Zuneigung und Offenheit und er wird sich als vertrauenswürdig erweisen. Tut er mal etwas Unbeherrschtes, zeigen Sie Verständnis ihm gegenüber. Wenn Sie diese Partnerübungen hier durchführen, kommen Sie um eine solche Einstellung nicht drum herum.

Offenheit und Ehrlichkeit!

Wenn Sie also gereizt, nervös, gar misstrauisch werden, attribuieren Sie NIEMALS auf den anderen, sondern immer nur auf sich selbst. Machen Sie Bioenergetik oder eine Meditation, um wieder Boden unter die Füße zu bekommen.

Nun zur Übung:

1. Wieder sitzen Sie einander gegenüber.
2. Wieder hält A Zettel und Stift bereit.
3. B sagt hintereinanderweg 100x 0 oder 1.
4. 0 steht für Kopf, 1 für Zahl.
5. Dann wirft B 100x die Münze, und wie immer Ergebnisse aufschreiben, vergleichen.
6. Dann Wechsel.

Ändern Sie die Übung dann auch mal so, dass Sie statt 0 oder 1 ‚Kopf' oder ‚Zahl' sagen.

Versuchen Sie, die kognitiven Unterschiede, die geistige Einstellung usw. möglichst genau aufzuzeichnen. Stellen Sie Vergleiche mit den anderen Übungen an!

Schreiben Sie auch auf, wann Verwirrungszustände auftraten, und wie sie sich geäußert haben!

Dies gilt für alle Übungen.

Verwirrungszustände sind Anzeiger für innere Blockaden, und sie deuten auf Verspannungen hin. Nun gibt es mehrere Möglichkeiten, einen Verwirrungszustand aufzulösen.

- Man kann es mit Konzentration und Freude tun, was das Sinnvollste wäre.
- Oder mit Albernheit, was auch noch ganz nett ist.
- Oder mit Langeweile, was auf Desinteresse hinweist und auf Schulter-Bauch-Verspannungskombinationen.
- Oder mit Wut, was der schlimmste Dichtmacher ist, und er korrespondiert mit Nacken- und Halsverspannungen – manchmal auch Verspannungen der Genitalien.
- Werden Sie jedoch traurig dabei, vielleicht weil's nicht geklappt hat, dann liegt vermutlich ein motivationales Problem vor, das auf Bedürfnis nach Anerkennung hinweist. Essen Sie einen Keks und holen Sie sich Ihre Bestätigung vom anderen.[111]

---

111 Ruhig offen und ehrlich dabei sein. Wir beide haben es uns zur Regel gemacht, immer dann, wenn wir Anerkennung haben wollen, dies offen auszusprechen. Dabei sind wir recht kindlich, indem wir zum anderen hingehen und sagen: „Duu, gib mir mal nen Stroke!" (Stroke = Streicheleinheit), und der andere sagt dann ganz ehrlich: „Du bist ganz, ganz toll, der/die Tollste von der ganzen Welt." Wer's dann glaubt, wird selig ...

Sie haben nun ein Grundsetting von Übungen vorliegen. Entwickeln Sie selbst neue, so viele wie Ihnen einfallen. Doch, wenn Sie eine Idee haben, schreiben Sie sie gründlich auf. Am besten in einer ähnlich operationalen Form, wie wir es hier getan haben. Je genauer die Handlungsanweisungen sind, desto weniger können Sie sich was vormachen. Außerdem wissen Sie dann auch ein halbes Jahr später noch genau, wie die Übung ging.

Bevor Sie nicht die Partnerübungen dieses Kapitels hier gemacht haben, beginnen Sie auf keinen Fall mit TP-Übungen. Besser noch, Sie lassen sich zuvor einige weitere Partner-Präkognitionsübungen einfallen und führen sie zusätzlich zu den hier angegebenen eine Zeit lang durch.

3.2.7. Warum Präkognition als Vorbereitung zur TP?

Präkognition und TP sind miteinander unter anderem insofern verwandt,

- als dass alle beide besonders mit Denktechniken der rechten Hemisphäre vorbereitend trainiert werden können,
- als dass alle beide der Freude ohne Gier nach Ergebnis bedürfen,
- als dass alle beide das Modell der Welt erweitern,
- als dass alle beide nur funktionieren, wenn der Interpreter ausgeschaltet wird,
- als dass alle beide gesellschaftlich nicht als „gewöhnlich“ angesehen werden.

Nun unterscheidet sich die TP aber von der Präkognition dadurch, dass wir hierbei versuchen Menschen, andere Psychen, zu begreifen.

Wenn wir auch stets dazu tendieren, uns selbst und andere, und die meist noch vielmehr als uns selbst, zu trivialisieren, so ist doch kein Einziger von uns trivial. Ein jeder Gedanke jeder Psyche ist mit unglaublich vielen anderen Gedanken vernetzt. Jedes Mal, wenn Sie eine Erfahrung machen, verknüpfen Sie diese Erfahrung mit zig anderen Erfahrungen. Jedes Mal, wenn Sie einen Gedanken denken, denken Sie ihn auf Ihre ganz persönliche individuelle Weise.

Und das ist bei jedem so!

Weil die Komplexitäten unserer Umwelten und auch die unserer Inwelt uns häufig überfordern, tendieren wir dazu, uns Vorurteile über andere und anderes zu bilden. Wir reduzieren den anderen auf unsere eigenen Anschauungen, und damit engen wir ihn ein. Erwarten wir von ‚Holger', dass er beschränkt und geldversessen ist, so werden wir fast jede seiner Verhaltensweisen auf diesem Hintergrund beobachten. Wir geben ihm gar keine Chance mehr, sich anders zu verhalten. Beziehungsweise, wenn er sich anders verhält, fällt es uns überhaupt nicht auf.

Interessant ist hier, dass die Schwächen, die wir an anderen beobachten, meist unsere eigenen Schwächen sind. In dem Moment, wo wir über ‚Sabine' reden und sagen: „Die tratscht doch echt über jeden und alles!", tratschen wir über Sabine. Wir wären gar nicht auf die Idee gekommen, Sabine für eine Klatsch-Tante zu halten, wenn wir nicht selbst zum Klatschen neigten. Ein Lügner erkennt immer die Gleichgesinnten.[112]

Du gleichst dem Geist, den Du begreifst.

Sagt Johann Wolfgang von Goethe dazu, und dieser weise Mann meinte damit nicht nur die positiven Seiten unserer Psyche ...

Wenn wir mit TP weiterkommen wollen, müssen wir all unsere Vorurteile, egal wem oder was gegenüber über Bord werfen. Doch damit wir dies können, müssen wir uns selbst erkennen. Ach, wie viele von uns geben doch vor, sie hätten keine Vorurteile, allein aus der Angst heraus, sich preisgeben zu müssen, wenn sie ihren Vorurteilen ins Gesicht sehen.

So schränken wir uns selbst ein.

Doch wenn wir zuerst mit Präkognitionsübungen anfangen, lernen wir schon ein Stückchen offener zu werden. Noch haben wir es mit Münzen und Zahlen, mit Symbolen und Formen zu tun, noch besteht nicht die Chance, auf den anderen zu projizieren.

Noch sind wir ganz auf uns gestellt und müssen lernen, dass die Fehler, die auftreten, nur etwas mit uns selbst zu tun haben.

Wir lernen die Konzentrationsmeditation, die Entspannungsmeditation, die Bioenergetik, neue Denktechniken, Hatha-Yoga und so weiter

112 Natürlich muss man kein notorischer Lügner sein, um sich eine Lüge oder einen Lügner überhaupt vorstellen zu können. Jedoch, was man noch nie erfahren hat, davon kann man sich auch keinen Begriff machen, was man nur tendenziell erfahren hat, kann man nur tendenziell begreifen, und was man regelmäßig erfährt, das begreift und erwartet man auch. So sieht dann der notorische Lügner überall Lüge, die Klatsch-Tante überall Klatsch und der Kriminelle überall Kriminalität. (Die Umkehrung dieser Implikation ist nur eingeschränkt möglich, dennoch ist es interessant darüber nachzudenken, wie häufig und in welchem Ausmaß die Anwendung ihrer eingeschränkten Umkehrung erforderlich wäre.)

und begreifen dadurch, wie automatisch wir uns normalerweise verhalten, wie unoffen wir sind.

Mit den Präkognitionsübungen dann stellt sich die Freude an der Sache ein. Sind wir erst einmal damit erfolgreich geworden, können wir auf das komplexeste Symbol, das es gibt, übergehen:

Die Psyche unseres Mitmenschen.

Spätestens ab hier empfiehlt sich die intensive Beschäftigung mit Psychologie und Soziologie. Auch religiöse und ethische Schriften können helfen, dem anderen gegenüber offener zu sein.

Wir werden auch der größten Falle begegnen müssen: Der Annahme, der andere funktioniere wie man selbst.

Und dies ist ein Irrtum. Kein Mensch ist wie der andere. Punkt-für-Punkt-Übereinstimmungen werden höchst selten auftreten. Der andere ist ein ebenso geschlossenes Wesen wie wir selbst, und wir können und dürfen einfach nicht annehmen, er sei so wie wir. Tun wir dies, sind wir ihm gegenüber nicht mehr offen.

Sagt er ein Wort oder denkt er einen Gedanken, so verbindet er meist etwas anderes damit, als wir es in der Situation tun würden.

Wenn wir glauben, jeder wüsste und es sei absolut klar, was das Wort ‚Konzentration' bedeutet, nehmen wir eine unangemessen starke Komplexitätsreduktion vor!

Wie dann erst bei ganz persönlichen Dingen, wie bei Gefühlen und Emotionen? Bei Interessen und Neigungen?

Wir müssen es unbedingt offen und nüchtern angehen. Indifferenz ist hier ein gutes Stichwort. Niemals versuchen, das, was der andere denkt oder meint, zu bewerten, sondern es hinnehmen, es beobachten, fast gefühllos.

Es ist ein Irrtum anzunehmen, ‚Mitgefühl' bedeute, „mit dem anderen mit-zu-fühlen", wenn wir überhaupt nicht dazu fähig sind, ihn indifferent, ohne Vorurteile, ob positiver oder negativer Art, wahrzunehmen! Ohne diese Fähigkeit ist Mitgefühl immer nur Mitgefühl mit einem selbst.

Auch ist es ein Irrtum zu denken, man könne sich in den anderen hineinversetzen. Das geht nicht, denn der andere ist auf seine Weise so komplex strukturiert, dass, könnten wir uns in ihn hineinversetzen, wir so wären wie er, und das wieder können wir nicht, da wir Wir sind (bleiben) und nicht Er (werden). Da wir unsere eigene informationell geschlossene Psyche haben und er seine.

Sie sehen, Nachdenken über TP tangiert schnell vielschichtige Bereiche und eröffnet ungeahnte Perspektiven. All das Gerede über Mit-Leid, Mit-Fühlen, Mit-Teilsamkeit und Mit-Teilen, gewinnt

neue, umfangreichere, komplexere und schwierigere Dimensionen.

Ja, für einen Telepathen kann es gar unmoralisch sein, mitfühlend oder mitleidend zu denken, solange er noch nicht indifferent und konzentriert beobachten kann, denn kann er das nicht, wird er immer versuchen, den anderen zu trivialisieren.

Dies schmeckt den meisten Esoterikern und Gläubigen erst recht nicht. Und was wir darüber nicht schon für Diskussionen führen ‚mussten' ... ☺ ... hoffnungslos verfahrene Kiste. Es ist ja so schön, von sich anzunehmen, ein warmherziger und mitfühlender Mensch zu sein. Und jetzt kommen wir daher und sagen:

Du tust dem anderen etwas Fürchterliches damit an,
denn Du reduzierst ihn auf Dich selbst.

Doch so wie diejenigen, die nach Macht und Anerkennung streben, bereits in der Präkognition versagen, so versagen diejenigen, die nach Anerkennung durch „ich bin ein mitfühlender Mensch" streben,[113] in der Telepathie.

Das Einander-Helfen-Wollen entsteht allzu oft aus persönlichem Anerkennungsbedürfnis heraus. Wir helfen dem anderen mit dem verdeckten Ziel, uns selbst danach gut fühlen zu können, und so fällt unsere Hilfe dann nur scheinbar menschenfreundlich aus. Wir beobachten nicht mehr nüchtern und klar, sondern geben uns betont gefühlsbezogen und hilfsbereit. Auf diese Weise übersehen wir dann das, was der andere in der Situation wirklich braucht, und das kann ein kräftiger Stups, gar manchmal ein unfreundliches Wort sein.

Dummerweise ist nun gerade das Pseudo-Mitfühlen in unserer Gesellschaft absolut usus, und man muss damit rechnen, ganz schön

113 Das dürfte hier das vorrangige Motiv sein, andernfalls würde sich keiner darüber aufregen, wenn wir ihm Vorschläge machen, wie er noch mitfühlender als vorher werden kann.

was auf den Deckel zu kriegen, wenn man einen echteren Weg einschlagen will.

Ein Beispiel:

Wir stehen in etwas weiterem Kontakt zu einem Mann, der vor einiger Zeit seine erste Frau verloren hat. Mit ihm führten wir eine briefliche Diskussion über gerade dieses Thema: Mitfühlen und Offenheit. Er vertrat die Ansicht, dass Offenheit unheimlich wichtig sei, dass man aber auch Rücksicht auf die Gefühle des anderen nehmen müsse. Wir führten nun das Beispiel eines anderen Mannes an, dessen Frau zu Krankheiten neigt. Was soll dieser Mann tun? Soll er sie bemitleiden? Wir halten es für richtig, in dieser Situation der Frau deutlich zu machen, sachlich und klar, doch nicht ohne Freundlichkeit, dass ihre Krankheiten psychisch verursacht sind und von ihr benutzt werden, um Anerkennung zu bekommen. Sieht diese Frau das nicht ein, wird sie sich irgendwann durch ihre psychische Disposition und ihr daraus resultierendes Verhalten korperlich so krank machen, dass sie ernsthaften Schaden nimmt oder gar daran stirbt. Eine altbekannte Sache.

Unser Bekannter schwieg daraufhin, und wir bekamen von seiner neuen Frau einen bitterbösen Brief. Was uns denn einfiele, ein solches Beispiel auch nur zu erwähnen, wo wir doch genau wüssten, dass er seine erste Frau auf diese Weise verloren habe.

Wir schrieben zurück, dass dann das Beispiel ja besonders gut deutlich macht, was wir meinen.

Natürlich waren die beiden uns nicht lange böse, sie kennen uns und wissen durch unser Verhalten, dass wir nicht zu Niedertracht oder Bosheit neigen, aber auf diese Episode gingen sie nie wieder ein.

Doch, wie zur Hölle soll der Mann jemals lernen, mit dem Verlust klarzukommen, wenn alle Welt versucht, ihn davor zu bewahren?

Kommt noch hinzu, dass seine Frau psychisch sehr instabil war und er dies immer gewusst hat. Sicher macht er sich Vorwürfe oder hat sie sich gemacht, um dann irgendwann wieder zu seinem alten Verhalten des Ich-rede-nicht-darüber zurückzukehren. Seine neue Frau hat übrigens auch Neigungen zu psychosomatischen Erkrankungen. Schicksal? – Nur solange man es in die dunkle Kammer schiebt und sich nicht offen, auch wenn's wehtut, damit auseinandersetzt.

Und vor allem, was wird man tun, wenn man TP lernen will? – Dann gibt es nämlich dieses Sich-Bewahren und Verstecken nicht mehr. Weder für sich selbst, noch für den anderen.

Das macht die Sache unglaublich schwer. Wie oft schon sind wir über unseren Schatten gesprungen, nur um hinterher schnell wieder zurückzuhupfen.

Gut. Machen Sie sich über all das Gedanken, und dann fällen Sie Ihre eigene Entscheidung. Sie müssen nicht unsere Anschauungen übernehmen. Ja, wir warnen sogar davor, dies einfach und unbedacht zu tun. Machen Sie Ihre Erfahrungen, bilden Sie sich Ihre Meinung immer wohl fundiert. Und misstrauen Sie jeder unhinterfragten Ansicht.

3.3. Telepathie- und Präkognitionsübungen

Suchen Sie sich einen festen Partner für ihre Telepathie-Übungen und wechseln Sie fürs Erste nicht. Zunächst gilt es, Erfahrungen zu sammeln, die Geisteshaltung kennen zu lernen, sich selbst offen zu prüfen und zu hinterfragen. Am besten geht das mit dem Partner, mit dem Sie eine Beziehung führen, da Sie sich gegenseitig besser kennen und regelmäßig beobachten können. Doch aufgepasst, die Vorstellung einer Liebesbeziehung, so wie man sie sozial gelernt hat, ist gänzlich ungeeignet, um darauf TP aufzubauen. „Liebe Deinen Nächsten, wie Dich selbst“, nicht „Lass Dir vom anderen bestätigen, dass er Dich liebt, ohne dass Du Dich verändern musst“. Ehrlichkeit und Offenheit.[114]

3.3.1. Interaktive Präkognition mit Symbolen

Wir beginnen die TP Reihe mit einfachen Übungen und steigern dann wie gehabt. Die ersten beiden Übungen sind noch recht stark an die bekannten Präkognitionsübungen angelehnt. Es kann auch noch recht leicht zu Misch-Phänomenen kommen, die man mittels Telepathie und/oder Präkognition und/oder nonverbaler Kommunikation deuten könnte. Ganz generell sollte man übrigens bei allen Telepathie-

[114] Vgl. „Sexmagick“ von Peyn & Löffler. Handelt nicht von Magie oder so, sondern ist eine recht umfangreiche Konzeption zu einer Liebesbeziehung unter Strebenden, die Verantwortungsbewusstsein und Offenheit ermöglicht. Wir haben hierin die Grundidee des Tantra übernommen und in die heutige Zeit übertragen: DEKONDITIONIERUNG.

Übungen noch berücksichtigen, dass manchmal überhaupt nur sehr schwer zu unterscheiden ist, ob ein positives Ergebnis durch Präkognition oder durch Telepathie zustande kam.

Wie dem auch sei, die beiden ersten Übungen sind gute Vorübungen und helfen, das Vertrauen in die neuen Fähigkeiten zu steigern. Diesmal fangen Sie bitte auf keinen Fall irgendwo mittendrin an, sondern führen die Übungen genau in der beschriebenen Abfolge durch.

Die erste Übung geht dann so:

1. Malen Sie auf 4 Karten jeweils 1 Symbol:
   einmal ein schwarzes Kreuz,
   einmal ein blaues Quadrat,
   einmal ein grünes Dreieck,
   einmal einen gelben Kreis.[115]
2. Nun führen Sie beide zusammen eine Entspannungsmeditation im Savasana durch.
3. Dann setzen Sie sich einander gegenüber.

---

115 Bitte keine anderen Farben, denn ansonsten kann es Schwierigkeiten mit den Komplementärfarben geben. Gelb ist komplementär zu Violett, Grün zu Rot, Blau zu Orange und (nicht ganz sauber, da Schwarz und Weiß definitionsgemäß eigentlich nicht als Farben aufgefasst werden) Schwarz zu Weiß. Wählt man jetzt für die Übung Farbkombinationen, bei denen es zu Komplementärfarbverwechslungen kommen kann, gerät man schnell in Verwirrung. Denn: Sieht man eine Weile auf Gelb, sieht man danach, insbesondere wenn man die Augen schließt, plötzlich mal Violett! Probieren Sie es aus, dann wissen Sie, was wir meinen. Ach ja: Komplementär sind zwei Farben, die bei additiver Mischung Weiß ergeben (die Farbe, die die jeweils andere zu Weiß ergänzt, wird ihre Komplementärfarbe genannt). So kommt denn auch dieses Blitzen zustande, das man, wenn man z.B. ein gelbes Symbol auf violettem Untergrund betrachtet, an der Grenze von Symbol und Untergrund beobachten kann.

4. A zieht 10x eine Karte und fragt, ohne Draufgucken, B, welche Karte es ist.
5. B nennt die Karte, dann wird verglichen und aufgezeichnet, wie gesagt 10x.
6. Dann Wechsel.
7. Führen Sie diese Übung durch, solange Sie möchten.

Wenn Sie die 70% hierbei regelmäßig erreichen, können Sie zur zweiten Übung übergehen. Vorher nicht, denn die anderen Übungen werden schwerer, man macht sich leichter etwas dabei vor.

3.3.2. Interaktive Präkognition mit TP-Element

Diese Übung hier ähnelt der vorherigen sehr stark, doch diesmal kommen Ihre Konzentrationsmeditationen zum Tragen. Sie sollten hierin unbedingt so weit fortgeschritten sein, dass Sie Ihr MO für einen Zeitraum von 10 Minuten gar nicht mehr verlieren. Daran werden Sie so ungefähr 4 Monate üben müssen, während Sie Ihre Meditationszeiten auf wenigstens 1,5 Stunden täglich gesteigert haben. Alles andere ist Vormacherei! Was klar wird, wenn Sie die ersten Meditationen gemacht und festgestellt haben, wie es um Ihre Konzentrationsfähigkeit wirklich beschaffen ist ...

1. Wieder sitzen Sie einander gegenüber. Wieder verwenden Sie die gleichen Karten.
2. Doch diesmal zieht A die Karte, sieht sie sich an, legt sie wieder in den Stapel zurück, schließt dann die Augen und konzen-

triert sich auf das, was er/sie auf der Karte gesehen hat. So gut es geht!

3. B schließt ebenfalls die Augen und stellt sich innerlich die Frage, welche Karte A imaginiert.
4. B sollte die Augen geschlossen halten, um nonverbale Effekte weitestgehend auszuschließen. Ist es anfangs zu schwer, kann B die Augen noch offenlassen, doch sollte er/sie die Übung über kurz oder lang mit geschlossenen Augen meistern.
5. Nun nennt B die Karte, von der er/sie meint, dass A sie imaginiert hat.
6. Ergebnis aufzeichnen und im Wechsel je 10x durchführen. Am Anfang nicht mehr, da es doch ein wenig ermüdet, solange man in Konzentration noch nicht so fit ist.
7. Wie immer Tagebuch, Experimentbedingungen, etc., der ganze Klumpatsch.

Wir setzen auch hier die 70% an. Liegen Sie knapp darunter, ist's okay, doch liegen Sie unter 65%, sollten Sie auf keinen Fall zur nächsten Übung übergehen.

3.3.3. Die erste TP-Übung in getrennten Räumen

Jetzt wird's richtig spannend. Vorher kann man ja noch versuchen, sich so einiges mit herkömmlichen Modellen zu erklären, doch wenn diese Übung hier klappt, bleibt uns als Erklärung wohl nur noch TP. Probieren Sie es aus! Und viel, viel Erfolg!

1. Sie verwenden weiterhin die 4 Karten mit den 4 Symbolen. Steigern Sie noch nicht, sonst wird es zu schwer.
2. Nun sitzt A in einem Raum und B in einem anderen. A hat die Karten. Am besten sitzen beide im Vajrasana, um gute Konzentration zu erreichen.
3. Wieder zieht A eine Karte, sieht sie sich an, schließt die Augen und imaginiert diese Karte mit dem jeweiligen Symbol.
4. B entspannt sich und konzentriert sich auf die Frage: „Welche Karte imaginiert A?" Lassen Sie es kommen, erzwingen Sie nichts! Vertrauen Sie auf Ihre bisherigen Erfahrungen, bleiben Sie locker. Wenn's schief geht, nicht entmutigen lassen. Es wird klappen, wenn Sie mit Spaß dabeibleiben. Verkrampfen Sie sich aber und stellen sich unter Erfolgszwang, wird's zu schwer.
5. Jetzt ist natürlich das richtige Timing wichtig. Es ist uns durchaus passiert, dass B meinte, die Karte zu haben, während A sie noch gar nicht imaginiert hatte. Witz komm raus! Kommt eben vor. Am besten geben Sie einander für jede 10er-Sequenz 10 Minuten, jeder hat eine Uhr, pro Karte eine Minute, d.h. A zieht zu einem festgelegten Zeitpunkt die erste Karte, dann eine Minute später die nächste, usw. (Es besteht natürlich auch noch die Möglichkeit, den zeitlichen Ablauf external z.B. über Geräusche oder über eine dritte Person als Signalgeber zu synchronisieren.)
6. Sowohl A als auch B schreiben die Karten auf, die sie hatten. Das heißt, A schreibt auf, welche Karte er jeweils imaginierte, B schreibt jeweils die Karte auf, von der er meint, dass A sie imaginiert.

7. Nach Ablauf einer 10er-Sequenz Ergebnisse vergleichen und Rollen wechseln.
8. Mehr als 3 Sequenzen pro Person sollten Sie anfangs nicht machen.

Wenn bei dieser Übung 50% stimmen, sind Sie schon recht gut. Aber auch hier sind 70% möglich und mehr. Probieren Sie, auf solche Ergebnisse zu kommen.

3.3.4. Symbolvarianz steigern

Bevor Sie sich nun gezielt mit den in diesem Kapitel folgenden Trainingsmethoden beschäftigen, sollten Sie die vorherigen drei Übungen über eine gewisse Zeit hinweg auch mal mit einer größeren Anzahl von Symbolen durchgeführt haben. Verwenden Sie erst 8, dann steigern Sie auf 16 Symbole und sehen Sie zu, auf möglichst hohe Trefferquoten zu kommen.

Achten Sie darauf, Symbole auszuwählen, die ihrer Form nach gut voneinander unterscheidbar sind. Wenn Sie wollen, experimentieren Sie ruhig auch mit Komplementärfarben, um zu sehen, wie Sie damit zurechtkommen. Das wird die Sache vermutlich etwas erschweren, aber Sie wollen ja besser werden.

Verbessern Sie auch weiterhin Ihre Ergebnisse in der Konzentrationsmeditation, dem Denktraining und den Entspannungsübungen. Es kann durchaus eine Zeit dauern, bis Sie auch bei höherer Symbolvarianz auf gute Resultate kommen. Überstürzen Sie nichts. Und wenn Sie ein Jahr brauchen, dann brauchen Sie eben ein Jahr. Bleiben Sie am Ball.

Sind Sie nun gut genug geworden, können Sie zu „TP mit eigenem Symbolsetting" übergehen. Und wie das funktioniert, werden wir jetzt beschreiben:

TP mit eigenem Symbolsetting

Wenn wir miteinander reden, verwenden wir Symbole. Wir abstrahieren unsere Gedanken in Sprache. Wir verwenden ein Wort wie zum Beispiel ‚Konzentration', um etwas ganz Bestimmtes auszudrücken.

Nun denken wir normalerweise, Sprache sei irgendwie fest und jeder wüsste, was mit dem Wort ‚Auto' gemeint sei.

Doch fragen Sie mal jemanden, was genau er unter ‚Auto' versteht, und Sie werden ganz schnell bemerken, dass er seine Vorstellung von diesem merkwürdigen Ding völlig anders aufgebaut hat als Sie. Der eine sieht dazu einen VW Käfer, der andere denkt an vier Räder und ein Lenkrad, der Nächste wieder an einen Motor, wieder der Nächste, vielleicht ein Pygmäe, weiß überhaupt nicht, was er sich darunter vorstellen soll.

Die meisten Missverständnisse und Streitigkeiten lassen sich schlicht auf kommunikative Missverständnisse reduzieren. Wir denken einfach nicht daran, dass der andere eine selbstreferenzielle Psyche hat, sondern meinen, er verwende Worte genau so, wie wir das tun. Unser ganzes Leben lang laufen wir mit der Vorstellung durch die Gegend, Worte hätten an sich eine Bedeutung.

Doch, haben sie das?

Wenn einer Ihrer Bekannten sagt: „Mein höchstes Ziel ist Freiheit!", was meinen Sie dann zu verstehen? – Ihre Freundin Susanne versteht vielleicht: „Dem sind seine eigenen Ziele wichtiger als die Ziele anderer." Ihr Kumpel Hannes hat möglicherweise gehört: „Der will nicht mehr arbeiten gehen, sondern nur noch tun, was ihm Spaß macht." Ihr intellektueller Freund Martin meint verstanden zu haben: „Er strebt nach einem abstrakten, niemals erreichbaren Gut."

Und was haben Sie verstanden? – Vielleicht: So frei zu sein, dass man viel Geld hat und sich fast alles kaufen kann? Oder: So frei zu sein, dass man keine persönlichen Bindungen eingeht? Oder: Freiheit als laissez faire? Oder vielleicht gar, dass Ihr Bekannter ein Anarchist ist?

In unglaublicher Geschwindigkeit spulen Sie Ihre eigenen Vorstellungen zum Begriff der Freiheit ab und dann: Belassen Sie es meist dabei.

Vielleicht fragt so mancher noch etwas pikiert: „Was meinst Du denn daaamit?!" Oder so mancher antwortet ruckzuck: „Ja, meines auch!"

Sie verwenden Symbole aller Art, Worte, Bilder, Töne, Gerüche, Geschmäcke und Gefühle als

Zeiger auf etwas anderes.

Und leider gehen wir meist davon aus, dass dieses Andere für uns alle gleich sei. Damit – hatten wir schon – reduzieren wir den anderen auf uns selbst. Wir sind nicht offen für ihn, denn seine neue Perspektive könnte unsere Anschauung von Welt verändern. „Die Menschen lachen über den, den sie nicht verstehen!", sagte Goethe, und wir können das erweitern auf: „Die Menschen bekämpfen den, den sie nicht verstehen!" Oft genug erleben wir das in unserem Alltag, und oft genug sind wir selbst derjenige, der bekämpft!

Neulich hatten wir in einem Internetforum eine Diskussion über die eben genannte Freiheit. Und als wir versuchten, genauer zu erklären, was wir darunter verstehen (in der Regel bemühen wir uns immer darum, die Begriffe, mit denen wir arbeiten, möglichst klar zu demonstrieren, um deutlich zu machen, was wir unter ihnen verstehen, wie auch darum dem anderen die Möglichkeit zu geben, sein eigenes Verständnis zu beschreiben und uns begreiflich zu machen), wurden wir als Egozentriker und unverständliche Rationalisten bezeichnet. Tja ... Was war geschehen?

Nicht nur, dass viele sich meist weigern, ihre Begriffsverwendung aufzuzeigen (sonst müssten sie ja erklären, wie sie eigentlich genau zu ihren Gedanken kommen, und das können sie nicht, da sie sich hinter ihren Meinungen und Glaubenssätzen verstecken), sie weigern sich meist auch noch, die Begriffe und die Weltanschauung des anderen nachzuvollziehen. (Es könnte ja sein, dass man jemandem begegnet, der vielleicht mehr weiß und mehr Erfahrung hat als man selbst, und das darf man doch nicht zugeben ...)

Für Telepathen ist so etwas tödlich.[116]

Wir müssen selbst klar denken und
unsere Mitstreiter auf eigenes klares Denken hin orientieren.

Wer selbst nicht klar und scharf denken kann, versteht nicht, wie seine eigenen Gedanken zustande kommen. Und so kann er sich dann auch nicht auf seine Gedanken konzentrieren. Wer selbst nicht klar und scharf denken kann, bringt nicht die nötige Indifferenz und Offenheit demjenigen gegenüber auf, dessen Gedanken er nachvollziehen will, da er in „seinem eigenen Matsch" stecken bleibt.

116 Meint, es tötet diese Fähigkeit ab.

Und es geht noch weiter! Wir haben viele TP-Versuche mit Menschen gemacht, deren geistige Kapazitäten noch nicht sonderlich ausgeprägt waren, halt Menschen von der Straße. Meist war es unglaublich schwer, auch nur ein einziges kurzes differenziertes TP-Moment zu erzeugen. Gefühle, ja, die können nachvollzogen werden, doch vielmehr war nicht drin. Es wirkt, um es etwas kinästhetischer auszudrücken, als stoße man an eine graue, schwammige Masse von Dumpfheit. Wie gesagt, das Einzige, was man konkret wahrnehmen konnte, waren Gefühle, und häufig noch nicht mal gute.

Der Grund dafür mag darin liegen, dass wir Gefühle normalerweise mit hoher Aufmerksamkeit belegen – negative Gefühle oftmals noch mehr als positive. Fühlen wir uns mies und down, denken wir fast nur noch daran, wir neigen dazu, unsere Gefühle zu fokussieren. Für viel mehr bleibt dann kaum noch Aufmerksamkeit übrig. Beobachten Sie sich selbst einmal, wenn Sie sehr nervös sind: Sie werden bemerken, dass Sie fast alles, was Sie tun, um dieses Nervositätsgefühl herumgruppieren, es steht im Zentrum Ihrer Aufmerksamkeit.

Dieser Zusammenhang veranschaulicht übrigens auch recht gut, wieso so viele Spontan-Telepathen von ihren Mitmenschen am häufigsten Negativ-Gefühle und schlimme Dinge mitbekommen, dann manchmal aber auch starke Freude.

Zurück zu den Symbolen:

Wir verwenden Symbole als Zeiger auf etwas anderes. Je klarer wir dieses andere festgesetzt haben, desto besser können wir uns miteinander verständigen. Erkläre ich meinem Gesprächspartner, was ich unter ‚Freiheit' verstehe, kann er besser darauf reagieren und meine Gedankengänge besser nachvollziehen (sofern er die Bereitschaft dazu mitbringt). Drücke ich mich aber unklar aus, so kann ich kaum verstanden werden. Der andere muss erraten, was ich meine.

Und so sind beide daran beteiligt,
wenn eine Kommunikation erfolgreich zustande kommen
und auch erfolgreich wieder beendet werden soll.

Der eine drückt sich klar und deutlich aus. Der andere zeigt die Bereitschaft, seinen Gesprächspartner ohne Vorbehalte persönlicher Art nachvollziehen zu wollen.

Für TP gilt das gleiche.

Der eine denkt ganz klar und deutlich einen Gedanken (verwendet dazu konkrete Symbole!), der andere zeigt die Bereitschaft der Offenheit und des Verständnisses.

Nun haben wir in der normalen Kommunikation den Vorteil, dass wir uns der Sprache bedienen können, eines symbolisch relativ festen Mediums. Im Laufe der Zeit haben wir uns mit anderen auf die Bedeutung eines Wortes geeinigt. Je genauer wir dies getan haben, desto besser beugen wir Missverständnissen und Streitigkeiten vor.

In der Telepathie können wir nicht ohne weiteres auf stabil geformte Symbole zurückgreifen. Hier verfügen wir nicht von vornherein über eine konkrete Sprache, anhand derer wir bestimmte Bedeutungen mitteilen können. Telepathie ist immer aktuales Beobachten psychischer Abläufe. Sprachliche Umsetzung telepathischer Beobachtungen heißt, die im telepathischen Erfahrungsbereich beobachteten Phänomene durch Interpretation in einem gänzlich anders gearteten Erfahrungsbereich, dem sprachlichen eben, nachzukonstruieren. Wir ‚hören' nicht auf telepathischem Wege die Worte/Sprache des anderen, sondern wir ‚sprechen' sozusagen den telepathisch beobachteten psychischen Vorgang des anderen nach.

Nun ist es möglich für Spezialfälle der Telepathie Symbole zu generieren, an denen die interagierenden Telepathen ihre psychischen Abläufe normieren, so dass ein derart normierter psychischer Ablauf, wenn er erkannt wird, relativ direkt und deutlich mit dem normierenden Symbol assoziiert werden kann. Ein an diesem Vorgehen orientiertes Training verbessert ganz allgemein die Fähigkeit des Telepathen, psychische Abläufe deutlich wahrnehmen und angemessen symbolisieren zu können. Und in der Folge wird es ihm möglich, eine hinreichend hohe Präzision und Flexibilität zu entwickeln, um nicht nur seine eigenen psychischen Abläufe und die anderer Telepathen sondern auch die eher verwirrend anmutenden Vorgänge ‚in' Nicht-Telepathen leichter und konkreter erfassen zu können.

Beginnen können Sie ein solches Training, indem Sie gemeinsam und bewusst bestimmte Symbole als Zeiger auf ganz bestimmte Bedeutungen kreieren. Setzten Sie sich also hin und konstruieren Sie ein konkretes Symbol, wie zum Beispiel die Farbe Rot, und setzen Sie fest: „Immer wenn ich die Farbe Rot in einer Telepathie-Übung denke, will ich dir damit das Gefühl Wut mitteilen."[117]

117 Wir geben hier lediglich ein Beispiel für eine mögliche Referenzierung des Symbols. Wie Sie referenzieren, bleibt Ihnen überlassen. Sie sollten bei der Festlegung der Bedeutung die Assoziationsgewohnheiten der Beteiligten berücksichtigen. Es kann hilfreich sein, eine Bedeutungszuordnung zu wählen, die der allgemeinen Gewohnheit entspricht, wie hier: „Rot sehen" als umgangssprachlicher Ausdruck für „in Wut geraten".

Um ihre Technik zu verbessern, sollten Sie sich unterstützend darin üben, die unterschiedlichsten Arten von Symbolen möglichst detailgenau zu imaginieren.

Machen Sie vor keiner sinnlichen Repräsentation halt.

Es geht bei dieser Übung auch darum, alle Sinne voll und ganz gedanklich bewusst repräsentieren zu können. Bislang haben Sie sich in den TP-Übungen hauptsächlich an Bildern orientiert. Nun sollen Sie, als Vorübung für die Ausbildung eines ausgefeilten eigenen Symbolsettings, lernen, auch mit Worten, Klängen, Gefühlen, Gerüchen und Geschmäcken auf telepathischem Wege konkret umzugehen. Und damit es gleich in die richtige Richtung läuft, setzen Sie die verwendeten Symbole selbst fest.

Gehen Sie folgendermaßen vor:

1. Setzen Sie sich mit Ihrem/Ihren TP-Partner(n) gemütlich bei einer Tasse Tee zusammen und:
2. Denken Sie sich 16 einfache bildliche Symbole aus. (visuell)
3. Nun denken Sie sich 16 einfache auditive Symbole aus, wie Worte oder Töne. Zeichnen Sie konkret den jeweiligen Ton bzw. das jeweilige Wort auf und achten Sie darauf, dass alle Beteiligten das Wort bzw. den Ton in der festgelegten Weise sowohl klar sprechen als auch deutlich innerlich hören können. (auditiv)
4. Nun denken Sie sich 16 einfache kinästhetische Symbole aus, wie zum Beispiel das Empfinden des rechten großen Zehs,

Trauer, Freude, ein Kribbeln in der rechten Hand und so weiter. (kinästhetisch)

5. Als Nächstes konstruieren Sie 16 verschiedene einfache Gerüche. Unbedingt genau aufzeichnen und dann auch ausprobieren, ob alle Beteiligten den jeweiligen Geruch riechen können. Vielleicht Pfeffer und Basilikum, Mist und Rose ... (olfaktorisch)
6. Und letztlich setzen Sie 16 verschiedene einfache Geschmäcke fest. (gustatorisch)
7. Nun übt jeder für sich in Konzentrationsmeditationen, jedes einzelne Symbol wenigstens für 5 Minuten scharf und definit imaginieren zu können. Es mag eine Weile dauern, bis Sie das geschafft haben, nehmen Sie sich jedoch die erforderliche Zeit, denn mit dieser Vorbereitung wird die folgende TP-Übung einfach besser gelingen.

Wenn Sie dann fit genug sind, wenn jeder von Ihnen jedes einzelne Symbol fest imaginieren kann, dann beginnen Sie mit der darauf aufbauenden TP-Übung, die wir jetzt beschreiben werden:

Die TP-Übung mit eigenem Symbolsetting:

1. Wieder in getrennte Räume begeben. Vorher vereinbaren Sie jedoch, aus welcher Symbolgruppe Sie nun die Symbole auswählen wollen. Nehmen Sie ENTWEDER Visuelles ODER Auditives ODER Kinästhetisches ODER Olfaktorisches ODER Gustatorisches.
2. Nun wird noch festgelegt, dass A hintereinander 3 Symbole aus der vereinbarten Symbolgruppe imaginiert, jedes jeweils für

eine Dauer von 5 Minuten, danach das nächste, während B herausfinden soll, welche drei Symbole A imaginiert.

3. Bevor Sie sich dann wieder treffen, schreibt jeder seine Ergebnisse bzw. seine Auswahl auf.
4. Ergebnisse vergleichen. Bei einer Selektion von 3 Symbolen aus 16 ist es bereits ein brauchbares Ergebnis, wenn Sie eines von dreien richtig erkennen. Doch dies ist eine Übung, bei der Sie Stück für Stück auf volle 100% kommen sollten.
5. Rollen wechseln und die Übung erneut durchführen. Entscheiden Sie nach eigenem Ermessen, wie viele Wiederholungen der Übung, direkt hintereinander durchgeführt, für Sie sinnvoll sind.
6. Erweitern Sie die Übung Stück für Stück. Zuerst trainieren Sie nur eine Symbolgruppe, und zwar jede einzeln für sich. Erreichen Sie bei jeder einzelnen Symbolgruppe sicher eine Quote von 2 aus 3 oder besser, können Sie beginnen Symbolgruppen zusammenzulegen. Zuerst 2 Gruppen, dann 3, bis Sie alle 5 Gruppen beisammen haben.
7. Erzielen Sie bei gemischten Symbolgruppen gute Ergebnisse, können Sie beginnen, die Anzahl der Symbole pro Übungseinheit zu erhöhen. Führt das bei gemischten Symbolgruppen zu Schwierigkeiten, zuerst einzelne Gruppen mit erhöhter Symbol-Varianz trainieren, und wenn das gut klappt, Symbolgruppen wieder zusammenlegen. Wenn Sie auf diesem Training-Niveau angekommen sind, werden Sie schon selbst herausfinden, wie Sie Ihre Leistung am besten steigern können.

Zeichnen Sie alles äußerst gründlich auf. Welche Symbolgruppe ist am leichtesten, welche am schwersten? Was waren die Experimentbedingungen? Waren Sie entspannt oder weniger entspannt? Konzentriert oder weniger konzentriert? Was haben Sie vorher getrunken? Kaffee oder Tee? Was haben Sie gegessen?

Achten Sie auch auf noch so kleine Kleinigkeiten – alles kann zum Erfolg oder Misserfolg beitragen, so dass wir schwerlich das ganze Spektrum hier anführen können. Es sind nun mal persönliche Experimente, und der Hauptfaktor dabei sind Sie selbst.

Ach ja:

Kommen Sie bitte niemals bei Misserfolgen auf die Idee, aufeinander zu attribuieren, einander die Schuld in die Schuhe zu schieben.

Es ist ein gemeinsames Experiment!

Und für Erfolg oder Misserfolge sind hier beide verantwortlich, beide zusammen, niemals einer alleine! Zu einem Streit gehören auch immer Zwei! Wenn eine Kommunikation nicht klappt, liegt das niemals an nur einem alleine! In unserem obigen Beispiel mit der Forendiskussion zum Thema Freiheit war das Resultat auch nicht nur eine Folge aus dem Verhalten der anderen, wir selbst waren an seinem Zustandekommen beteiligt. Wir wussten sehr genau, welche Probleme Normalmenschen mit Kommunikation haben. Wir wussten, dass sie wütend werden können, wenn sie mit klareren Konzepten konfrontiert werden. Nichtsdestotrotz haben wir solch ein Gespräch angeleiert. Wären wir jedoch so vorgegangen, dass wir uns ihnen Stück für Stück angenähert hätten, hätte das Missverständnis möglicherweise keine derartigen Ausmaße angenommen.

Je mehr man lernt, egal auf welchem Gebiet, desto größer wird die eigene Verantwortung. Sich auf alte und disfunktionale Verfahren, wie „Mutti, der hat aber angefangen", zurückzuziehen heißt, seine Verantwortung abzulehnen und das Gelernte wieder abzubauen.

Wenn jetzt in einer TP-Übung mal der eine klarer drauf ist als der andere, so ist es die Aufgabe des Klarer-Denkenden, auch den anderen zum klaren Denken zu motivieren. Unterlässt er das oder „lässt er sich auf das emotionalere Level herunterziehen", zeigt er damit an, dass er nicht bereit ist, die Verantwortung für die Interaktion zu übernehmen. Ein solches Verhalten ist insbesondere ein Problem vieler Frauen, die sich angewöhnt haben, die Verantwortung für das Zustandekommen einer (kommunikativen) Situation auf andere abzuschieben. Man wird üben müssen, um ein besseres Verhalten zeigen zu können. Ohne eigenes Zutun wird es nicht gelingen. Wie bei allen Automatismen, kann es sehr viel Kraft in Anspruch nehmen, sie abzulegen, und die Erfolge werden sich eher Stück für Stück als auf einmal einstellen.[118]

Beachten Sie auch, dass Kommunikation nur unter Gleichen möglich ist. Ist der eine eher emotional drauf und der andere eher sachlich, laufen die Kommunikationen aneinander vorbei, es kommt nur schwerlich eine Einigung zustande.

Für TP gilt das ebenso.

---

118 Viele denken, wenn sie ein bestimmtes Problem von sich lösen wollen, brauchen sie nur die richtige Einstellung dazu bekommen, nur eine bestimmte Ursache finden, und schon sei alles geklärt. Doch, es geht um Lernen, und das braucht seine Zeit. Und kein Gedanke ist nur mit einem einzigen anderen vernetzt, sondern jeder einzelne Gedanke steht immer im Zusammenhang mit der Gesamtpsyche. Einen Gedanken gezielt verändern zu können, erfordert deshalb, die Gesamtpsyche verändern zu können, und das wird dadurch bei genauer Betrachtung zu einer äußerst komplexen Aufgabe.

Dass Kommunikation nur unter Gleichen möglich ist,

hat für ein Team, das gemeinsam TP trainiert, auch noch zur Folge, dass sie sich bemühen sollten, einen relativ aneinander angepassten Kenntnisstand zu entwickeln. Kann der eine Einstein verstehen und der andere nicht, wird man das Thema „Relativitätstheorie und ihre Implikationen" aus TP herauslassen müssen. Das kann aber insofern recht schwierig werden, da ja derjenige, der die Konzepte der Relativitätstheorie kennt, versteht und anwendet, an ihnen spezifische Erkenntnisse gewinnt, die er wiederum dafür einsetzt, sein Modell der Welt zu formen, zu strukturieren und zu verändern. Insofern haben alle seine Gedanken sozusagen eine relativitätstheoretische Note, die dem, der überhaupt keinen Begriff von diesen Konzepten entwickelt, unzugänglich und unverständlich bleibt.

Nun sollten wir aber nicht erwarten und auch nicht wünschen, dass wir alle gleich werden, doch sollten wir immerhin versuchen, unseren Partner und seine Interessen möglichst genau kennen zu lernen, um so dafür Sorge zu tragen, dass wir ihm gegenüber nicht nur offen sein können, sondern ihn auch wirklich verstehen.

Wenn ein Showmaster eine Sendung über TP machen will, muss er sich über die grundlegenden Aspekte der TP informieren. Unterlässt er dies, wird er seine Talkgäste nicht verstehen und seine Fragen werden an ihnen vorbeilaufen.

Will ich meinen TP-Partner verstehen, so muss ich ihm gegenüber indifferent, offen und ehrlich sein. Habe ich diese Geisteshaltung erst einmal erreicht, kann er mich dazu anregen, neue Symbole zu erschaffen und zu verstehen.

So, wie in einem Gespräch oftmals gemeinsam NEUES Wissen erzeugt wird, können wir dies auch durch TP erreichen, wobei allerdings bei der Wissensneuschöpfung durch TP bereits im Entstehen eine bei weitem tiefgreifendere gedankliche Vernetzung und ein entschieden umfassenderes Begreifen entwickelt wird. Sachliche und themenbezogene Gesprächspartner erweitern sich in einer Diskussion aneinander. So können Sie es schaffen, neue Ideen gemeinsam zu konstruieren – nicht nur ihr Modell der Welt am anderen erweitern, sondern ihr Modell der Welt gemeinsam erweitern. Das gilt natürlich umso mehr noch für einander gegenüber offen eingestellte Telepathen im telepathischen Kontakt.

Und in diesem telepathischen Wissensaustausch und in der telepathischen Wissensneukonstruktion liegen, unserer Ansicht nach, die interessantesten Möglichkeiten der TP überhaupt!

Wenn wir nicht mehr den Umweg über sprachliche Symbole gehen müssen, sondern gedanklich operieren, können wir unser Modell der Welt faktisch und direkt in zweierlei Hinsicht ausbauen:

1. um die Perspektiven und Einsichten des anderen und
2. um das, was wir GEMEINSAM als Neues konstruieren.

Zum Beispiel:

Unser Buch „I-Ging – Ethik der Freiheit“ wurde durch eine gemeinsame Meditation angeregt. Wir hatten schon unglaublich viel über

Ethik geredet und hatten auch viele neue Ideen, doch das Schema, wie wir eine solche Ethik erschaffen sollten, war uns noch unklar.

So setzten wir uns gemeinsam in eine Meditation. Wir hatten uns ein kreatives Symbol erschaffen,[119] auf welches wir uns beide konzentrierten. Wir meditierten 2 Stunden lang und schrieben dann getrennt unsere Ergebnisse auf.

Es war faszinierend. Alle beide hatten wir den gleichen Ansatz zur Konstruktion unserer Ethik, inklusive einer entsprechenden Binärstruktur. Das Ganze war unglaublich komplex und in einem Gespräch wären wir niemals so weit gekommen.

Und um solche Aspekte der Telepathie geht's im nächsten Kapitel:

3.3.5. Wir erweitern uns aneinander

Beginnen Sie mit dieser Übung erst dann, wenn Sie sich auf jeden Fall eine Stunde lang ohne Unterbrechung auf ein festgesetztes MO konzentrieren können. Darüber hinaus sollten Sie natürlich mit den zuvor besprochenen TP-Übungen gut vertraut sein,

---

denn jetzt wird's komplexer!

Es geht bei dieser Übung nicht mehr nur darum, gezielt ein Symbol zu imaginieren und dann aneinander die Bedeutung zu erzeugen, son-

119 In der Sprache der Magie könnte man es auch als „astrales Wesen“ bezeichnen, doch diese Perspektive verdunkelt vielleicht etwas zu sehr die selbstschöpferischen Aspekte des Denkens.

dern Sie sollen offen für einander sein, die Eindrücke des anderen und die eigenen erfahren und danach Ihre Erlebnisse vergleichen, die bei erfolgreich ausgeführter Übung natürlich starke wechselseitige Übereinstimmungen aufweisen werden.

Kompliziert, oder? Zeigen wir's mal anhand der Übung:

1. Sie setzen sich in getrennten Räumen in Ihr Asana. Meditationszeit: 1 Stunde und 10 Minuten.
2. Jeder von Ihnen führt 10 Minuten lang eine Entspannungsübung durch und beginnt dann, sich „ganz einfach" auf den anderen zu konzentrieren.
3. Lassen Sie's einfach kommen. Sie mögen Reden hören oder Bilder sehen, Gerüche riechen, Geschmäcke schmecken oder Gefühle empfinden, lassen Sie es zu. Stellen Sie sich vor, wie Sie mit dem anderen interagieren.
4. Tun Sie dies 1 Stunde lang, dann beenden Sie die Meditation.
5. Schreiben Sie – getrennt voneinander! – Ihre Meditationsergebnisse auf, und dann vergleichen Sie, wobei die Regel gilt:

Nur das Aufgezeichnete ist Experimentinhalt.

Sie müssen also Ihre Ergebnisse möglichst zeitlich genau und detailliert aufschreiben. Haben Sie etwas vergessen, schreiben Sie es unter der Rubrik „Vergessen, erst im Gespräch wieder eingefallen!" auf. Lernen Sie dann von Übung zu Übung mit Ihren Beobachtungen und Aufzeichnungen immer genauer zu werden. Begleitendes Gedächtnistraining, wie Auswendiglernen von Texten, Zahlenreihen, Wortkombinationen, etc. kann hier unterstützend helfen.

Nun sollten Sie anfangs nicht erwarten, dass Sie beide völlig übereinstimmen. Es wird vielmehr so sein, dass nur das eine oder andere Phänomen, vielleicht ein grüner Stern oder ein leichtes Gefühl von Freude oder Ärger, übereinstimmend erlebt wird. Das ist normal!

Markieren Sie die Übereinstimmungen, und dann führen Sie die Übung immer wieder durch. Passen Sie auf, dass Sie nicht in die Falle tappen, einen Ablauf der Meditation auswendig zu lernen und einfach abzuspulen.

Unterstellen Sie, wenn Ihre Ergebnisse sich verbessern, jede einzelne Übung einem speziellen Thema, wie im Folgenden beschrieben:

1. Wieder 1 Stunde 10 Minuten, inkl. 10 Minuten Entspannung.
2. Dann denkt jeder an den anderen und befragt ihn zu seinen Ideen zum Thema: „Was verstehst Du unter Konzentration?"
3. Nach der Meditation die Ergebnisse aufzeichnen.

Sie werden nun auf neue Ideen zu ‚Konzentration' gekommen sein. Haben beide diese Ideen, ist es Ihnen gelungen in der telepathischen Interaktion ein neues Konzept zu erschaffen.

Denken Sie sich weitere Themen aus, vorrangig Themen, die Sie in Ihrer Entwicklung weiterbringen sollen, also Themen, die anregend und förderlich sind, wie zum Beispiel:

1. Wozu kann Logik dienlich sein?
2. Welche Form von Ethik sollte ein Rhetoriker berücksichtigen?
3. Wie wirkt sich ein Asana auf die Meditation aus?
4. Wie kann Orakeln funktionieren?

5. Welche Perspektive ist zum Thema „Wie wirkt sich Geld auf meine Psyche aus?“ zu berücksichtigen?

Und so weiter und so fort.

Natürlich kann es auch sehr interessant sein bestimmte Sinneserfahrungen oder spezielle Perspektiven oder Erlebnisse zum Thema zu nehmen. Werden Sie kreativ, aber verfallen Sie nicht in Junk.

Stück für Stück werden Sie lernen, neue Symbole zu kreieren.

Es kommt vor, dass beide in einer solchen Meditation einen ‚grünen Stern’ (nur als ein Beispiel, es kann auch ein Gefühl, ein anderes Bild, ein bestimmtes Geräusch, ein Geruch oder ein Geschmack, vielleicht auch nur einfach die Ahnung davon, dass nun Übereinstimmung folgt, sein) genau in der Situation sehen, in der Übereinstimmung vorliegt, quasi als Synchronisationssignal.

Notieren Sie diesen ‚grünen Stern’ als ein Symbol für: „Wir stimmen mit unseren Gedanken überein.“

Oder Sie beide verspüren ein Kribbeln im Bauch, wenn Sie merken, dass Sie den anderen verlieren, dass der Kontakt schwächer wird: „Kribbeln im Bauch = die TP wird schwächer.“

So sammeln Sie im Laufe der Zeit und mit zunehmender Erfahrung ihre gemeinsamen Signale.

Fassen wir zusammen:

1. Zuerst lernen Sie, Symbole zu imaginieren und dann telepathisch wahrzunehmen.
2. Dann erweitern Sie Ihre Symbolvarianz durch mehr Symbole, die Sie gemeinsam erschaffen.

3. Dann formen Sie Symbole mit neuen Bedeutungen, wie zum Beispiel: Rot = Wut.
4. Und letztlich lernen Sie, auf telepathischem Wege miteinander zu kommunizieren und gemeinsam neue Ideen zu kreieren.

Bis zu Punkt 4 ist es ein weiter Weg. Letztlich aber ist es Punkt 4, von dem die Leute gewöhnlich sagen, es sei Telepathie. Doch berücksichtigt man den Lernweg nicht, wird man immer an mangelnder Offenheit scheitern und denken, man handle gemäß Punkt 4, wobei man jedoch nichts weiter tut, als seine eigenen Gedanken auf den anderen zu projizieren, ihn einzuschränken, ihn zu reduzieren und zu trivialisieren. Wir mögen dann vielleicht noch dazu in der Lage sein, hohe Intensitäten wie Gefühle wahrzunehmen, doch das verfeinerte Wahrnehmen komplexerer und klarerer Zusammenhänge wird nicht klappen.

Wenn Sie im Laufe der Zeit feststellen, dass die Übereinstimmung Ihrer Gedanken mit denen Ihres Partners nur hinsichtlich einiger Symbole funktioniert, dann seien Sie nicht traurig, überlegen Sie was Ihnen noch fehlt, was Sie noch genauer machen, noch besser machen können. Hapert es vielleicht an einigen Voraussetzungen ... dann da noch mal ran. Arbeiten Sie an sich, entwickeln Sie sich weiter.

Die Schwächen, die sich in der Kommunikation zeigen, offenbaren sich in TP verstärkt, und so sollte man keineswegs erwarten, besser telepathisieren als kommunizieren zu können.

Sicher, wird die Telepathie unser Verständnis für einander fördern. Und einige Dinge, unseren Gesprächspartner betreffend, können wir besser verstehen, wenn wir telepathisch geschult sind. Doch, verfügen wir nicht über die Möglichkeit des klaren und indifferenten Denkens, wird's bei bloßer Gefühlsduselei und Halluzination bleiben.

Weisen wir zum Abschluss noch auf Eigenkreativität hin:

Um Punkt 4 auszubauen, müssen Sie selbst kreativ werden. Erarbeiten Sie sich durch das Training der basalen Präkognitions- und Telepathie-Übungen eine stabile Grundlage und wenden Sie dann die gemachten Erfahrungen und die neuerworbenen Fähigkeiten auf komplexere telepathische Situationen an. Arbeiten Sie gemeinsam mit bestimmten Partnern und lernen Sie, Symbolsysteme aufeinander abzustimmen – gerade so, wie Menschen unterschiedlicher Nationen, die hingehen und eine neue gemeinsame Sprache entwickeln.

Lernen Sie, Symbole zu kreieren, die über die gewohnte Qualität sprachlicher Symbole hinausgehen. Das können Kombinationen aller Art gewohnter Repräsentationen sein, visuell, auditiv usw., doch es werden sich im Laufe der Arbeit auch völlig neue Verständigungsformen entwickeln. Es ist schwer zu beschreiben. Ein Ansatz besteht vielleicht in der Vorstellung, dass es vorkommen mag, dass Sie in einer Übungsmeditation ein Bild hören, anstatt es zu sehen, oder Sie fühlen ein Geräusch. Klingt etwas komisch, zugegeben, doch wenn sie intensiv arbeiten, wird erfahrungsgemäß irgendwann genau das oder etwas Vergleichbares passieren. Sie sollten solche Phänomene listen und dann ihrer ‚Gedankensprache' hinzufügen. Auf diese Weise lernen Sie noch mehr über sich und den anderen. Ein solches Verständnis auf neuen Wahrnehmungsebenen geht über das gewohnte kommunikative Maß völlig hinaus.

3.3.6. Gruppenübungen

Ein Mensch, der TP erlernt, bekommt einen völlig neuen Bezug zu Gemeinschaft und Individualität. Für ihn ist der andere nicht mehr ein Wesen, das sich durch bestimmte Dinge auszeichnet, die es hat, sondern durch seine ganz persönliche Art und Weise zu denken und zu handeln. Ein Telepath lernt von jedem, mit dem er sich unterhält und insbesondere von jedem, mit dem er intensiver zusammenlebt.

Eine telepathische Gemeinschaft ist eine Gemeinschaft von Menschen, die nicht mehr nach meins/deins unterscheiden. Ja, nicht einmal mehr Gedanken werden auf Mich/Dich attribuiert. Es gibt dieses „das war meine Idee" nicht mehr in der Form, wie wir sie normalerweise lernen.

Wenngleich auch jeder Einzelne für sich seine Gedanken denkt und jedes Individuum über eine geschlossene und selbstreferenzielle Psyche verfügt, wird dennoch nicht mehr soviel auf „eigene Persönlichkeit" abgehoben. Niemand hält sich selbst für etwas Besonderes, niemand besteht auf eine eigene Meinung, eine eigene Anschauung, keiner will sich selbst durchsetzen, sondern alle arbeiten gemeinsam an einem Ziel:

Weiterentwicklung, Bewusstseinserweiterung.

All dieses Denken von „Ich bin" und „Ich habe" gewinnt neue Dimensionen. Tritt ein Streit oder ein Missverständnis auf, denkt niemand von sich selbst als „ich habe Recht", denn jedem ist klar, dass alle gemeinsam daran beteiligt waren. Die Schuld liegt nie bei einem, und so natürlich auch das Recht nicht.

Ein solches Zusammenleben wird von vielen Mystikern dem zukünftigen Äon der Maat zugerechnet. Die Zeit heute, in der die Menschen lernen müssen, ihren Willen zu entwickeln, ohne damit – paradoxerweise, wie es scheint – etwas anderes erreichen zu wollen, nennt man Äon des Horus. Natürlich muss sich zuerst der Einzelne selbst entwikkeln, sich von den selbstauferlegten Zwängen befreien, bevor er soweit ist, mit anderen erfolgreich zusammenarbeiten zu können.

Kein Wissen, keine Kenntnis, keine Erkenntnis wird unabhängig von Gemeinschaft erzeugt. Kant konnte seine genialen Ideen nur formen, weil es einen Berkeley, einen Descartes und viele andere vor ihm gegeben hat. Und er konnte seine Ideen nur formen, weil er sich auf eine bestimmte Weise in einer ganz bestimmten Gemeinschaft sozialisiert hat.

Kein einziger Wissenschaftler, kein Künstler, kein ‚Normalbürger' kommt zu seinen Erkenntnissen deshalb, weil Er es war. Kein Genie entsteht unabhängig vom sozialen Kontext. Einstein erfand die Relativitätstheorie nicht nur deshalb, weil er ein guter Physiker war, sondern auch deshalb, weil sozial die Zeit dafür gekommen war. Insofern ist es – aus Perspektive eines Telepathen – falsch zu sagen, Einstein sei ein genialer Kopf und nur ihm allein gebühren die Lorbeeren für seine Erfindungen.

Wissen wird immer in Gemeinschaft erzeugt, nicht allein.

Und je größer die Gemeinschaft und je größer das Wissen, welches diese Gemeinschaft formt, desto größer die neuen Erkenntnisse.

Für TP gilt dies ebenso. In vielen Tests fanden wir heraus, dass TP für jeden Einzelnen umso leichter funktioniert je mehr Menschen daran mitarbeiten. Die Ergebnisse des Einzelnen werden durch die Gemeinschaft unterstützt und gefördert.

Das WIR steht für Telepathen immer vor dem ICH, auch wenn – und das klingt paradox – dieses ICH bei Telepathen viel, viel intensiver ausgeprägt ist als das bei ‚normalen' Menschen. Dennoch:

Formt ein Telepath neue Erkenntnisse, so wird er sie immer mit der Gemeinschaft verbinden und nicht in die Falle tappen und sagen: „Dies war allein meine Idee!" Sollte er dies, trotz besseren Wissens, dennoch tun, besteht die Konsequenz darin, dass er sich wieder ausgrenzt und seine Fähigkeiten abnehmen.

Wissen kann nicht allein auf das Individuum attribuiert werden.
Wissen ist ein Produkt von Kommunikation!

Die folgende TP-Übung kann dies veranschaulichen:

1. Versammeln Sie eine Gruppe von mehreren Menschen, so wenigstens 6, besser 20.
2. Einer von ihnen soll nun eine der 4 Symbol-Karten, die wir in den ersten TP-Übungen verwendet haben, ziehen und sich einprägen.
3. Die anderen werden nicht darüber informiert, welche Karte er gezogen hat. Man zeigt ihnen die 4 Karten und fragt sie, welche Karte er gezogen hat.
4. Jeder schreibt nun seinen Tipp auf ein Blatt Papier.
5. Die Papiere werden eingesammelt, kein Name steht darauf.

6. Das meistgetippte Symbol ist der Tipp der Gruppe.
7. Derjenige, der die Karte gezogen hat, nennt nun, ohne den Gruppen-Tipp zu kennen, die Karte, die er gezogen hat. Aussage mit dem Gruppen-Tipp vergleichen.
8. Den gesamten Vorgang am besten mehrfach wiederholen, um zu einem Durchschnittswert zu kommen.

Sie werden bemerken, dass die Ergebnisse, die durch Gruppentelepathie bzw. Gruppenprognose erzielt werden, in ihrer Trefferquote in der Regel entschieden höher liegen, als die Ergebnisse, die eine ungeübte Einzelperson erzielt. Während die Trefferquote bei ungeübten Einzelpersonen selten die 70%-Marke übersteigt, erreichen Gruppen nicht selten kontinuierlich 80% oder mehr.

Nun ist die Perspektive des Telepathen nicht mehr: „Ich habe die richtige Karte – oder die falsche – getippt", sondern seine Perspektive ist eine Gruppenperspektive: „Wir haben richtig – oder falsch – getippt." Es wird keine Attribution mehr auf Einzelergebnisse und auf Individuen vorgenommen, sondern die Gemeinschaft hat neue Erkenntnisse geformt – oder auch nicht.

Niemand mehr fühlt sich schlecht, wenn er daneben lag, er lernt vielmehr zu einer gemeinschaftlichen Sichtweise von Erkenntnis zu gelangen. Jeder Einzelne trägt zur Erkenntnis bei, doch keiner ist einzeln ursächlich dafür verantwortlich.

Das ist nun recht schwer zu begreifen, wo wir doch Zeit unseres Lebens gelernt haben, dass wir es sind, die etwas wissen oder nicht wissen. In der Schule wird auf Einzelergebnisse ebensoviel Wert gelegt wie im Beruf. Doch immer wieder zeigen uns kleine Dinge des Alltags, wie wichtig und förderlich Teamarbeit unter Gleichgestellten ist.

Das Ganze geht natürlich nur, wenn wir Stück für Stück lernen, nicht mehr auf Anerkennung aus zu sein, sondern auf Wachstum. Wenn wir lernen, uns für unsere Erfolge selbst zu belohnen, und nicht mehr andere brauchen, um uns zu bestätigen.

4. Liebe Deinen Nächsten wie Dich selbst

„Ethik und Moral sind nicht Zweck
sondern Mittel.
Nur der wird weise, dessen
Handlungen in Übereinstimmung
mit seinen Zielen sind."

Ein paar abschließende Bemerkungen zu ethischen Perspektiven

Am Anfang dieses Buches schrieben wir über Moral. Wir schrieben, dass moralisches Handeln notwendig für den Erfolg in der Telepathie ist.

Nun ist Moral in unserer Gesellschaft für die Meisten ein rotes Tuch. Oft betrachten wir moralisches Denken als Einschränkung, als Begrenzung unseres Handelns, und wir wollen doch frei, selbstecht, offen und fröhlich sein.

Immer wieder, wenn wir das Thema Moral vor anderen anschneiden, begegnen wir Misstrauen und Ablehnung.[120]

„Wozu soll ich denn über so etwas Beschränkendes auch nur nachdenken?", werden wir häufig gefragt.

Ja, wozu eigentlich?

Sehen wir uns die landläufigen Vorstellungen von Moral an, so landen wir beim Strafgesetzbuch, bei „Du musst" und „Du darfst nicht", bei Geboten und Verboten, deren Sinn und Nutzen wir oft nicht nachvollziehen können.

Wir haben lange, lange Zeit über den Nutzen einer ethischen Perspektive nachgedacht, und dabei ist uns etwas aufgegangen:

Immer dann, wenn ich über Weiterentwicklung nachdenke, bekommt Ethik eine neue Dimension!

---

120 Heinz von Foerster meinte in der Zugrundelegung seiner KypernEthik, dass man sich bereits „verdächtig macht, nimmt man das Wort ‚Ethik' auch nur in den Mund". ☺

So wird dem an Weiterentwicklung Interessierten sehr schnell klar, dass er eindeutige und klare Handlungsanweisungen für sein Leben braucht, um nicht wieder in Faulheit und Trägheit zurückzufallen. Will ich Meditation erlernen, so muss ich mir Regeln aufstellen, wieviel und wie intensiv ich meditieren will, andernfalls habe ich keine Erfolgschance.

Will ich Telepathie erlernen, so muss ich mein Leben umstellen, Offenheit und Ehrlichkeit als moralische!!! Werte setzen.

Will ich Telepathie erlernen, so muss ich lernen, Vertrauen zu mir selbst und zu anderen zu entwickeln. Ein moralischer Wert!!!

Will ich Telepathie erlernen, so muss ich täglich über meinen Schatten springen, mich kontinuierlich erweitern!!!

Will ich Telepathie erlernen, so wird mir klar, dass ich auch andere brauche, denn allein komme ich nicht allzu weit.

Liebe Deinen Nächsten wie Dich selbst.

Dies heißt zuerst, sich selbst lieben zu lernen. Und Liebe heißt nicht nur, sich zu akzeptieren, wie man ist. Liebe heißt auch, über sich selbst hinauszuwachsen. Wie kann ich andere lieben, wenn ich mich selbst nicht liebe? Wie kann ich anderen vertrauen, wenn ich mir selbst nicht vertraue? Wie kann ich mich selbst weiterentwickeln, wenn ich andere immer wieder auf ein niedrigeres Niveau hinunterziehe? Und wie kann ich andere lieben, wenn ich dauernd versuche, sie zu manipulieren?

Es sei einmal dahingestellt, ob Sie sich schon mit Kant beschäftigt haben oder nicht, das hilft zwar, ist aber für das Verständnis an dieser Stelle nicht unbedingt erforderlich.

Denken Sie doch einmal über folgenden Satz nach: „Was du nicht willst, dass man dir tu, das füg auch keinem andren zu." Was folgt daraus? Was bedeutet er für unser tägliches Handeln?

Ja!

Sie haben Recht, wenn Sie sagen, dass moralisches Handeln Sie einschränkt. Es schränkt sie genau in den Dingen ein, von denen Sie auch nicht wollen, dass sie Ihnen geschehen!

Während landläufige Moralvorstellungen schlicht in uneinsehbare Zwänge auswuchern, heißt Moral für einen Telepathen etwas anderes:

Moral sind seine Handlungsanweisungen für ein strebsames und bewusstseinserweiterndes Leben.

Sind Sie mit Ihren Gedanken erst einmal so weit gekommen, werden Sie auch bemerken, dass dies andere mit einschließt, denn ohne andere können Sie sich nicht weiterentwickeln.

Wir haben 3 ethische Grundregeln aufgestellt, die wir jetzt vorführen wollen:

1. Übertriff, übertriff!

Diese Regel steht ganz oben. Aus ihr folgen klare Handlungsanweisungen, wie zum Beispiel:

Meditiere täglich soundso lange, mit täglich besseren Ergebnissen. Sei von Tag zu Tag noch offener und noch ehrlicher! Lerne Liebe und

Willen. Versuche täglich, mehr Freude an Deinem Leben zu formen. Mache 3x die Woche Sport. Und so weiter und so weiter.

Das Ziel ist, sich täglich selbst zu übertreffen, nicht zu stagnieren. Die Handlungsanweisungen, die die Handlungen hervorbringen, die dazu führen, dass man dieses Ziel auch erreicht, mögen zwar dem Faulen wehtun und ihn zu Äußerungen wie „ich mache lieber, was mir gefällt, und dieses Nach-Regeln-leben gefällt mir nicht" motivieren, doch nach allem, was wir in diesem Buch beschrieben haben, konnten wir hoffentlich deutlich machen, dass derjenige, der solchen Phrasen anhängt, eigentlich nur bedeuten möchte: „Ich bleibe so, wie ich bin und mache mir lieber Erfolge vor, wo keine sind, als so etwas Schweres auf mich zu nehmen."

2. Handle stets so, dass die Regeln Deines Handelns zum Gesetz für alle werden könnten!

Ein Telepath braucht andere.[121] Er muss anderen gegenüber offen und ehrlich sein können – also muss er sich selbst gegenüber offen und ehrlich sein können. Also handelt er bewusst und fragt sich bei allem, was er tut: „Kann dies etwas sein, was jeder in meiner Situation tun könnte?" Kommt er zu dem Schluss, dass das nicht der Fall ist, lässt er es sein. Einen anderen zu töten, zu belügen, zu betrügen, zu bestehlen

121 Das gilt eigentlich für jeden Menschen, da Egoismus und Altruismus zwei Seiten einer Münze sind. Wer für sich selbst das Beste wünscht, kann nicht anders als zu berücksichtigen, was andere brauchen. Und wer anderen helfen will, muss für sich selbst etwas erreichen und an sich arbeiten. Konsequent zu Ende gedachter Egoismus führt in Altruismus. Konsequent zu Ende gedachter Altruismus mündet in Egoismus. Am Ende steht immer das „Wir!"

oder was-auch-immer-derartiges zu tun, fällt eindeutig nicht in die Kategorie der nach diesem Satz zu präferierenden Handlungen.

Ausnahmen mögen diejenigen sein, wo das Befolgen von Regel Nummer 2 das Befolgen von Regel Nummer 1 unmöglich macht. Das wird aber nur in ganz extremen Fällen, wie zum Beispiel einer eindeutigen Notwehrsituation, vorkommen und ist auch stets abhängig von den individuellen geistigen und körperlichen Kenntnissen, Fertigkeiten und Fähigkeiten.

3. Handle effektiv!

Wir haben nicht allzu viel Zeit in diesem Leben und wir sind dauernd dem Gesetz der Wiederholung ausgesetzt. Sind wir faul und träge, so fällt es uns schwerer, fleißig und rege zu sein. Jedes Handeln soll wohlüberlegt sein, gegen die eigenen Automatismen abgewogen. Trödele ich in einer Meditation, kann ich Regel Nummer 1 und Regel Nummer 2 nicht mehr befolgen.

Insofern ist Regel Nummer 3 eine Hilfsregel. Schaffe immer mehr in gleicher Zeit oder Gegebenes in immer weniger Zeit.

Wiederholen wir zum Abschluss:

Ethik und Moral sind nicht Selbstzweck, auch nicht Zweck. Wir verwenden sie als Mittel, um bessere Ergebnisse zu erzielen.

Ethische Prinzipien sind für einen Telepathen keine Dinge an sich, die er nur befolgt, ohne eigentlich zu wissen, wozu sie gut sind. Es sind Regeln, die er sich setzt, weil er zu der Erkenntnis gelangte, dass er anders nicht über sich hinauswachsen kann.

Ein Mensch, der Moral ablehnt, nur aus Prinzip, wird nie ein erfolgreicher Telepath. Ständig genötigt, etwas anders als andere zu machen, muss er sich hinter Scheinrationalität und Relativismus verbergen.

Ein Telepath oder einer, der es werden will, bedient sich ethischer Prinzipien und den daraus folgenden moralischen Geboten, um erfolgreicher handeln zu können. Anfangs wirkt die Ethik vielleicht noch wie von oben aufgedrückt, als etwas, das erlernt werden muss. Doch Stück für Stück erkennt man, dass sie nützlich ist, und sie geht einem in Fleisch und Blut über. Wir bemerken, dass es auch andere Menschen auf diesem Planeten gibt und dass wir jeden Einzelnen, den wir kennenlernen, brauchen.

Das neue Individuum handelt moralisch in einer Gemeinschaft!

Wir hoffen, dass wir zu einer neuen Gesellschaft beitragen konnen.

Wir hoffen, dass dieses kleine Büchlein so manchen angeregt hat, mal anders über sich selbst und sein Verhalten nachzudenken.

Und wenn auch nicht allzu viele dabei herauskommen werden, die telepathisch erfolgreich sind, weil zu viele Alltagshindernisse im Weg stehen, so wird doch der eine oder andere sein Verhalten sich selbst und seinen Mitmenschen gegenüber ändern. Die Bereitschaft zeigen, seine Vorurteile abzubauen, die Bereitschaft zeigen, seine Faulheit abzubauen und die Bereitschaft zeigen,

---

neue menschliche Werte zu kreieren!!!

Liebe Deinen Nächsten, wie Dich selbst …
… mit Liebe unter Willen,

also sich selbst übertreffend, niemals stagnierend, immer zu Höherem, zu neuer Erkenntnis strebend.
Gemeinsam.